Hrsg. Johannes Gepp
Die Mur in Graz

Danksagung

Dieses Buch wurde von namhaften ExpertInnen der jeweiligen Themen erstellt und dennoch so allgemein verständlich wie möglich ausformuliert. Für den Text-Bildband standen über 10.000 prächtige digitale Fotos zur Verfügung. Die Auswahl war dementsprechend schwierig. Besonderer Dank gilt jenen BildautorInnen, die uns ganze Fotosammlungen zur Verfügung gestellt haben, wie die Kunstfotografin Sigrid Schönfelder. Die Huchenfotos von Franz Keppl – auch „Huchen-Franz" genannt – sind einzigartige Dokumente. Ergänzende Fotos zu den Fischen verdanken wir Herrn Clemens Ratschan.

Univ.-Prof. Dr. Peter Kauch – unterstützt durch Ass.-Prof. Dipl.-Ing. Dr. Günter Gruber – übermittelte die historischen Hochwasserfotos aus dem Archiv von Professor Bergmann.

Wegen ihrer hohen Qualität haben wir einzelne Fotos mit den Namen der BildautorInnen versehen. Zu danken ist auch den Historikern Direktor Dr. Gerhard M. Dienes und Prof. Dr. Karl-Albrecht Kubinzky, die ihr großartiges historisches Wissen über die Mur in Graz auf wenige Zeilen zu konzentrieren vermochten. Prof. Kubinzky ist auch insofern zu danken, da er uns sein reiches Bildarchiv zur Durchsicht und Auswahl zur Verfügung gestellt hat. Eine Reihe botanischer und zoologischer ExpertInnen hat interessant bebilderte Kurzartikel eingebracht – obwohl sie durchwegs Materialien für ganze Buchkapitel zur Verfügung gehabt hätten.

Bezüglich der Luftaufnahmen danken wir der Stadt Graz, insbesondere Herrn Winfried Ganster, der uns zur Durchführung der Drohnenaufnahmen eingeladen hatte. So konnten entsprechende Stadtausschnitte der Innenstadt-Mur und ihrer Umgebung unseren Wünschen entsprechend von erhabener Höhe fotografiert werden.

Das Steiermärkische Landesarchiv stellte zuvorkommend Murstromkarten zur Verfügung.

Einzugsgebiet der Mur

GRAZ
© Europäische Union Eurostat, 2016

Die Grazer Berufsfeuerwehr unter Branddir. Johann Kirnich und OBR Ing. Dieter Pilat ermöglichte uns bei zwei interessanten Bootsfahrten entlang der Grazer Mur Aufnahmen von ihren Einsätzen vom Fluss aus.

Mag. Gernot Kunz brilliert in diesem Band als Spitzenfotograf, Taucher und Artenkenner mit herausragenden Foto- und Textbeiträgen, zu deren Zustandekommen er nachfolgenden FreundInnen und KollegInnen zu Dank verpflichtet ist. Ohne deren fachliche Expertise wäre sein Beitrag nicht zu bewerkstelligen gewesen: Mag. Dr. Thomas Frieß (Ökoteam), Dr. Günther Krisper, Mag. Wolfgang Paill (Universalmuseum Joanneum), Gabriel Kirchmair und Mag. Michaela Bodner (Zoologie, Universität Graz), Dipl. Ing. Heinz Habeler, Univ.-Doz. Dr. Armin Landmann (Universität Innsbruck), Romana Netzberger (Zoologie Graz), Mag. Gregor Degasperi (Universität Innsbruck), Dr. Thomas Dejaco (Universität Innsbruck), David Haider und Georg Teischinger (Zoologie Graz), sowie Mag. Dr. Christian Komposch (Ökoteam).

Für das Layout, die Textgestaltung und die Bildbearbeitung zeichnen Franz Josef Haas und Michael Kreuhsler verantwortlich.

Beim Korrekturlesen halfen die MitarbeiterInnen des Naturschutzbundes David Krok, Liliya Shtoker (Diktate) und Karin Schwarz (alle drei St:WUK), Mag. Christine Podlipnig, Mag. Dr. Melitta Fuchs, die Lektorin Alexandra Wunder und im Finish Frau Mag. Dorothea Forster, Lektorin des Freya-Verlags.

Alle individuell erkennbaren abgebildeten Personen wurden um ihre Zustimmung zur Veröffentlichung gefragt, die „Brückenbewohner" außerdem honoriert.

Abrundend ist dankend zu erwähnen, dass alle Text- und BildautorInnen ihre Beiträge und Fotos kostenfrei zur Verfügung gestellt haben – was eventuell auch als Botschaft dieses Buches verstanden werden kann.

Impressum:

Gepp J. (Hrsg.) 2016: Die Mur in Graz. Das grüne Band unserer Stadt. Freya Verlag, 272 Seiten.

ISBN 987-3-99025-293-2
© Freya Verlag GmbH
Alle Rechte vorbehalten.
Herausgeber: Johannes Gepp, Naturschutzbund Steiermark
Textbeiträge und Fotos: 44 Text- und BildautorInnen
www.freya.at · Telefon: +43 732 78 11 08-0 · Email: office@freya.at
Printed in EU

Cover: Graz an der Mur – vom Augarten flussaufwärts.
Foto: twins.nrn OG, A-6979 Ampass & Stadt Graz|Stadtvermessung©|Luftbildarchiv|2016

Hrsg. Johannes Gepp

Die Mur in Graz

Das grüne Band unserer Stadt

Mit Beiträgen von: Sandra *Aurenhammer* MSc.; Jakob *Batek*; Dr. Christian *Berg*; Roman *Borovsky*; Georg *Deutschbein*; Dr. Gerhard M. *Dienes*; Dipl.-Ing. Dipl.-Päd. Markus *Ehrenpaar*; Mag. Kerstin N. *Fischer*; Gernot *Friebes*; Mag. Dr. Melitta *Fuchs*; Mag. Claudia *Gebhardt*; Oliver *Gebhardt*; Prof. Univ.-Doz. Dr. Johannes *Gepp*; Lorenz Wido *Gunczy*; Franz Josef *Haas*; Helge *Heimburg*; Priv.-Doz. Mag. Dr. Werner *Holzinger*; Mag. Dr. Werner *Kammel*; Franz *Keppel*; Leander *Khil*, MSc; Mag. rer. nat. Clemens *Könczöl*; Mag. Brigitte *Komposch*, MSc; Mag. Dr. Christian *Komposch*; Dr. Uwe *Kozina*; Michael *Kreuhsler*; Prof. Mag. Dr. Karl-Albrecht *Kubinzky*; Mag. Gernot *Kunz*; Steiermärkisches *Landesarchiv*; Ing. Wolfgang *Lanner*; Mag. Dr. Martin *Magnes*; Mag. Wolfgang *Paill*; Mag. Laura *Papst*; Mag. Andrea *Pavlovez-Meixner*; OBR Ing. Dieter *Pilat*; Dr. Walter *Postl*; Clemens *Ratschan*; Gert *Richter*; Dipl.-Ing. Heinz *Rosmann*; Sigrid *Schönfelder*; Mag. Ursula *Suppan*; Dr. Romana *Ull*; Stadt Graz | *Vermessungsamt* | Luftbildarchiv & *twins.nrn* OG; Assoz.-Prof. Dr. Steven *Weiss*; Dr. Wolfgang *Windisch*

Johannes Gepp
Prof. Univ.-Doz. Dr.

Präsident des Steirischen Naturschutzbundes,
erster zertifizierter Ökologe Österreichs und
Leiter des Institutes für Naturschutz,
Gerichtssachverständiger, Buchautor

Geleitworte des Herausgebers

Die Mur ist mit 348 km der zweitlängste Fluss innerhalb Österreichs – übertroffen nur vom Donaustrom, in den sie letztlich, nach 453 km Gesamtlänge bis zur Drau, über diese hinaus mündet. Die steirische Landeshauptstadt Graz ist für den Murfluss wie ein Tor, denn hier verlässt die Mur nach 258 km die engen Täler des Alpenraums. Durch Regulierungen seit dem 15., insbesondere im 19. Jahrhundert, wurde der Lauf der Mur durch das Grazer Stadtgebiet in ein relativ enges und weitgehend gerades Korsett gezwängt. Aufgrund der linearen Fließkraft, aber auch wegen des Fehlens von Geschiebe durch darüberliegende Wasserkraftstaue, behält die Mur auch im Grazer Feld eine relativ hohe Fließgeschwindigkeit, sodass der Gebirgscharakter des Alpenflusses bis in die Stadt erhalten bleibt.

Die Mur ergießt sich, mit den Wassern aus den Zentralen Ostalpen beladen, seit Jahrtausenden in das Grazer Feld. Der Fluss hat dabei Felsen abgeschliffen, aber auch durch wechselnde Kalt- und Warmphasen der letzten Eiszeit riesige Schottermassen abgelagert und so das Grazer Feld gestaltet (FRITZ 2010). Ihre Feinsedimente, an den Ufern angeschwemmt und durch Wind verfrachtet, bildeten beiderseits an den Randhügeln Staublehmdecken. Seit Jahrtausenden mäandrierend, verlagerte die Urmur unzählige Male ihren Lauf. Während der Geschiebetransport durch das Murwasser das Grazer Feld allmählich mit Schotter füllte und dabei ebnete, pendelte sich der Lauf im Norden von Graz zwischen den Felsenhorsten von Kalvarienberg und Schlossberg relativ geradlinig ein. Schotter-Terrassen – in Graz auffällig entlang der Rudersdorfer Straße – wurden durch Abschwemmungen teilweise abgetragen. Südlich davon bildete die Mur bis Wildon mit ausladenden Mäandern und mehreren Nebengerinnen ein kilometerbreites Gewässersystem. Sie ist deshalb dem verzweigten (furkierenden) Flusslauftyp mit der Bildung von Seitenarmen zuzuordnen. Ab dem Mittelalter mit Uferwällen nur zaghaft eingeengt, wurde die wilde Mur seit 1820 in ihr heutiges schmales Flussbett gebannt. Die Verfüllung der Seitenarme, die Erhöhung der Kaimauern, die Regulierung im Grazer Feld und der Geschiebeentzug führten zur Eintiefung der Mur (KAUCH 2002). Der rechte Mühlgang von Graz gilt als der letzte noch erhalten gebliebene Seitenarm der Mur.

Bei langfristiger Betrachtung ist zu erkennen, dass die Ursprünglichkeit des Murflusses heute kaum mehr gegeben ist. Weder das Flussbett noch seine Ufer sind natürlich, auch die Hydrologie hat sich nicht nur durch den Klimawandel geändert. Andererseits haben der Fluss sowie Flora und Fauna die Ufer wieder selbst gestaltet – die Begleitsäume sind dicht und vielfältig bewachsen. Wirtschaft und Kommunen haben den Sprung ins Zeitalter des Umweltschutzes gewagt und die beschämende Wasserqualität der Mur vor 30 Jahren erfolgreich saniert – das verseuchte Grundwasser von Graz bleibt eine Altlast.

Im Stadtgebiet von Graz bilden die durchgehend von Baumsäumen bewachsenen Ufer des Murflusses ein grünes Band, so wie die Landeshymne nach Jakob Dirnböck 1844 in der vierten Strophe über die steirische Landeshauptstadt textiert:

„Wo sich lieblich groß eine Stadt erhebt
hart am Atlasband der grünen Mur, [...]."

Mit der lokalen Stadtentwicklung bis hin zur Globalisierung konfrontieren Mehrfachnutzungen den Fluss und seine Begleitränder. Auch Investoren spekulieren mit der fließenden Mur als Geldanlage in Form eines Wasserkraftwerks. Neben dem geplanten Murkraftwerk Puntigam wurde auch der Bau eines Sammelkanals 2013 behördlich genehmigt. Der große Eingriff wird das Fällen von Uferbäumen quer durch die Stadt bewirken. Die Stadtpolitik glaubt mehrheitlich an eine erholungsgerechte Umgestaltung der Murufer, ein kritischer Teil der Bevölkerung sorgt sich allerdings um Tausende Stadtbäume. Das grüne Band der Mur ist derzeit die intakteste Grünachse der Landeshauptstadt, das Rückgrat des grünen Netzes. Es bleibt abzuwarten, ob in Zukunft die in fast täglichen Werbeeinschaltungen versprochenen Uferattraktionen am Stau und über dem Kanal halten, was sie versprechen.

Erich-Edegger-Steg

Mit diesem Bildband soll den GrazerInnen ein bunter Einblick in die Besonderheiten ihres Zentralflusses und vor allem auch eine Darstellung des heutigen Standes der vielfältigen Funktionen, Brücken, Kulturstätten und MitbewohnerInnen der Mur in Graz gegeben werden. Der durchgehende „wild gewachsene" Baumbestand – mit einer Länge von rund 16 km – ist einzigartig für eine Stadt in Mitteleuropa. Die zahlreichen Abbildungen in diesem Buch sind eine Bestandsaufnahme, mit der man vielleicht in einigen Jahren einen Vergleich wagen kann und vielleicht bald eine historische Dokumentation. In einer Stadt bleibt nichts statisch. Der Inhalt ist nach naturorientierten Themen gegliedert und ausgehend vom Stadtzentrum nach Norden bis zum Wasserkraftwerk Weinzödl und in der zweiten Hälfte vom Zentrum nach Süden bis zur A2-Autobahnbrücke in Liebenau und Gössendorf gereiht. Beim Versuch, die Abschnitte der Mur in Graz zu benennen, stößt man auf allerlei Probleme. Im Stadtzentrum haben wir die „Kais" wie Grieskai, Lendkai, Kaiser-Franz-Josef-Kai und Schwimmschulkai. Dann, nach Ufersäumen benannt, die Augasse, die Überfuhrgasse, Fischeraustraße und die Floßlendstraße. Demgegenüber sind die Abschnitte zwischen den einzelnen Brücken und Stegen eindeutig definierbar – wenn auch dafür spezifische Namen fehlen. Wir haben uns daher entschieden, den Band nach Brückenabschnitten zu gliedern.

Wir leben allzu unbedacht am grünen Murfluss – leben wir auch mit ihm!

Stadtmur – Kulturmur – Baummur

An die 1000 Jahre währt die Beziehung zwischen der Stadt Graz und ihrem Fluss bereits. Wie in allen Flussstädten war es lange Zeit ein riskantes Verhältnis. Die Mur bot Nahrung aus dem Wasser und ihren Auwäldern, war Verkehrsweg, erleichterte die Verteidigung und entsorgte die Abfälle der Stadt, aber drohte auch mit Zerstörung durch Hochwasser. Von all diesen Faktoren ahnen wir heute kaum mehr etwas. Der Fluss ist reguliert, Verkehr läuft über Straßen und Schienen, Murfische sind selten geworden, die Auen sind Siedlungsraum – nur Entsorgungslasten muss die Mur noch immer tragen. Aktuelle Bedeutung für die Stadt haben der Freiraum, den sie bietet, ihr rasches Strömen und das üppige Begleitgrün. Vielleicht wenig im Vergleich zu den historischen Auen, aber doch so wichtig für die Stadt, ihre Menschen und ihr Naturpotential. Der Murraum bietet jetzt herausragende Stadtarchitektur, von mächtigen Bäumen begleitete Erholungsräume, urbane Lebenskultur, Verbesserung des Stadtklimas, vielfältige Naturerfahrung und anderen Städten gegenüber unvergleichliche Biodiversität. Diese eng ineinander verwobenen Funktionen des Murraumes bilden als Stadtmur, Kulturmur und Baummur den Grundgedanken dieses Buches.

Romana Ull
Dr. phil., erste österreichische SV für Stadtökologie

Vom Stadtzentrum nach Norden

Verzahnung des Grünen Bandes mit der Stadt	11
Graz und die Mur – Historie	14
Murschiffe in Graz	18
Brücken und Stege – Grünkorridor Mur	20
Ans Eiserne Haus angebaut – das Kunsthaus	22
Erzherzog-Johann-Brücke	24
Kunsthaus	26
Kultur – Natur – Design	27
Perspektivenwechsel	28
Erich-Edegger-Steg	30
Acconci's Murinsel	33
Die „Murinsel"	34
Silvester bei der Murinsel	37
Muruferpromenade	38
Graffiti-Street-Art	42
Wenn Ufer Farben tragen	44
„Das Rauschen der Mur"	47
Uferbäume	48
Sträucher und Bodendecker	51
Blühende Sträucher	52
Vogelfrüchte	53
Schwemm- und Biotopholz	54
Kletterpflanzen	56
Vögel	59
Wasservögel	60
Vögel an und über der Mur	63
Zur Fischfauna der Mur im Großraum Graz	64
Der Huchen in Graz	68
„Huchen-Hochzeit" mitten in Graz	70
Der Huchen – König der Mur	72
Fischen an der Grazer Mur	76
Keplerbrücke	78
Lendkai	80
Die Mur – Wildnis mitten in der Stadt!	Baumpatinnen und -paten	82
Uraltbäume an der Mur	84
Der Wert eines Baumes	86
Die Zikadenfauna der Grazer Murufer	89
„Murnockerln" am Ufer	90
„Murnockerln" - ein breites Spektrum von Gesteinen	92
„Wo ich bin, ist Gold!"	96
Goldwäscher an der Mur	97
Kalvarienbrücke	98
Heimgärten der Mur	101
Kalvarienberg	103
Der Kalvarienberg an der Mur ...	104
Die Mur – Lebensraum für Fledermäuse	106
Die Säugetierfauna der Grazer Mur	108
Amphibien	110
Die Murufer als bedeutsamster Lebensraum für Reptilien	111
Die Würfelnatter im Stadtgebiet von Graz	114
Nördliche Murpromenade	116
Pongratz-Moore-Steg	117
Uferstützen	120
Unterwasserwurzeln	122
Wurzeln – ober und unter Wasser	123
Unterwasserwelt	124
Weinzödlbrücke	127
Funktion alter Baumbestände	130
Frühblüher	132
Auenblumen	134
Neophyten	137
Springkräuter und Co.	138
Schwebfliegen – Refugium Mur-Auen	139
Wildbienen an der Mur	141
Kraftwerk Weinzödl und Stauraum	143
Ende des Schottertransports	Problem Stauschlamm	144
Flohkrebse	145
Landkärtchen-Falter	146
Brennnesselfalter	147
Nachtfalter-Raupen	148

Vom Stadtzentrum nach Süden

	Tagfalter	149
	Erzherzog-Johann-Brücke	150
	Wasserstandsdynamik	150
Was uns die Mur erzählt		150
	Tegetthoffbrücke	151
	Wasserwirtschaftliche Grundlagen	152
	Hochwasser in Graz	156
Sicherheit am und im Wasser – Wasserdienst der Feuerwehr		158
	Zillenfahren	160
	Radetzkybrücke	162
	Marburger Kai	164
Rauschende Wellen		168
Murwirbel		171
Wassersport		172
Kajaksport in Graz und an der Mur		174
Grazer Kajakklub Wikinger		176
„ ... die perfekte Welle"		179
	Murwellenreiten	180
	Augartenbrücke	182
	Die Farben der Mur	183
Tor zur Unterwelt		186
Städtischer Augarten		187
	Der Garten in der Mur-Au	188
	Augartensteg	189
	Verwilderte Obstbäume	190
Wasserinsekten		192
Unterwasserwelt Mur		193
Eintagsfliegen		194
Steinfliegen	Köcherfliegen		195
Moose		196
	Laub- und Lebermoose der Murufer	197
	Bertha-von-Suttner-Friedensbrücke	200
	Blättermeer für mildes Stadtklima	Eisenbahnbrücke	202
Brückenquartiere der Obdachlosen		204
Wasserqualität – Note: Gut		206

Gefährdete Flatterulmen		207
	Puchsteg	208
	Auensäume	211
	Naturschutz und jede Menge Erholung	212
Uferbäume		214
Xylobionte Käfer der Murufer – Buntes Leben im Totholz		218
Holzbewohnende Pilze		222
... im finsteren Boden		224
Die Mur und ihre Ufer – Lebensraum für weniger bekannte Tiere		225
	Puntigamer Brücke	230
	Schwemmholz	231
	„Pappelschnee"	Olympiawiese	232
Ideen zur Murufer-Gestaltung		234
Laufkäfer der Murufer im Stadtgebiet von Graz		236
Spinnen der Murufer – Aubewohner und Aliens		240
Wie gefährlich sind sie nun wirklich?		242
Die Weberknechte der Murufer		243
	Die Bedeutung der Mur als Wanderkorridor	245
	Gasrohrsteg	248
	Wanderer und Radfahrer	248
Ameisen in den Mur-Auen von Graz		250
	Stauraum für das Kraftwerk Gössendorf	252
	Rudersport am Stausee	Laufkraftwerk	254
	Brücke der Südautobahn	255
Auwiesen		256
	Thondorfer Altarm-Bucht	257
	Ersatzlebensräume	258
	Libellen an Augewässern	259
Königskerzen-Vielfalt		260
Heuschrecken an der Mur		261
Cityflussbike		262
Murmuseum		263
Literaturverzeichnis Kurzbiografien der Autoren		264
Kurzbiografien der Autoren		266
Index		268

Mur zwischen Altstadt-, Lend- und Griesviertel

Stadtzentrum von Graz mit Mur und Schloßberg

Blick Richtung Mariahilfer Kirche mit Erich-Edegger-Steg und Murinsel

Im Nahbereich des Schloßbergs verzahnt sich das „Grüne Band der Mur" mit den Highlights der Europäischen Kulturhauptstadt 2003, insbesondere zwischen Mariahilfer Kirche mit dem Kulturzentrum bei den Minoriten, der Murinsel, dem Erich-Edegger-Steg und dem Kunsthaus. Hier findet das städtische Alltagsleben eine intensive Vernetzung mit dem rauschenden Fluss. Drei Querungsmöglichkeiten hat hier der Stadtbesucher – die künstlerisch intensivste ist die Murinsel (rechts), die über zwei Zugangsstege verfügt. Der Erich-Edegger-Steg (links) verbindet den Vorplatz der Mariahilfer Kirche (Bild Mitte) und das Grazer Kunsthaus auf der Westseite mit dem Palais Attems, dem Schloßbergplatz und der Grazer Altstadt auf der Ostseite. Von hier aus führt der „Russensteig" mit seinen 260 Stufen an der Felswand des Schloßbergs bis zum Uhrturm – oder man fährt mit dem Schloßberglift 77 Meter durch einen vertikalen Schacht im Berg nach oben. (*Romana Ull*)

Vom Kunsthaus (rechts) über die Erzherzog-Johann-Brücke flussabwärts

Vom Augarten (rechts) flussaufwärts

Graz und die Mur – Historie

Gerhard M. Dienes

Obwohl die Uferzonen von Flüssen als Siedlungsraum wegen der Hochwasser zumeist gemieden wurden, entstand der Ort Graz am linken (=östlichen) Murufer zwischen dem Schloßberg und dem Fluss bzw. nahe einer Furt (Murgasse) über die Mur. Die Siedlung wurde zur Stadt und mit Mauern befestigt. Vor diesen lag der Stadtgraben. Als solcher diente auch jener Murarm, der über den Bereich obere Sackstraße (Kloster der Schulschwestern) Richtung Neutorgasse floss.

Als „Chotmur" wird das Gerinne 1350 erwähnt, eine Bezeichnung, die wahrscheinlich von den Abwässern der Lederer und Gerber herrührt (die Sackstraße hieß damals „Ledererstraß").

Das gegenüberliegende, rechtsseitige (=westliche) Ufer war ein von wechselnden Murarmen durchflossenes und unbesiedeltes Auengebiet, das den Überschwemmungen des Flusses ausgesetzt war. Deswegen erfolgte die Besiedlung zunächst an und auf der Murterrasse (Leutzenhof, Babenbergerstraße). Auf alluvialem Murboden entstand als ältester bekannter Ort der Weiler bei der Andräkirche, der seit dem 13. Jahrhundert den Kern der Murvorstadt bildete, während die Auen überwiegend als Viehweiden dienten. Erst ab dem 16. Jahrhundert ermöglichte die fortschreitende Ufersicherung eine beträchtliche Vergrößerung der Murvorstadt: Lend- und Griesplatz entstanden. Beide tragen Namen mit Wasserbezug, denn „Gries" steht für den feinkörnigen Flusssand – das Geschiebe und „Lend" rührt vom Anlegen, dem „Anlenden" der Wasserfahrzeuge, her. Die Mur galt als wichtige Handelsader, hatte doch der Transport zu Wasser entscheidende Vorteile gegenüber dem zu Lande. Er war sicherer, schneller und infolge der größeren Transportkapazität auch billiger. So verband der Fluss seit dem Mittelalter das eisen-, holz- und salzreiche steirische Oberland mit dem weinreichen Unterland. Zum Einsatz kamen Flöße und Plätten, die am Zielort zerlegt und als Brenn- oder Bauholz verkauft wurden. Seit dem späten 14. Jahrhundert verkehrten zudem Schiffe auf der Mur. Mit ihnen war die Beförderung von Gütern auch muraufwärts möglich. Während die Fahrt flussabwärts von Leoben nach Spielfeld zwei Tage dauerte, musste man in der Gegenrichtung – die Schiffe wurden von Pferden vom Treppelweg aus gezogen – mit 10 bis 12 Tagen rechnen. Der Schifffahrt auf der Mur war keine lange Dauer beschieden und die Flößerei erlitt dann im 19. Jahrhundert durch die Eisenbahn einen gravierenden Bedeutungsverlust.

Der Fluss verband, trennte aber auch

„Im Allgemeinen bietet Grätz die höchst interessante Eigenheit, dass sich hier gleichsam zwei Städte, nur durch den Fluss geschieden, darstellen, die in der Bauart, Anlage und auch im geselligen Leben eine durchaus verschiedene Physiognomie zeigen, und deren Bevölkerung nicht leicht von

Graz vom Süden um 1800. Rechts die Holzlegestätte in der Nähe des heutigen Augartens.

Die Notbrücke nach dem Hochwasser von 1827

einer Seite des Stromes auf die andere übersiedelt." Mit diesen Zeilen sprach Gustav Schreiner 1843 ein nicht nur Graz-spezifisches Phänomen an: das räumliche Hinausschieben nicht genehmer Dinge und Einrichtungen in suburbane Viertel. In Graz wurde die Murvorstadt zum Auffangbecken für vieles, was die Stadt zwar benötigte, aber als störend, ihrer nicht würdig, oder nur bedingt begrüßenswert erachtete (laute und stinkende Gewerbe, Verkehr, Prostitution …).

Die Verbindung von Stadt und Vorstadt, die heutige Erzherzog-Johann-Brücke, war im Mittelalter der einzige Murübergang zwischen Frohnleiten und Landscha!

Die Zeiten änderten sich, denn 1880 stellte ein satirisches Blatt die Frage: *„Was hilft das viele Brückenbauen, immer wird sich noch eine Stelle finden, für welche wieder eine Brücke verlangt wird, daher nimmt diese G'schicht gar kein Ende!"* – aber trotz der vielen Brücken besteht das soziale Gefälle zwischen links- und rechtsseitigem Murufer in Graz bis heute.

Die Mur ließ sich wegen ihrer stark schwankenden Wasserführung nicht zum Antrieb von Mühlen nutzen. Daher wurden gewerbliche Betriebe an kleineren, durch Wehre regulierbaren Wasserläufen, den Mühlgängen, errichtet. Diese waren teils natürliche Seitenarme der Mur, teils von Menschenhand angelegt. Während der linksseitige Mühlgang 1977/1979 verschwand, durchfließt der rechtsseitige nach wie vor das Stadtgebiet von Gösting bis Puntigam.

In Puntigam befand sich einer der ersten Badeplätze an der Mur. Seit dem 18. Jahrhundert hatte sich verstärkt die Erkenntnis durchgesetzt, wie sehr das Schwimmen *„den Körper stärkt und von vielen Uebeln bewahrt"*. Dementsprechend vermerkte 1792 die „Skitze von Grätz":

„Unser Murstrom … dürfte in der heissen Sommerszeit das beste Bad seyn, indem er aus den reichhaltigen Mineralgebieten Obersteyermarks entspringt, und also die feinsten Theile von Eisen, Gold, Salz und Schwefel mit sich führt. Wenn man nun um die Wirkungen eines Mineralbades weiß,

so kann man leicht auf die Wirkungen des Murbades schliessen; doch sei aufgrund des reißenden Wassers Vorsicht angebracht. Entspannung und Vergnügen boten auch die Mur-Auen.

Die Neuholdau war laut Gustav Schreiner *„eine liebliche […], das üppige Grün der Wiesen und die vielen schattenreichen Baumgruppen, so wie die wohltuende Stille der ganzen idyllischen Gegend, [wird] nur durch den Gesang der Vögel unterbrochen"*. In der nach Erzherzog Karl II. benannten Au, in der er sich im 16. Jahrhundert ein Lustschloss hatte erbauen lassen (später wandelte es sich zum Gefängnis), gab es Ruhebänke, Hütten mit Erfrischungen und „Lustschiffchen".

Von der Lust zum Leid

Die Mur bedeutete immer wieder Gefahr durch Hochwässer. Trotz eines permanenten Kampfes um die Zügelung des Flusses in ein gerades Rinnsal, trat er immer wieder aus seinem Bett. Am 8. Juni 1827 zum Beispiel, überflutete die Mur weite Teile von Graz. Niedrig liegende

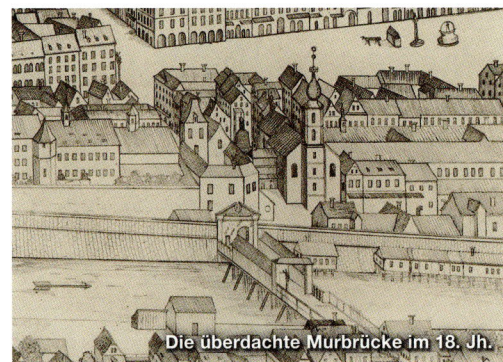
Die überdachte Murbrücke im 18. Jh.

Ein klassisches Graz-Panorama (Mitte 19. Jh.)

Künstlerische Impression zur Graphik links seitlich (Ende 19. Jh.)

Häuser verschwanden gänzlich in den Fluten. Der Hauptplatz, der Franziskanerplatz und sein Viertel waren ebenso überschwemmt wie die Schmied- und Raubergasse. Rechtsseitig war die ganze Vorstadt (siehe die Wasserpegel-Anzeige beim Hotel Mariahilf) betroffen, die Hauptbrücke wurde weggerissen.

Intensive Hochwasserschutzmaßnahmen folgten. Der Fluss wurde reguliert. Die aufwändigsten Regulierungsmaßnahmen fanden in der Zeit zwischen 1874 und 1891 statt: Die Flusslänge zwischen der Radetzkybrücke und Unter-Mauthdorf / Vercey verkürzte sich von 124 auf 109 Kilometer. Durch die Regulierungen vertiefte sich das Bett der Mur. In Graz entstanden Kais an beiden Ufern. Ihnen wurden ganze Viertel geopfert. Ein unterentwickeltes Gestaltungsbewusstsein ließ jedoch keine „Riverside" entstehen. Dazu kamen in den 1960er-Jahren der Neubau von Brücken, die lediglich Bretter waren, und die Demolierung weiterer murnaher gelegener Viertel für die Bedürfnisse des Straßenverkehrs.

Apropos Straßen: Mit deren Pflasterung wurde – wenn auch zaghaft – bereits im 15. Jahrhundert begonnen. Verwendung fanden gerundete (=abgeschliffene) Steine, sogenannte „Kießlingsteine", oder, da aus dem Flusse geholt, „Murnockerln".

Noch etwas gab der Fluss den Menschen: Fische. In der Mur gab es, laut Schreiner, *„die wegen der Schmackhaftigkeit ihres Fleisches berühmten Huchen, zuweilen bis zu einem Gewichte von 45 Pfunden und darüber, Forelle, Äsche, Hechte, Weißfische, auch Karpfen. Krebse kommen auch und zwar sowohl in den Mühlgängen der Mur, als auch in einigen Seitenbächen vor."*

Der Mensch jedoch schüttete auch seinen Abfall in die Mur. Die Fleischer taten dies von ihren Schlachtbrücken bei der Franziskanerkirche aus und verendetes Vieh wurde in der „Froschau" deponiert. Die menschlichen Fäkalien des zur Großstadt anwachsenden Graz kamen ab 1867 in sogenannte „Fassapparate" und deren Inhalt wiederum in die Mur. Erst 1925 (!) begann man mit dem Bau der Schwemmkanalisation. Graz war in dieser Hinsicht eine der rückständigsten Städte in Mitteleuropa.

Über Jahrhunderte fand das Wäschewaschen am Fluss unter den Augen der Öffentlichkeit statt, zum Beispiel bei den Waschhütten an der Einmündung des Grazbaches in die Mur. Damit hatte es ein Ende, als die Industrie – Joseph Roth bezeichnet sie als „härteste Strafe Gottes" – die Flüsse zu offenen Abwasserrohren machte.

Der Fluss durch Graz wurde zur Kloake. *„An der Mur lecken die Höllenhunde Chemieschaum",* heißt es bei Wolfgang Bauer. Eine 1984 entdeckte Grundwasserverunreinigung rückte schließlich apokalyptische Visionen in das Bewusstsein der Grazer und Grazerinnen. Das Wasser, dieses uralte Symbol der Reinigung, wurde selbst zum Objekt der Reinhaltung. An der Mur wurde die Notbremse gezogen – die Wasserqualität stieg. Die Ufer der Mur wurden wieder zum Lebensraum – auch im urbanen Zentrum von Graz.

Das Hochwasser von 1827 (L. Kuwasseg)

Blick auf die Schlachtbrücken des Kälbernen Viertels (N. Chapuy, um 1850, Ausschnitt)

Die Alte Kalvarienbrücke um 1910

Murschiffe in Graz

Karl A. Kubinzky

Gewässer waren und sind ab einer gewissen Größe eine verlockende Aufforderung, sie zu befahren. Die Mur bildet dabei keine Ausnahme. Allerdings hat sie, aus den Alpen kommend, die typische Eigenschaft, zeitweise zu viel und dann wieder zu wenig Wasser zu führen. Das hat nicht davon abgehalten, zumindest flussabwärts die Mur auch im Raum Graz zu befahren. Meist waren es Flöße und Plätten, die am Zielort Graz als Holztransport landeten und als Rohstoff verwendet wurden. Der Bezirksname Lend (siehe „landen"), der Name Floßlendplatz und auch die ehemalige Floßmeisterei am Grieskai sowie die einstigen Holzlager an beiden Murufern erinnern daran. Sogar der Heilige der Schifffahrt, Nikolaus, hat in der Stadt seinen Gassennamen und sein wieder errichtetes Standbild. Im Bereich der Alten Weinzödlbrücke gab es Stromschnellen, deren Passage gefährlich war. Der Ausbau der Kraftwerke setzte dem Flusstransport zwar durch Schleusenbauten kein abruptes Ende, wohl aber war jenseits des frühen 20. Jahrhunderts die Flößerei trotzdem beendet. Die „Überfuhr", ein Floß mit einem Führungsseil, verband von 1864 bis in die 50er-Jahre auf der Höhe des Kalvarienbergs beide Murufer. Ohne Führungsseil, dafür aber mit Brücken, hat die „Murinsel" aus dem Jahr 2003 trotz aller Modernität eine ähnliche Konstruktion.

Natürlich konnte man außer Holz auch noch andere Waren, besonders große und schwere, auf der Mur transportieren. Hin und wieder gab es

Flößer um 1870; Wandmalerei nahe Kalvarienbrücke

auch, ohne den Anspruch auf Regelmäßigkeit, Personentransporte. An den innerstädtischen Flussmauern des späten 19. Jahrhunderts war auch ein Treidelweg für den Transport flussaufwärts vorgesehen. Verwachsen gibt es ihn noch immer. Heute sieht man in Graz gelegentlich Boote der Feuerwehr und des Bundesheeres. Auch die Polizei hatte Boote und das Polizeisportfest bei der Tegetthoffbrücke in den Nachkriegsjahren ist der alten Generation noch in Erinnerung. Es gibt auch Murbefahrer mit Booten des Bereichs Sport und Hobby. Wie weit es möglicherweise durch einen Kraftwerksbau und einen Rückstau der Mur im städtischen Bereich in Zukunft neue Möglichkeiten der Flussbefahrung geben wird, ist noch unklar. Gelegentlich liest man, quer über die Jahrzehnte, von einschlägigen Projekten.

Außer auf den missglückten Einsatz des Motorbootes „Anna", es scheiterte 1924 bei der Konzessionsfahrt, ist besonders auf die beiden Murdampfschiffe des späten 19. Jahrhunderts hinzuweisen. Was in Wien oder Budapest möglich war, sollte auch die Grazer erfreuen. 1887 entstand eine

SportlerInnen vor dem Grieskai

Bundesheerpioniere in der I. Republik

Murschiffer um 1920

© alle Abbildungen Archiv Kubinzky

„Murdampfschiffahrtsunternehmung" und es wurde der Wiener Werft Kroi der Auftrag zum Bau von zwei Dampfschiffen erteilt. Die Schiffe sollten 15 m lang und drei Meter breit sein. Mit 40 Personen beladen und mit vollem Kohlenbunker war ein Tiefgang von 70 cm vorgesehen. Das schien für die Mur in Graz ein richtiger Wert zu sein. Ein Stau auf der Höhe des Augartens milderte das Gefälle und erhöhte den mittleren Wasserspiegel. Die I. Klasse am Bug der Schiffe sollte ledergepolsterte Sitze haben, die II. Klasse mittschiffs Holzsitze. Das eine Schiff erhielt den Namen „Graz", das andere, nachdem der Statthalter Freiherr von Kübeck als Namensgeber abgesagt hatte, bekam in der Folge den Namen „Styria". Der Plan, Passagiere und Waren von Graz bis Radkersburg zu befördern, wurde auf eine Strecke zwischen dem Kalvarienberg und der Schlachthausbrücke (nun Bertha-von-Suttner Friedensbrücke) reduziert.

Das erste Schiff sollte über die Donau, Save, Drau und die Mur nach Graz fahren. Statt der geplanten drei Tage brauchte der Transport, durch viele Zwischenfälle aufgehalten, 19 Tage. Der zweite Dampfer kam am Landweg nach Graz. Da er für den Zugsverkehr, insbesondere auf der Semmeringstrecke, überdimensioniert war, wurde das Schiff als Fuhrwerk gezogen. Bürokratische und technische Probleme verzögerten die Inbetriebnahme über ein Jahr. Am 8. September 1888 wurde endlich auf einer verkürzten Strecke (Schwimmschulkai – Schlachthausbrücke) der Betrieb aufgenommen. Für die Talfahrt waren 15 Minuten vorgesehen, für die Bergfahrt 45 Minuten. Dem freudigen Interesse der Grazer standen die technischen Mängel entgegen. So schwamm am Lendkai der Landungssteg davon und es ging ein Anker verloren. Nach wenigen Wochen Betrieb gab es eine Winterpause. Im Frühjahr 1889 wurde der Fahrbetrieb wieder aufgenommen. Am 12. Mai kam es zur Katastrophe. Die „Styria" zerschellte an der damals noch hölzernen Radetzkybrücke. Sechs Personen kamen dabei ums Leben Das war das Ende der Grazer Dampfschifffahrt. Das Unternehmen war bürokratisch und finanziell gescheitert. Das zweite Schiff, die „Graz", wurde versteigert und sollte am Wiener Donaukanal Schleppdienste tun. Aber auch hier endete das Projekt mit einem Untergang. Die „Graz" sank bei ihrer Überstellung nach einem Zusammenstoß mit der Puntigamer Brücke. Es folgte ein jahrlanger Rechtsstreit um die Bergungskosten der beiden Schiffe, den schließlich die Stadt Graz 1909 zumindest teilweise gewann. Hätte es nicht die Todesopfer gegeben, so könnte man von einer skurrilen und belächelbaren Folge von bürokratischen und technischen Problemen sprechen.

Dienstfahrt in der I. Republik

Ein Scherz beim Polizeisportfest, Mitte 20. Jh.

Der Untergang der „Styria" 1889

Der Murdampfer Styria, 1888

Brücken und Stege

1. Weinzödlbrücke
2. Pongratz-Moore-Steg
3. Kalvarienbrücke
4. Keplerbrücke
5. Murinselsteg
6. E.-Edegger-Steg
7. Erzherzog-Johann-Br.
8. Tegetthoffbr.
9. Radetzkybrücke
10. Augartenbrücke
11. Augartensteg
12. B.-v.-Suttner-Friedensbr.
13. Eisenbahnbr.
14. Puchsteg
15. Puntigamer Brücke
16. Gasrohrsteg

Kartengrundlage:
Grünes Netz Graz mit Grünkorridor Mur
Stadt Graz, Stadtbaudirektion, 2006
neu bearbeitet: Hans Koschuh

Foto: Johannes Gepp

Die Mur im Zentrum von Graz – vom Schlossberg aus gesehen

21

Erzherzog-Johann-Brücke und das ans Eiserne Haus angebaute Kunsthaus

Erzherzog-Johann-Brücke

Die 1890 fertiggestellte „Franz Karl Brücke" galt als die schönste Brücke von Graz. Sie wurde 1964/65 durch einen formlosen Zweckbau, bis 2009 Hauptbrücke genannt, ersetzt. 2009 wurde diese wesentliche Brücke von Graz in „Erzherzog-Johann-Brücke" umgetauft. Die feierliche Umbenennung erfolgte zum 150. Todestages des großen Steirischen Vordenkers und Reichsverwesers des Deutschen Reiches (1848/49). Als Mitglied des Hauses Habsburg war er (1782-1859) österreichischer Feldmarschall, für die Steiermark vor allem Förderer von Wissenschaft, Allgemeinwohl und Kunst.

Er begründete zahlreiche Institutionen: 1811 das Joanneum, Vorläufer der heutigen Technischen Universität, 1817 das Steirische Landesarchiv, 1825 die Steiermärkische Sparkasse, etc.. Das Erscheinungsbild des volksverbundenen Modernisierers lebt in der Steiermark und darüber hinaus heute noch im Steireranzug weiter. Der Lodenanzug der damaligen Jäger der Obersteiermark ist heute Festtagstracht aller Steirer (BISCHOF 2015).

Liebesschlösser

Wurden früher Liebesschwüre in Baumrinden geritzt, werden sie heute in Form von Metallschlössern auf Brücken verewigt. Die Hauptbrücke ist die Liebesbrücke der GrazerInnen. Waren es 2012 eintausend Schlösser, erbrachte die letzte Zählung weit über 10.000 mit dem geschätzten Gesamtgewicht von zirka zwei Tonnen. Ein spezialisierter Anbieter für Liebesschlösser zählt in Österreich bereits 153.000 Kunden. Die Herkunft des modernen Brauchs ist ungesichert, wahrscheinlich stammt er aus Italien (Florenz). Manche Schlösser enthalten eine Aufschrift oder die Initialen der Verliebten. Einzelne Schlösser sind extravagant in der Form oder in der Größe; unterhalb der Hauptbrücke hängt ein Schloss mit über einem Meter Länge! Besonders an Valentinstagen vermehrt sich die Anzahl der Schlösser, deren Schlüssel nach gefestigtem Schwur in der Mur versenkt werden. Den mittlerweile weltweit verbreiteten Lovelocks wurde in Graz auch eine volkskundliche Studie gewidmet. (*Johannes Gepp*)

„Franz-Karl-Brücke" um 1916
© Archiv Kubinzky

Das allergrößte Schloss – die allergrößte Liebe?
© J. Gepp

© S. Schönfelder

2010 von der Stadtverwaltung noch entfernt, werden sie nun „als nette Tradition" geduldet
© J. Gepp

Lovelocks mit Ambiente

Kunsthaus

Kultur – Natur – Design

Es gibt nur wenige Städte wie Graz, durch die ein „Gebirgsfluss" rauscht. Die Designobjekte an der Mur erfahren durch deren wilde Natur einen spannenden Kontrast und eine besondere Dynamik.

Am Westufer nahe der Hauptbrücke hat 2003 ein bizarres Objekt seinen Platz an der Mur gefunden – das Kunsthaus. Vom zuvor an dieser Stelle stehenden „Eisernen Haus" verblieb die denkmalgeschützte Südfront. Die Materialwahl des „Eisernen Hauses" hatte der Murfluss wesentlich mitbestimmt. Als im Jahr 1827 ein Hochwasser die dortige hölzerne Hauptbrücke und die angrenzende Häuserzeile schwer beschädigte, wurde der Bau eines zweigeschoßigen Gebäudes mit einem Gusseisenskelett beschlossen. Es stand als durchsichtige Glas-Eisenkonstruktion der gängigen Architektur des Spätbiedermeier ähnlich gegenüber, wie das Kunsthaus der aktuellen Mainstream-Architektur.

Das Kunsthaus – ein Objekt der Kulturhauptstadt 2003 – ist der durch organisches Design geprägten Freiform- oder Blob-Architektur zuzuordnen. Seiner besonderen Gestalt entsprechend wurde es von den planenden Architekten Peter Cook und Colin Fournier „friendly alien" genannt. Andere nennen es „Blaue Blase" oder auch „Amöbe an der Mur".

Die gesamte murseitige Ostfassade präsentiert sich als Medieninstallation mit 930 (aufwändig austauschbaren) Leuchtstoffröhren. Diese „BIX Medienfassade" wird mit wechselnden künstlerischen Auftragsarbeiten bespielt. Das Kunsthaus ist Teil des Universalmuseums Joanneum und stellt vorwiegend Arbeiten zeitgenössischer KünstlerInnen der letzten fünf Jahrzehnte aus. Ursprünglich war dieses Museum am bzw. im Schloßberg gedacht. Diesem Standort hat sich eine vom Naturschutzbund gegründete Bürgerinitiative entgegengestellt, um einen gravierenden Eingriff in den Grazer Schloßberg, der nach dem Stadtpark der zweitgrößte geschützte Landschaftsteil in Graz ist, zu verhindern. Eine diesbezüglich durchgeführte innerstädtische Bürgerbefragung entschied daraufhin mit mehr als 85 % Nein-Stimmen gegen das Schloßbergprojekt. (*Romana Ull*)

Perspektivenwechsel
Franz Josef Haas

Links: „Friendly Alien" – im Grünen gelandet

Rechte Seite: Viel Aufstrebendes – links und rechts der Mur

Unten: Die Mur ist die (hier im Bild unsichtbare) Verbindung von historischer Altstadt und modernem Graz

Zwischen Murinsel und Kunsthaus überspannt mit fast 66 Metern eine 117 Tonnen schwere Stahlkonstruktion einen der turbulentesten Murabschnitte von Graz. Diese Fußgänger- und Fahrradbrücke wurde nach dem ehemaligen Vizebürgermeister und Radpionier „Erich-Edegger-Steg" benannt.

Stadtrat Erich Franz Edegger (1940–1992) war ein moderner Vordenker, der auf Verkehrsberuhigung setzte und dementsprechend den Ausbau des öffentlichen Verkehrsnetzes und der Fahrradwege forcierte. Aus Umweltschutzgründen, zur Verkehrssicherheit und -beruhigung führte er „Tempo 30" auf Grazer Nebenstraßen ein. Unter seiner Führung entstand auch der erste Grazer Baumkataster.

Er war ein „Arbeitstier". So gab er dem Naturschutzbund einen Termin um vier Uhr früh und gewährte – nach dieser nächtlichen Vorsprache – die Einsetzung eines Naturschutzbeauftragten für die Stadt Graz.

Im Bereich des Erich-Edegger-Steges wurde beim Bau der Murinsel durch den Einbau von Sohlschwellen ein Rückstau der Mur erreicht. Dadurch wird die Murinsel angehoben und so ein Stranden im seichten Flussbett verhindert. So erfahren sowohl die Mur und mit ihr die Murinsel, als auch der Erich-Edegger-Steg ein rauschendes Ambiente. (*Romana Ull*)

Erich-Edegger-Steg

Jetboot der Grazer Berufsfeuerwehr

Die „Murinsel"

Romana Ull

Die Acconci-Insel, auch Murinsel genannt, wurde als Highlight für „Graz 2003 – Kulturhauptstadt Europas" im Dezember 2002 fertiggestellt. Sie ist eigentlich ein Schiff mit 47 Metern Länge und 17 Metern Breite in Form eines halb untergetauchten Schneckenhauses.

Nur 60 cm unter das Wasser reichend, erhebt sich die Murinsel bis in sechs Meter Höhe und ist von zwei Zugangsbrücken mit je 37 Metern Länge erreichbar. Verankert ist die schwimmende Konstruktion unter Wasser durch Stahlseile. Ein „Schiff", das zugleich als Brücke, Kaffeehaus, Sonnenpromenade, Aussichtsplattform und Kinderspielplatz dient. Die aus Stahl und Edelstahl gefertigte 400 Tonnen schwere Murinsel ist eines der modernen Wahrzeichen der steirischen Landeshauptstadt (BISCHOF 2015). Die „Murinsel" ist sowohl Brücke als auch wasserumströmter Verweilort. Ihr Vermögen ist es, Architektur und Kunst im öffentlichen Raum mit dem Erleben der Ästhetik und der Kraft des Gebirgsflusses im Zentrum der Stadt zu verbinden. In Zukunft soll sie verstärkt als illustrer Tagungsort angeboten werden.

Blick unter die Insel

7 Fotos: Johannes Gepp

Die Murinsel – eine schwimmende Stahlkonstruktion des New Yorker Designers Vito Acconci – wurde vom temporär gedachten Objekt zur Dauerattraktion.

alle Fotos: Johannes Gepp

Silvester bei der Murinsel

Muruferpromenade

Heinz Rosmann

Im Zuge der Grundlagenforschung für die erste Revision des Stadtentwicklungskonzeptes wurde Mitte der 1980er-Jahre von Dr. Arnold Zimmermann, Karl-Franzens-Universität Graz, eine Biotopkartierung des gesamten Stadtgebietes durchgeführt. Erstmals wurden in dieser Untersuchung die besonderen Biotopqualitäten der Muruferzonen hervorgehoben. Während die überwiegende Anzahl der Biotope im Grazer Stadtgebiet als lokal abgegrenzte Bereiche qualifiziert wurden, verkörpert der Murraum – der Fluss mit den Böschungs- und Uferzonen – die einzige durchgängige Grünverbindung (Biotopverbund) im Stadtgebiet, die eine besondere Vielfalt an wasserbezogenen Pflanzen, Sträuchern und Bäumen aufweist und für viele Tierarten eine wichtige Wanderungsachse darstellt.

Auf der Basis dieser Erkenntnisse konnte die Politik davon überzeugt werden, dass ohne Schutz der für den Stadtraum relevanten Grünbereiche keine dauerhafte städtebauliche Qualität erreicht werden kann. Im 2.0 Stadtentwicklungskonzept 1990 wurden daher für den „Lebensraum an der Mur" folgende Ziele formuliert:

- *„Der natürliche Landschaftsraum ist möglichst gesamtheitlich und in allen seinen Elementen zu bewahren. Die darin lebende Pflanzen- und Tierwelt ist zu erhalten, zu schützen und so zu regenerieren, dass ihr ökologisches Zusammenwirken gesichert ist.*
- *Der Flusslauf der Mur mit seinen Uferbereichen ist als naturnaher städtischer Lebensraum zurückzugewinnen.*
- *Wiederherstellung naturnaher Wasserläufe*
- *Schutz der Uferbegleitvegetation durch Baufreihaltung*
- *Gestaltung des Lebensraumes an der Mur"*

Diese Ziele wurden im „Sachprogramm Grünraum" weiter konkretisiert und waren maßgeblich für eine negative Stellungnahme des Stadtplanungsamtes zu einem bereits 1993 diskutierten Kraftwerk an der Mur, das später offenbar aus Gründen einer mangelnden Wirtschaftlichkeit nicht weiter verfolgt wurde.

Erst die deutlich gestiegene Wasserqualität nach dem „Murgipfel" änderte die Wahrnehmung des Flusses durch die Öffentlichkeit und führte zu einer grundsätzlichen Haltungsänderung. Immer häufiger wurden Wünsche geäußert, die durch natürliche Sukzession entstandene attraktive Grünachse inmitten der Stadt zugänglich zu machen, sodass erste Überlegungen für die Planung eines Uferbegleitwegs im Stadtplanungsamt angestellt wurden.

Den eigentlichen Anstoß gab das Projekt der Internationalen Gartenschau 2000 (IGS 2000). Das Stadtplanungsamt stellte einen Alternativplan zum beabsichtigten „Schwarzlgelände" vor, der das linke Murufer von der Hauptbrücke bis zur „Olympiawiese" unter Einbeziehung aller öffentlichen Freiflächen und Parkanlagen umfasste. Dieser wurde allerdings vom Land Steiermark nicht angenommen, jedoch ergab sich daraus die positive Konsequenz, dass vonseiten der Stadt zeitgleich zur IGS 2000 eine Neugestaltung des Murraumes im Stadtzentrum geplant werden sollte.

Den Auftrag dazu erhielt der Landschaftsplaner DI Thomas Proksch, der zu generellen Ideen – wie floßartige und bepflanzte Plattformen in der Mur zu installieren – konkrete Planungsvorschläge für eine ufernahe Murpromenade konzipierte, die von der Stiege bei der Schloßbergbahn bis zur Radetzkybrücke reichen sollte.

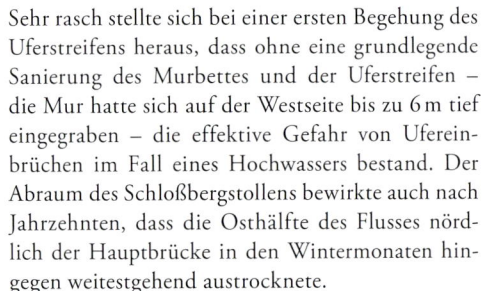

Sehr rasch stellte sich bei einer ersten Begehung des Uferstreifens heraus, dass ohne eine grundlegende Sanierung des Murbettes und der Uferstreifen – die Mur hatte sich auf der Westseite bis zu 6 m tief eingegraben – die effektive Gefahr von Ufereinbrüchen im Fall eines Hochwassers bestand. Der Abraum des Schloßbergstollens bewirkte auch nach Jahrzehnten, dass die Osthälfte des Flusses nördlich der Hauptbrücke in den Wintermonaten hingegen weitestgehend austrocknete.

Nach Verhandlungen mit den für die Mur zuständigen Fachleuten des Amtes der Steiermärkischen Landesregierung kam es zu einem Verwaltungsübereinkommen zwischen dem Land Steiermark – das für dieses Projekt auch Fördermittel des Ministeriums in Anspruch nahm – und der Stadt Graz. Darin wurde geregelt, dass vom Land die gesamten flussbautechnischen Arbeiten finanziert, geplant und inklusive der Muruferpromenade durchgeführt und von der Stadt die gesamten Kosten, die durch die Muruferpromenade entstehen, übernommen werden.

Um realistisch abschätzen zu können, welche konkreten Auswirkungen die Auffüllung der Tiefenrinne, der Einbau von Sohlschwellen und eine Ufergestaltung, die das Potential möglichst naturnaher Elemente wie Buhnen, Kehrwasserzonen, Sandbänke etc. ausschöpfen sollte, hervorrufen werden, wurden am Wasserbaulabor der TU Graz ein Simulationsmodell erstellt und verschiedene Hochwasserzustände erprobt.

Erst nach Klärung sämtlicher flussbautechnischer Details wurde die konkrete Planung der Muruferpromenade mit der Plattform und einem direkten Abgang an der Hauptbrücke in Angriff genommen sowie die Auswahl des Gehbelages getroffen.

Promenade kurz nach Eröffnung 2002

Promenade heute

Fotos: H. Rosmann

Waldspaziergang – mitten in der Stadt

Grundlegende Zielsetzungen für die Planung:

- Der Weg sollte den GrazerInnen die Qualitäten des Flusses „näher" bringen – das rasche Fließen, die Geräusche, das kontemplative Beobachten des Wassers und der umgebenden Natur ermöglichen etc.
- Es sollte inmitten des Stadtzentrums eine Oase der Erholung entstehen, in welcher der Verkehrslärm und die Hektik nicht wahrgenommen werden und die zur Erholung und zum Verweilen anregt.
- Um die ökologische Verbundwirkung zu sichern, sollten die natürlichen Gegebenheiten wie Bäume, Sträucher und die Pflanzendecke möglichst erhalten und geschont werden.
- Die Promenade sollte so nah wie möglich an das Wasser heranrücken und in dem am intensivsten frequentierten Bereich der Innenstadt (vom Abgang Schloßbergbahn bis zur Tegetthoffbrücke) betoniert und die Verlängerung in Richtung Augarten naturnah befestigt werden.
- Um den dunklen und bedrohlich wirkenden Murraum aufzuhellen, wurde im Beleuchtungskonzept für die Innenstadt eine insektenschonende Beleuchtung der Promenade angeregt.

Das Projekt wurde von den politischen Entscheidungsträgern und der Bevölkerung sehr positiv aufgenommen. Der vor einem Beschluss zu konsultierende Naturschutzbeirat befürchtete jedoch eine Störung der Tier- und Pflanzenwelt in der Uferzone und musste erst von den angestrebten Qualitäten überzeugt werden.

Nachdem eine zeitgleiche Realisierung der Uferpromenade mit der IGS 2000 wegen der notwendigen Flussbettsanierung nicht mehr möglich war, konzentrierte sich alles auf eine rechtzeitige Fertigstellung bis zum Beginn des Kulturhauptstadtjahres 2003.

Die Sanierung des Flussbetts und die Gestaltung der Uferzonen waren nur bei Niedrigwasser während der Wintermonate möglich, sodass sich die Realisierungsarbeiten auf die Jahre 2001 und 2002 erstreckten.

Im Frühjahr 2002 wurde die Muruferpromenade der Öffentlichkeit übergeben, sie eröffnete für die Bevölkerung und den Gästen eine völlig neue Erlebnisperspektive und fand daher eine äußerst positive Akzeptanz. Bereits im Sommer des selben Jahres gab es die erste Bewährungsprobe durch ein 10-jähriges Hochwasser mit einer Totalüberflutung, ohne dass ein nennenswerter Schaden entstand (siehe Foto).

Hochwasser 2002 (Foto: H. Rosmann)

Durch die überzeugende Wirkung der Promenade wurde das Erweiterungprojekt bis zum Augarten realisiert, während das bis zur Keplerbrücke reichende Teilprojekt noch immer auf eine Umsetzung wartet. Sollten das aktuelle Kraftwerksprojekt und der Speicherkanal tatsächlich gebaut werden, dann würde sich die Atmosphäre an der Mur total ändern. Aus einem rasch fließenden und rauschenden Gebirgsfluss mit einer Qualität, um die uns andere Städte beneiden, würde eine träg fließende oder gar stehende Mur werden. Abschnitte der Promenade wären eingestaut, und nicht mehr zu benutzen.

Kletterwand — **Mittagspause** — **Spaziergang** (Fotos: Johannes Gepp)

Promenade südlich der Erzherzog-Johann-Brücke

Graffiti-Street-Art

Foto: Johannes Gepp

43

Wenn Ufer Farben tragen

Sie wollen Betonmauern mit plastischen Illusionsbildern verschönern. Die Graffitisprayer machen Brücken, Begleitwände, Promenaden und Kanalmündungen zu ihren Ateliers. Anfangs unerwünscht, hat die Graffitiszene seit 2011 Graz als „City of Design" zur Förderin – zumindest bei offiziellen Einladungen zum alljährlichen Spraydosenduell. 2013 gab es hier den Graffiti-Contest „Clash of the Elements", Bildkunst im öffentlichen, urbanen Raum. Graffiti zieren alle Grazer Murbrücken. (*Johannes Gepp*)

Von dieser Kunstform begeistert

alle Fotos: Johannes Gepp

„Spray it!"

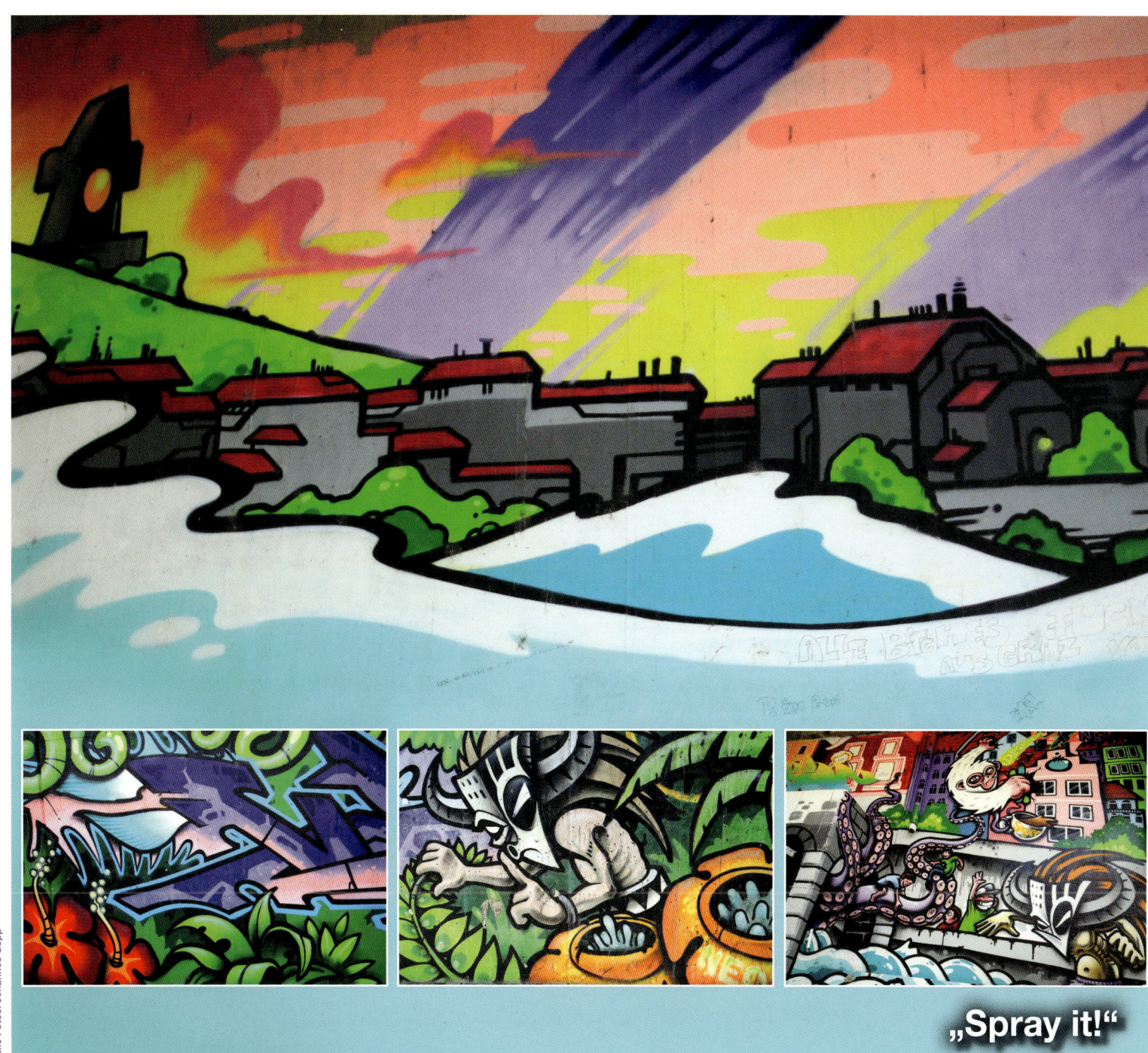

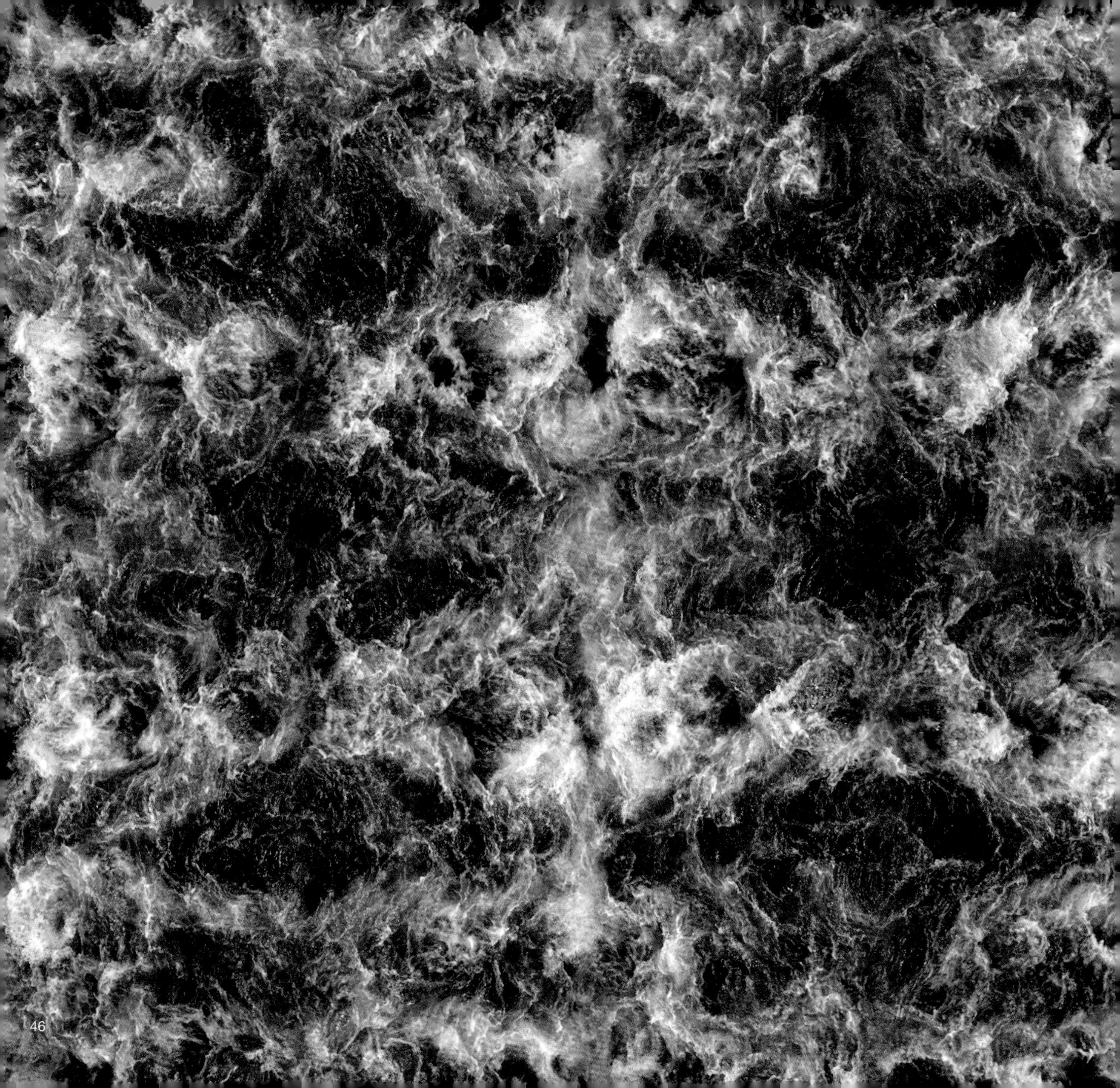

„Das Rauschen der Mur" – eine Collage des Fotokünstlers Franz Josef Haas

Murufer-Bäume und ihre Ökosystemleistungen

Uferbäume sind in Städten multifunktionell: Durch das hohe Wasserangebot bringen Bäume an Gewässerufern eine vielfach größere Verdunstungsleistung als Parkbäume. Dadurch ergeben sich auch größere Kühleffekte, die gerade im städtischen Raum hilfreich sind. Zugleich beschatten die Baumkronen die Ufer und Wegränder und senken so bei sommerlicher Sonneneinstrahlung die Umgebungstemperaturen. Betreffend Feinstaubbindung wird neuerdings Bäumen allgemein eine krankheitsmindernde Funktion zuerkannt (Nowak et al. 2013). (*Melitta Fuchs*)

Foto: Johannes Gepp

Uferbäume

Foto: Sigrid Schönfelder

Sträucher und Bodendecker

Gewöhnlich-Heckenkirsche

Schlehdorn

Forsythie

Gewöhnlich-Schneeball

Wolliger Schneeball

Echt-Traubenkirsche

Blühende Sträucher

Nicht nur Bäume bilden das grüne Band der Murufer. Auch Zehntausende Sträucher besiedeln die Muruferböschung – und tragen zur Sauerstoffproduktion und Feinstaubfilterung bei. Blühende Gehölze bieten über das Jahr Insekten Nektar und Blütenpollen – beginnend mit Frühblühern wie Traubenkirsche, gefolgt von Weißdorn, Rot-Hartriegel, Gewöhnlich-Schneeball bis Schwarz-Holunder. (*Melitta Fuchs*)

Fotos: Johannes Gepp

Vogelfrüchte

Gehölze wie etwa der Rot-Hartriegel, Gewöhnlich-Schneeball und Weißdorn verdanken ihre Verbreitung oft Tieren, die ihre fleischigen Früchte ernten und die Samen wieder ausscheiden. Vögel „fliegen" auf die orangeroten Samen des Pfaffenhütchens in den rosa Fruchtkapseln. Für Menschen sind diese allerdings giftig, wie auch die blauschwarzen Beeren des Ligusters. *(Melitta Fuchs)*

Schwemm- und Biotopholz

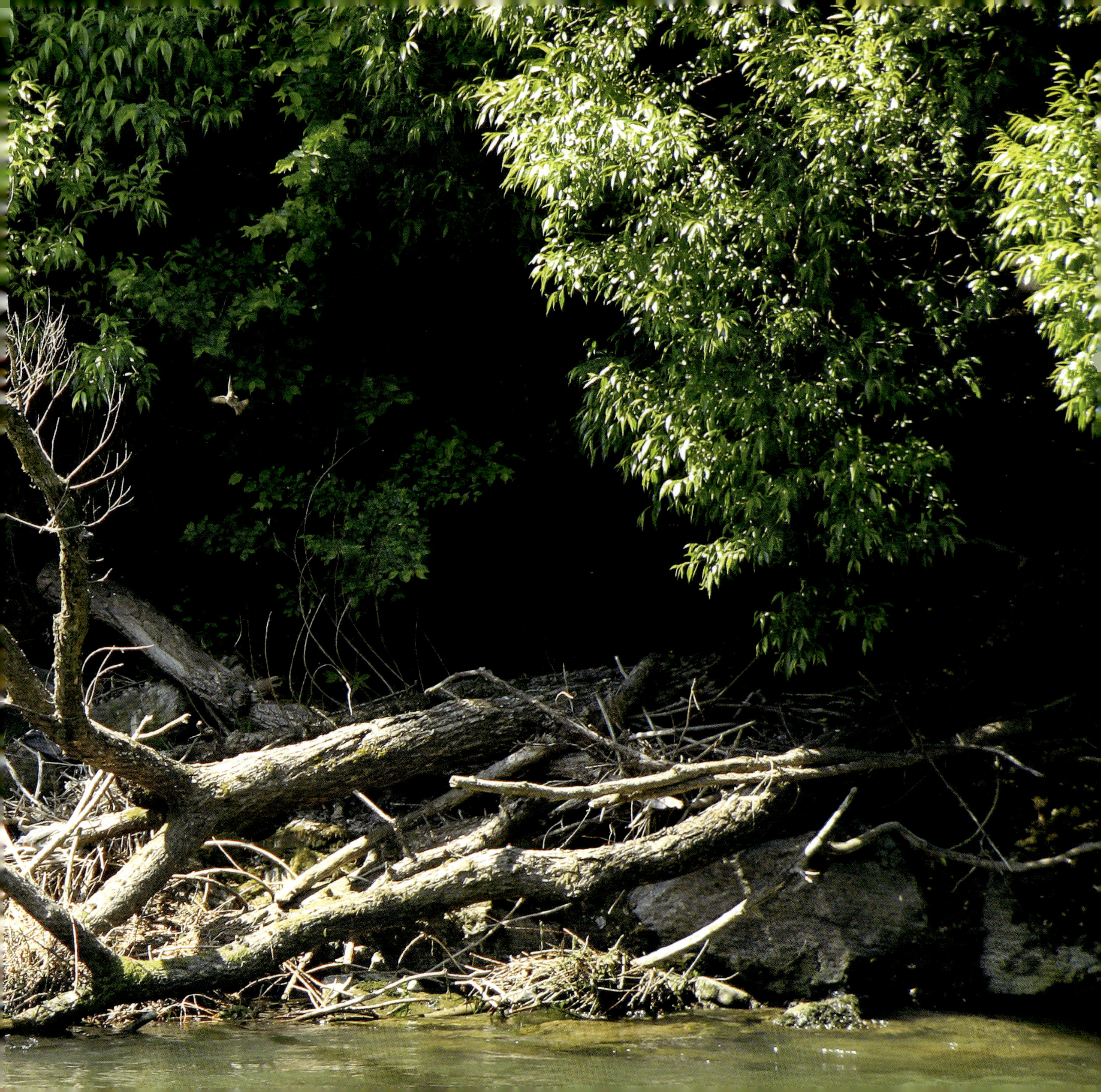

Kletterpflanzen

Melitta Fuchs

In der Konkurrenz ums Licht haben sich Kletterpflanzen einen Vorteil verschafft – sie ranken sich an Sträuchern und Bäumen empor, ohne selbst einen großen Holzkörper aufbauen zu müssen.

Die weiß blühende Waldrebe, ein Hahnenfußgewächs, schlingt sich mit ihren Trieben um Stämme und Äste. Die Stiele ihrer gefiederten Blätter halten sich zusätzlich als Ranken fest. Die dekorativen Fruchtstände mit weiß-fedrig geschweiften Nüsschen verbleiben über den Winter. Der Wilde Wein stammt aus dem Nordosten Nordamerikas. Als Zierpflanze hierzulande kultiviert, überrankt er nun häufig verwildert als Neubürger vor allem Auwälder und Waldränder. Die gefingerten Laubblätter verfärben sich im Herbst in prachtvollen Rottönen. Die dunkelblauen Beeren werden über Winter gerne von Vögeln gefressen. Am Murufer klettern stellenweise aber auch verwilderte Echte Weinreben an Gehölzen empor und tragen im Herbst sogar Weintrauben. Während Waldrebe, Wilder Wein und Weinrebe als echte Lianen ausdauernde, verholzende Triebe bilden, treibt der Hopfen alljährlich neue Sprosse aus dem unterirdischen Wurzelstock. Sie wachsen mehrere Meter lang heran und halten sich dazu mit Kletterhaaren an anderen Gehölzen fest. Der immergrüne Efeu ist wiederum eine Liane. Er hält sich mit Kletterwurzeln an der Unterlage fest, breitet sich am Boden aus oder kann bis 20 m in die Höhe klettern. Die nektarreichen Blüten öffnen sich im Herbst und werden gerne von Bienen, Wespen und Fliegen besucht. Die blauschwarzen Beeren reifen im Frühjahr des nächsten Jahres.

Verwilderte Weinrebe

Hopfen

Waldrebe mit fedrigen Fruchtständen

Früchte des Wilden Weins

Efeu-Blätter

Wilder Wein in grellroter Herbstfärbung

Fotos: Johannes Gepp

Waldreben und verwilderte Weinreben erklimmen Murbäume

Foto: Johannes Gepp

Efeu erobert eine Silberweide

Foto: Johannes Gepp

Foto: Leander Khil

Stockenten-Erpel

Vögel

Wasservögel

Leander Khil

Das Grazer Murufer bietet einer Reihe von Vogelarten Lebensraum, die andernorts in der Stadt nur selten oder gar nicht zu finden sind. Sowohl das Fließgewässer selbst als auch die Begleitvegetation des Flusses sind als Brut- und Rastgebiet sowie als Wanderkorridor für zahlreiche Vögel interessant und erhöhen somit die Vielfalt dieser Artengruppe im Stadtgebiet. Um den wirklich typischen Murbewohnern, den „Wasservögeln" im weitesten Sinn, genügend Raum zu geben, wird hier auf die Vorstellung gängiger Vogelarten der Gehölze und des Siedlungsgebietes verzichtet.

Die auffälligste und häufigste Vertreterin der Entenvögel ist die Stockente (*Anas platyrhynchos*), die zwar keine für Flüsse charakteristische, aber eine sehr anpassungsfähige Art ist und so auch den Flusslauf der Grazer Mur besiedelt. Stockenten bevorzugen eigentlich stehende Gewässer und suchen an der Mur daher beruhigte Zonen, beispielsweise Kehrwässer zwischen Steinen oder hinter ins Wasser gefallenen Baumstämmen auf. Wegen der für die Küken gefährlichen Strömung brüten Stockenten eher selten entlang des Flusslaufes. Deutlich mehr Individuen (wohl auch aus anderen Teilen Europas) nutzen die Mur als Rastplatz, vor allem in den Wintermonaten. Wo regelmäßig gefüttert wird, sammeln sich dann größere Gruppen der häufigsten heimischen Entenart. Unter den Stockenten können an diesen Stellen auch verwilderte Hausenten (die von der Stockente abstammen) in verschiedenen Farbvarianten und

Stockenten-Weibchen mit Küken

Gänsesäger Männchen und Weibchen

Blässhuhn

Stockenten-Erpel

Kormoran

Lachmöwe

Fotos: Leander Khil

Flussuferläufer

immer wieder aus Haltungen entwichene Arten wie die südamerikanische Moschusente (*Cairina moschata*) oder die aus Asien stammende Mandarinente (*Aix galericulata*) beobachtet werden.

Für Fließgewässer viel typischer und dem Menschen gegenüber weniger zutraulich ist ein anderer Entenvogel. Dass der Gänsesäger (*Mergus merganser*) an der Mur im Grazer Stadtgebiet erst seit einigen Jahren auffällig geworden ist, hängt wohl auch mit der gestiegenen Wasserqualität zusammen. Auch wenn diese Art die Nähe zum Menschen noch eher meidet, ist sie für diesen durch ihre Färbung recht auffällig und leicht zu erkennen. Die Männchen sind kontrastreich schwarz-weiß gefärbt, im direkten Sonnenlicht schimmert ihr Kopf grün. Die Weibchen sind, wie bei vielen Entenvögeln, deutlich schlichter gefärbt. Von ihrem grauen Körpergefieder hebt sich der braune Kopf, mit struppigem Schopf am Hinterkopf, weniger stark ab. Im Gegensatz zu anderen Gruppen innerhalb der Entenvögel ernähren sich die Säger überwiegend tierisch, der Gänsesäger ist ein nahezu reiner Fischfresser und somit an intakte, saubere Flusssysteme gebunden. Die Vögel können vor allem im Winter, oft paarweise oder in kleinen Gruppen auf dem Wasser treibend, am Ufer oder auf Steinen sitzend und tauchend, beobachtet werden. Vereinzelt brüten im Sommerhalbjahr auch Pärchen im Stadtgebiet.

Andere wilde Entenarten sieht man entlang der Grazer Mur eher selten. Unter den Schwimmvögeln ist im Winterhalbjahr noch am ehesten mit vereinzelten Blässhühnern (*Fulica atra*) zu rechnen, die weder zu den Enten- noch zu den Hühnervögeln, sondern zu den Rallen zählen. Anhand ihres ganz schwarzen Gefieders und des weißen Schnabels und Stirnschilds ist auch diese Art leicht erkennbar. Kormorane (*Phalacrocorax carbo*) und Höckerschwäne (*Cygnus olor*) kommen vor allem im Winter in wechselnder Zahl entlang der Mur vor. Im Stadtgebiet können sie aber häufiger entlang des Flusses fliegend als an der Mur rastend beobachtet werden.

Dass es in Graz ein zwar kleines, aber scheinbar etabliertes Möwen-Vorkommen gibt, ist weiterhin nicht stadtweit bekannt. Mittelmeermöwen (*Larus michahellis*) brüten seit mindestens 2008, mit zumindest einem, vielleicht aber mehreren Brutpaaren in der Altstadt. Die großen Vögel mit mehr als 120 Zentimeter Spannweite nisten auf Flachdächern oder Schornsteinen, fliegen zur Nahrungssuche aber meist (bis zu 30 Kilometer weit) aus dem Stadtgebiet. Immer wieder können sie alleine, paarweise oder in kleinen (Familien-)Gruppen kreisend über der Stadt und selten sogar auf Steinen in der Mur rastend gesehen werden. Der Verbreitungsschwerpunkt dieser Art liegt weiter südlich, vor allem entlang der Mittelmeerküste. Das Männchen des ersten Grazer Brutpaares stammte aus Triest, wo es 2001 als Nestling von Ornithologen mit einem Fußring markiert wurde. Weitere Möwenarten sind nur sehr selten in der Stadt anzutreffen. Am ehesten nutzen durchziehende Lachmöwen (*Larus ridibundus*) die Mur zu einer kurzen Rast oder durchqueren das Stadtgebiet entlang der Mur.

Aus der Familie der Watvögel, die typischerweise Gewässerufer besiedelt, ist nur der Flussuferläufer (*Actitis hypoleuca*) gelegentlich als Durchzügler am Grazer Murufer zu beobachten. Diese Art bevorzugt zur Brut vegetationsarme, ungestörte Schotterbänke, die sie an naturnahen Flüssen in höheren Lagen oder kurzfristig nach Flussbaustellen findet.

Höckerschwäne

Mittelmeermöve

Mittelmeermöve

Fotos: Leander Khil

Vögel an und über der Mur

Eine Reihe kleinerer Vogelarten ist ebenso, mehr oder weniger stark, auf das Element Wasser in ihrem Lebensraum angewiesen. Wasseramseln (*Cinclus cinclus*) kommen vereinzelt und nur im Winter aus höheren Lagen nach Graz. Sie besiedeln vorwiegend kleinere, schnell fließende Flüsse und Bäche. Zwei hier auch brütende, insektenfressende Singvogelarten aus der Gattung der Stelzen nutzen die Ufer und aus dem Wasser ragende Steine gerne zur Nahrungssuche. Beide Arten tragen einen auffälligen langen Schwanz, den sie häufig auf und ab wippen lassen. Die Gebirgsstelze (*Motacilla cinerea*) verbringt das ganze Jahr an der Mur im Stadtgebiet. Die etwa sperlingsgroßen Vögel zeigen unterseits ein gelbes Gefieder und einen grauen Rücken und Kopf. Details in der Ausdehnung der gelb gefärbten Anteile und der Farbe der Kehle unterscheiden Männchen, Weibchen und Jungvögel. Zwar nicht allein an den Lebensraum Flussufer gebunden, aber dennoch häufig entlang der Mur zu finden ist die Bachstelze (*M. alba*). Ihr fehlen die gelben Gefiederanteile der Gebirgsstelze und Altvögel tragen eine solide, schwarze Kopfkappe sowie einen ausgedehnten schwarzen Kehllatz.

Der Baumfalke (*Falco subbuteo*) brütet als kleiner Greifvogel in Wäldern des Grazer Hügellandes und kann im Sommer vor allem im Grazer Norden im Luftraum über der Mur jagend gesichtet werden. Anders als der im Stadtgebiet recht häufige Turmfalke (*F. tinnunculus*) ernährt sich der Baumfalke von fliegenden Beutetieren wie Libellen, Schwalben und Mauerseglern (*Apus apus*).

Zaunkönig

Bachstelze Altvogel

Gebirgsstelze Männchen

Baumfalke

Gartenbaumläufer

Sumpfmeise

Sperber Weibchen

Erlenzeisig

Fotos: Leander Khil

Zur Fischfauna der Mur im Großraum Graz

Gert Richter

Viel zu wenig ist über die aktuelle Situation der heimischen Fischbestände bekannt. Die Tatsache, dass auch wir Menschen noch immer Bestandteil der Nahrungskette sind, die im Wasser beginnt, wird allzu gern verdrängt. Wir sollten uns jedoch darauf besinnen, den „Lebensraum Wasser" wieder mehr zu schätzen, und ihm die ihm zustehende Bedeutung beimessen.

Fischarten in der Steiermark

Im Vergleich sind von den etwa 59 für die Steiermark angegebenen Arten zehn Arten nicht ursprünglich heimisch (autochthon) und von den restlichen 49 Spezies gelten 6 % als ausgestorben, 27 % akut vom Aussterben bedroht, 22 % stark gefährdet, 16 % gefährdet, 12 % potentiell gefährdet und nur 16 % als nicht gefährdet. In Summe sind also 84 % aller in der Steiermark heimischen Fischarten in unterschiedlichem Ausmaß gefährdet bzw. bereits ausgestorben oder verschollen.

Gewässercharakter

Die Mur in Graz weist einen rasch fließenden, mit vielfältigen Strömungsbildern und Strukturen angereicherten Gewässertypus auf und ist weitestgehend dem Übergang der Äschenregion (*Hyporhithral*) in die Barbenregion (*Epipotamal*) zuzurechnen.

Artenspektrum

Das Arteninventar der Fischfauna ist umfangreich. So wurden z.B. 2011 anlässlich der Fischrettungsaktion im Zuge der alljährlichen Trockenlegung des Mühlgangs zu Revisionsarbeiten an den Wasserkraftwerken 27 Fischarten sowie das heimische „Ukrainische Bachneunauge" und der, aus Amerika eingewanderte, Signalkrebs nachgewiesen. 2014 konnten sogar 34 Arten von Fischen, Rundmäulern und Krebsen belegt werden. Das ist ein für die Region ausgezeichneter Wert, wenn auch sieben Arten nicht zur ursprünglich heimischen Aquafauna zählen und als „Exoten" einzustufen sind. Die allermeisten dieser Arten sind an Fließgewässer gebunden und finden in Stauräumen keine ausreichenden Lebensbedingungen. 80 % davon gelten als gefährdet und rangieren bereits weit oben in der „Roten Liste der vom Aussterben bedrohten Tiere" der Steiermark. Der Grazer Mühlgang wird von Fischen als flussabwärts gerichteter Wanderweg genutzt und ist deshalb ein guter Anzeiger des Fischartenspektrums des Hauptflusses. Das Arteninventar zeigt sich in den alljährlichen Aufzeichnungen als sehr ähnlich. Sporadisch werden auch immer wieder andere, nicht unbedingt der Region entsprechende Arten in Form von Einzelnachweisen festgestellt. So z.B. Wels, Brachse, Güster, Laube, Tolstolob, Marmorkarpfen, diverse Goldfische und ähnliche. Dabei handelt es sich großteils um nicht bestandsbildende Teichflüchtlinge. Der Erfolg eines vor Jahren durchgeführten Wiederansiedlungsversuches des Sterlets im südlichen Stadtgebiet von Graz ist ungewiss. Der letzte Einzelnachweis eines Sterlets liegt bereits etwa zehn Jahre zurück. Weitere Anzeigearten für einen hochwertigen Fließgewässerlebensraum sind z.B. die „Rheinfliege" *(Oligoneuriella rhenana)*, die nur mehr in wenigen intakten Flüssen in großer Dichte vorkommt, sowie der Süßwasserschwamm *(Spongilla lacustris)*, der als anspruchsvoller Bewohner in puncto Wasserqualität in der Mur in zum Teil guten Beständen vorhanden ist.

Murtypische Fischarten

Zu den Indikatorarten für die Hochwertigkeit des Flusslebensraums zählen neben Bachforelle, Äsche, Nase, Barbe, Schneider, Elritze und Aalrutte auch die Koppe, der Strömer, das Ukrainische Bachneunauge, der Weißflossengründling und der Huchen. Die fünf letztgenannten sind FFH-Zielarten und in den Anhängen II und V gelistet.

Fischinventar der Mur samt Mühlgang in Graz (AFV - Graz)

Art	Altersklassen	Länge in cm	Gewässer	letzter Nachweis	Bemerkungen zum Vorkommen
Äsche	alle	11–50	Mur u. Mühlgang	2016	gute Reproduktion
Bachforelle	alle	11–64	Mur u. Mühlgang	2016	gute Reproduktion
Bachsaibling	verschiedene	18-35	Mur u. Mühlgang	2016	regelmäßig belegt
Regenbogenforelle	alle	12-68	Mur u. Mühlgang	2016	gute Reproduktion
Huchen	alle	14-75	Mur u. Mühlgang	2016	gute Reproduktion
Koppe	verschiedene	8-14	Mur u. Mühlgang	2015	seltene Begleitart
Döbel	alle	2-54	Mur u. Mühlgang	2016	gute Reproduktion
Hasel	verschiedene	14-18	Mur u. Mühlgang-Süd	2011	sporadisch nur 2 Individuen
Barbe	alle	4-68	Mur u. Mühlgang	2016	große Dichten
Nase	alle	7-33	Mur u. Mühlgang	2016	intakte Altersstruktur
Strömer	alle	5-20	Mur u. Mühlgang	2016	gute Bestände
Schneider	alle	3-16	Mur u. Mühlgang-Süd	2016	gute Bestände
Weißflossengründling	alle	4-16	Mur u. Mühlgang-Süd	2013	mäßiger Bestand
Gründling	alle	4-20	Mur u. Mühlgang	2016	dichte Bestände
Elritze	alle	7-10	Mur u. Mühlgang	2016	selten nur 6 Individuen
Steinbeißer	verschiedene	9-12	Mur u. Mühlgang-Süd	2013	sporadisch selten belegt
Bachschmerle	alle	4-18	Mur u. Mühlgang	2016	gute Bestände
Aalrutte	alle	12-52	Mur u. Mühlgang	2016	gute Bestände
Hecht	mehrere	40-62	Mur u. Mühlgang	2013	regelmäßiger Nachweis
Zander	verschiedene	12-42	Mur u. Mühlgang	2011	sporadisch selten belegt
Flussbarsch	mehrere	12-20	Mur u. Mühlgang	2016	regelmäßiger Nachweis
Kaulbarsch	mehrere	9-12	Mur u. Mühlgang-Süd	2011	sehr selten nachgewiesen
Karpfen	mehrere	30-45,	Mur u. Mühlgang	2015	selten nachgewiesen
Giebel	mehrere	18-25	Mur u. Mühlgang	2015	regelmäßiger Nachweis
Rotauge	mehrere	10-18	Mur u. Mühlgang	2015	geringe Bestände
Rotfeder	mehrere	10-18	Mur u. Mühlgang	2015	selten
Schleie	einzelne	23	Mur u. Mühlgang	2015	selten
Brachse	einzelne	20-30	Mur u. Mühlgang	2015	sporadisch
Aal	verschiedene	61	Mur u. Mühlgang	2010	sporadisches Vorkommen
Blaubandbärbling	alle	2-11	Mur u. Mühlgang	2016	mäßige Bestände
Sonnenbarsch	alle	5-11	Mur u. Mühlgang	2016	geringe Bestände
Dreistachliger Stichling	alle	3-6	Mur u. Mühlgang	2016	teilweise große Bestände
Ukrainisches Bachneunauge	alle	5-19	Mur u. Mühlgang	2015	selten, aber regelmäßig
Signalkrebs	alle	3-25	Mur u. Mühlgang	2016	häufig, z.T. in großen Mengen

Quellen: Elektrobefischungen, Aufzeichnungen Bewirtschaftung, Revierkontrollen Arbeiterfischereiverein – AFV-Graz: 32 Fischarten, ein Rundmäuler (Bachneunauge) und eine Krebsart.

Huchen

Der Huchen ist der größte heimische Vertreter der Salmoniden (Lachsartige). Er erreicht Längen von 150 cm und Gewichte jenseits der 50 kg. Als Vertreter der Mittelstreckenwanderer (alle Flussfische sind auch Wanderfische), ist er angewiesen darauf, in bis zu 300 km langen Wanderungen flussaufwärts gelegene Laichgründe auf sauberen, gut durchströmten Schotterbänken aufzusuchen. Durch die Unterbrechung der Flüsse durch Stauhaltungen und der damit einhergehenden Verschmutzung geeigneter Laichareale und Aufwuchshabitate für die Jungfische ist der Huchen in höchstem Maße vom zunehmenden Lebensraumverlust akut in seinem Lebenszyklus gefährdet. In der Mur findet er zurzeit noch ausreichende Bedingungen für die Reproduktion und ist im Stadtgebiet in guten Beständen vorhanden. Allerdings muss für eine gesicherte Zukunftsprognose jeder weitere Verlust von Fließstrecken unbedingt vermieden werden.

Smaragdgressling

Sensationell für Europa, wurde vor Kurzem im Zuge von Studien der Universität für Bodenkultur (Boku) im Mittellauf der Mur eine neue, in der Mur endemische (nur in einem eng begrenzten Gebiet vorkommende) Fischart, der „Smaragdgressling" gefunden. Der Status als neue Art *Romanogobio* sp. nov. wurde an der Karl-Franzens-Universität durch genetische Untersuchungen bestätigt. Dies unterstreicht einmal mehr die ökologische Wertigkeit des Fließgewässersystems der Mur. Es kann nicht ausgeschlossen werden, dass sein Verbreitungsraum bis ins Stadtgebiet, zumindest aber in den Großraum Graz reicht.

© C. Ratschan

Smaragdgressling

Nase	Rotauge	Steinbeißer
Bachforelle	Aalrutte oder Quappe	Rotfeder
Regenbogenforelle	Bachsaibling	Ukrainisches Bachneunauge
Hasel	Koppe	Flussbarsch

Elritze	Schneider	Brachse
Blaubandbärbling	Schleie	Karpfen
Kaulbarsch	Zander	Dreistacheliger Stichling
Hecht	Sterlet	Giebel

Der Huchen in Graz

Steven Weiss

Der Donaulachs *Hucho hucho* – er ist besser bekannt als „Huchen" – zählt zu den größten lachsartigen Fischen der Welt. Für die regionalen AnglerInnen und NaturschützerInnen ist er der „König der Mur". Meine StudentInnen sind immer wieder erstaunt, wenn ich frage, wo denn der weltweit größte lachsartige Fisch lebt. Die meisten denken an Norwegen oder Alaska – wo doch der Huchen direkt hier im Stadtfluss, neben historischen Gebäuden, dem modernen „Kunsthaus" und ca. 300.000 Menschen lebt. Der Huchen und seine Schwesternart aus Asien, der Taimen (*Hucho taimen*), sind tatsächlich die größten lachsartigen Fische der Welt. Historischen Aufzeichnungen zufolge erreichte der Huchen bereits ein Gewicht von etwa 50 kg, manchen Quellen zufolge sogar 60 kg, heutzutage jedoch sind Exemplare über 30 kg eher selten – obwohl ich kürzlich von einem Exemplar mit über 50 kg hörte, der in Rumänien gefangen wurde. Huchen werden bis zu 20 Jahre alt und erreichen die Geschlechtsreife nach etwa 5–6 Jahren bei einer Länge von 60–70 cm. Sie sind im Donaubecken „endemisch", was bedeutet, dass sie nur in dieser Region vorkommen. Ursprünglich konnte man sie in allen Ländern mit Flüssen, die in die Donau fließen, finden. In zwei dieser Länder, Polen und Tschechien, existieren keine nativen Huchen-Populationen mehr. In Deutschland und Österreich wurde ihr ehemaliges Verbreitungsgebiet um mindestens 90 % reduziert. Die Art ist laut IUCN (FREYHOF & KOTTELAT 2008) als gefährdet eingestuft und unter Annexes II und V der „European Habitats Directive" wie auch im Appendix III der Berner Konvention gelistet. Dies verpflichtet EU-Mitgliedstaaten dazu, eine gewisse Verantwortung für den Schutz und die Rehabilitierung des Huchens innerhalb seines natürlichen Verbreitungsgebiets zu übernehmen. In Österreich gibt es nur eine Handvoll Flüsse, in denen günstige Bedingungen für das Vorkommen natürlicher (selbst erhaltender) Huchenpopulationen gegeben sind, und davon beheimatet die Mur die bundesweit bei Weitem größten Populationen dieser bedrohten Fische. Damit der Huchen seinen Lebenszyklus erfolgreich vollenden kann, muss der Fluss eine Reihe von bestimmten Eigenschaften aufweisen. Adulte Tiere brauchen saubere Kiesbette mit mäßig schnell fließendem Wasser, wo sie ihre Laichplätze aufbereiten, um Eier abzulegen.

Laichender Huchen

Die Eier und Larven entwickeln sich in den Zwischenräumen des gut mit Sauerstoff angereicherten Kieses. Solch ein Zustand ist normalerweise nur in relativ zügig fließenden Gewässern und in einem weitgehend feinsedimentfreien Flussboden zu beobachten.

Entwicklung von Eiern und Larven

Junge Huchen suchen nach Nahrung unterschiedlichster Größe, aquatische Insekten und andere Invertebraten mit eingeschlossen, stellen ihre Ernährung aber rasch auf fast ausschließlich Fisch um.

Junger Huchen

Sehr junge Huchen benötigen außerdem kleine Bereiche entlang der Flussbänke mit geringer Fließgeschwindigkeit und Versteckmöglichkeiten, um sich vor Räubern zu schützen. Dies ist wahrscheinlich ein limitierender Faktor in der Grazer Mur, da regulierte Flüsse oft nicht viele solcher Habitate bieten. Die Regulierung des Flusskanals in und um Graz ist jedoch sehr alt – sie wurde größtenteils um die oder sogar vor der vorletzten Jahrhundertwende durchgeführt. Seitdem hat sich der Flusskanal tief ins Sediment gegraben und befindet sich nun meterweit unter dem Stadtlevel. Die ursprünglichen Steinblöcke, die zur Regulierung benutzt wurden, liegen meist weit über der Wasseroberfläche und sind von großen Bäumen und Wurzeln überwachsen. Am Flussrand findet man heute also Steinblöcke unterschiedlicher Größe sowie Baumwurzeln und überhängende Pflanzen, die Strömungsschatten und Deckung bilden und kleinen Fischen wie Junghuchen geeignete Einstände bieten.

Juvenile Huchen aus Graz

Sobald die Huchen größer werden, benötigen sie gesunde Bestände von kleinen Fischen, die ihnen als Beute dienen. Da es sehr unwahrscheinlich ist, all diese unterschiedlichen Lebensräume in einem kurzen Flussabschnitt zu finden, braucht der Huchen normalerweise sehr lange, barrierefreie Flussläufe, um für seine unterschiedlichen Lebenszyklen jeweils optimale Bedingungen vorzufinden.

Die Mur in Graz und Umgebung bietet hinreichende Voraussetzungen für eine sich selbst reproduzierende Huchenpopulation. Während die Mur in der Vergangenheit sicher stark verschmutzt war und der Huchen in der Stadtregion wahrscheinlich sehr selten wurde oder sogar nicht mehr vorhanden war, hat sich die Wasserqualität durch den Wegfall von Industrieabfall und den Bau von Kläranlagen mittlerweile enorm verbessert. Groß angelegte Huchenbesätze in

Embryonalstadium | Erste Eihüllen öffnen sich | 31 Tage nach Befruchtung bei 12-14 °C Wassertemperatur – Huchenschlupf | Dottersackbrut

Fotos: Clemens Ratschan

den späten 1980ern und 1990ern unterstützten die Bestrebungen der Wiederansiedelung des Huchens in der Grazer Mur. Dennoch hat sich der Huchen in der Oberen Mur immer autochthon vermehrt. So war es nur eine Frage der Zeit, bis die Population in der Stadt Graz durch das zwar behinderte, aber doch stattfindende Flussabwärtsdriften junger Fische auf natürliche Weise stabilisiert wurde. Tatsächlich hat die natürliche Wiederbesiedelung mit hoher Wahrscheinlichkeit dazu beigetragen, gesunde Huchen-Populationen in und um Graz zu etablieren. Lachsartige Besatzfische hingegen zeigen bekanntermaßen eine niedrige Überlebensrate, wenn sie in fließende Gewässer entlassen werden, da sie einerseits leicht größeren Fischen und Vögeln zum Opfer fallen und andererseits Schwierigkeiten haben, sich gegen wilde Fische bei der Konkurrenz um Lebensraum und Nahrung durchzusetzen. Jedenfalls stammten die Elterntiere, die herangezogen wurden, um junge Huchen zu Besatzzwecken zu produzieren, hauptsächlich aus der oberen Mur, was die Aussage, dass der Huchen in Graz nicht nativ sei, recht unqualifiziert erscheinen lässt. Der Besatz mit Huchen in den Gewässern in und um Graz wurde Ende der 1990er stark reduziert und 2010 gänzlich eingestellt.

Basierend auf unseren genetischen Datenanalysen, aber auch durch die Beobachtung von jungen Fischen und laichenden Adulten konnten wir eindeutig bestätigen, dass die Huchenpopulation in Graz gesund und selbst erhaltend ist, und sowohl die Kriterien der IUCN als auch der Europäischen Union für die Definition als natürliche schützenswerte Population erfüllt. Somit braucht die Population abgesehen von Erhaltung und Schutz des vorhandenen Habitats keine zusätzliche Unterstützung für ihr Überleben. Die ursprüngliche genetische Studie (WEISS & SCHENEKAR 2012) basierte auf Daten, die im Zuge eines Vertrages mit der Steirischen Landesregierung gesammelt wurden. Diese Daten wurden nun neu analysiert und die Ergebnisse in einem international bewerteten „open access"-Artikel publiziert (WEISS & SCHENEKAR 2016).

Unsere Erkenntnisse stimmen außerdem vollkommen mit den Daten überein, die das Institut für Hydrobiologie der Boku in Wien über den Huchen in der Mur veröffentlicht hat (SCHMUTZ et al. 2011). Basierend auf den Daten von Elektrobefischungen aus dieser Studie und übereinstimmend mit der Größe der Beutefischpopulation, kann man grob berechnen, dass in der Mur in Graz und Umgebung im Mittel alle 100 bis 200 Meter ein adulter Huchen vorhanden sein sollte.

Adulter Huchen

Wie so viele in der Mur lebende aquatische Tiere wird auch der Huchen kaum jemals gesehen. Adulte Tiere ruhen oft tagelang, ohne sich zu bewegen, am Boden tiefer Bereiche 2–3 Meter unter der Wasseroberfläche. Bevorzugt sind Ruheplätze in der Nähe von seichterem, schneller fließendem Wasser, wo sie ihrer Beute leichter auflauern können.

Der Huchen ist nicht nur eine Ikone oder der König der Mur, er ist auch ein Symbol für ein funktionierendes Ökosystem. Trotz der Flussregulierungen und der hohen Bevölkerungsdichte in und entlang der Mur kann die Existenz dieses großen Räubers gesichert bleiben – solange wir es erlauben. Kürzlich habe ich einen Vortrag vor einer kleinen Interessengruppe und verschiedenen administrativen Funktionären im Europäischen Parlament über die Biologie des Huchens und die Faktoren, die ihn gefährden, gehalten. Unter den vielen Diskussionspunkten, die aufgekommen sind, habe ich versucht, den ZuhörerInnen zu vermitteln, dass der Huchen keine besonders empfindliche Art ist. Huchen sind gut fähig, in unserer Kulturlandschaft zu leben, und haben nicht nur die massiven Klimawandel der Eiszeiten, sondern auch die Industrielle Revolution und die Grüne (landwirtschaftliche) Revolution, welche unsere Flusslandschaften dramatisch verändert haben, überstanden. Aber auch diese Belastbarkeit hat ihre Grenze. Damit natürliche Huchenpopulationen überleben können, muss der Fluss „fließen" – er muss eine Vielzahl an Habitaten für die unterschiedlichen Lebenszyklen des Fisches und eine Vielfalt an Beutetieren bieten, welche das schnelle Wachstum und die schlussendlich stattliche Größe der Tiere garantieren können. In den meisten der großen Flussläufe Österreichs sind diese Bedingungen nicht mehr vorzufinden – sehr wohl aber in manchen Zonen der Mur und auch in den frei fließenden Abschnitten in und um Graz. Die Mur ist belastbar – sie ist ein hochproduktiver Fluss und sie unterliegt keinen so extremen Wasserschwankungen wie es bei manch anderen Flüssen der Fall ist. Diese Wasserspiegelschwankungen haben einen vernichtenden Effekt auf den Lebenszyklus vieler einheimischer Fische – so auch auf Huchen. So gesehen bietet die Mur sehr gute Bedingungen und Österreichs zweitgrößte Stadt – Graz – ist nicht nur das Zuhause für 300.000 Menschen, sondern auch für den Huchen – den König der Mur. Wir sollten stolz darauf sein, unsere Stadt mit einem solchen König zu teilen!

Fotos: Clemens Ratschan

Frisch geschlüpfte Dottersackbrut

8 Tage nach Schlupf ist der Dottersack bereits zu zwei Dritteln aufgebraucht

Larvalstadium: fressfähiger Huchen

Nach 92 Tagen: Juvenilstadium – voll entwickelter Junghuchen

„Huchen-Hochzeit" mitten in Graz

Franz Keppel

Zumindest sechs kapitale Huchenpaare laichten 2016 unter Beobachtung der Fischer und Fischexperten in der Mur in Graz.

Graz hat ihn – den Huchen! Zumindest 80, wahrscheinlich weit über 100 kapitale Exemplare mit über 70 cm Körperlänge schwimmen in der Grazer Mur.

Gut zu beobachten ist ein unmittelbar südlich der Puntigamer Brücke im Wirbel „stehender Murlachs". Jährlich werden einzelne mit über 120 cm Körperlänge gefangen, zuletzt 2016 einer mit 128 cm, vor wenigen Jahren „der König" mit 143 cm Länge! Das Gewicht der großen liegt selten über 20 kg, die Rekordhuchen aus Graz wogen von 25 bis 33 kg.

Beobachtungsposten – nahe der Murinsel

Paarungsrituale

Fotos: Franz Keppel

Huchenpaar am Laichplatz

Der Huchen – König der Mur

Franz Keppel

Die frei fließende Mur im Grazer Stadtgebiet ist wohl eines der schönsten Angelreviere, die der Fluss bietet. Über 20 verschiedene Fischarten finden direkt im Stadtgebiet ihren Lebensraum. Darunter auch sehr, sehr selten gewordene Arten wie z. B. Äschen und Huchen, deren Lebensraum immer weiter eingeschränkt wird. Aber das war nicht immer so!

Damals, als ich noch ein Kind war, war die Mur, bedingt durch den Wiederaufbau in den Nachkriegsjahren, zu einem der schmutzigsten Flüsse Europas mutiert. Ich hatte damals die Idee, wenn ich einmal groß sein und sehr viel Geld verdienen würde, so viel Waschmittel zu kaufen und in die Mur zu schütten, dass ich sie wieder sauber waschen könnte.

Meine erste Angelrute war ein Bambusstecken (Pfefferrohr). Die Utensilien für den Bau meiner Rute gab es ausschließlich in der Fischereiabteilung des Kaufhauses „Kastner & Öhler". Ich strahlte wie ein neuer Schilling, als mein Vater mit mir die Rute baute und ich sie mein Eigen nennen durfte. Meine ersten Murerlebnisse hatte ich als 5-Jähriger, als ich gemeinsam mit meinem Vater, hinten am Moped sitzend, zum Fischen an die Mur nach Weinzödl fuhr. Der Fluss transportierte eine schäumende, stinkende Brühe während unserer Versuche Fische zu

Nasenbrut ist eine ideale Erstnahrung für Junghuchen
© C. Ratschan

Junghuchen für den Besatz

... wie alle anderen Huchen in Graz ... wieder in Freiheit!

Petri Heil!

Abschiedsblick?

Fotos: Franz Keppel

fangen. Die Freude war groß, als die Rute einen Biss anzeigte. Doch die meisten Bisse entpuppten sich als Zellstofffetzen, die sich in der Regenbogenschnur verfingen und durch den Druck der Strömung einen Biss vortäuschten. Es war sehr schwer, diese stinkenden Fetzen von der Schnur zu entfernen, und oft wurde mir davon schlecht. Selten, aber doch fingen wir sehr große Forellen, auch Huchen waren dabei. Eine Vermehrung der Fische war zu dieser Zeit nicht mehr möglich, doch es existierten wenige, große Exemplare. Kleinfische fehlten zur Gänze.

Die Mur wieder auf Güteklasse ll zu bringen verschlang nicht nur sehr viele Mittel von Bund und Land an die Industrie, sondern dauerte Jahre. Es wurden fortgeschrittene Technologien wie die chlorfreie Bleiche und die Abwasserreinigung eingesetzt und chemische und biologische Kläranlagen errichtet.

Zur Freude der Angler kam auch das Leben im Wasser zurück. Viele verschwunden gewesene Fischarten, aber auch Insekten und viele andere wassergebundene Lebewesen fanden sich wieder ein. Mit Fischen wie der Bachforelle und der Äsche siedelten sich auch Vögel wie der Eisvogel wieder an. Respekt und Bewunderung gilt all jenen Privatpersonen und dem AFV-Graz (Arbeiterfischereiverein Graz), welche sich mit ideellem, zeitlichem und finanziellem Aufwand für die Wiederbelebung unseres Grazer Murreviers eingesetzt haben und noch immer einsetzen. Einmalig wurden 1992 auf Drängen meines, leider bereits verstorbenen Freundes, Gewässerwart Wolfgang Kratochwill, 20-40 cm große Huchen in die Mur eingesetzt. Es scheint, dass durch seine Idee und Pionierarbeit so ein Grundstein für unsere jetzige so erfreuliche

Foto: Franz Keppel

Murhuchen: nahezu 25 kg, ca. 120 cm lang

Huchenpopulation gesetzt wurde. Viele Huchenerlebnisse und Erinnerungen am Wasser verdanken wir – neben der natürlichen Zuwanderung – also auch ihm und dem AFV-Graz.

Der Huchen wird als „König der Mur" oder auch als „Fisch der tausend Würfe" bezeichnet. Huchenfischen ist eine eigene Wissenschaft. Der Reiz am Fangen dieses außergewöhnlichen Fisches liegt aber genau darin, dass man ihn sehr schwer fängt. Viel Ausdauer, Strapazen, Zeit und auch Glück sind für den Fang des Huchens nötig. Man sollte auch den richtigen Zeitpunkt erahnen, denn oft ist das große Fressen schon nach zehn Minuten wieder vorbei. Wenn man nicht zur richtigen Zeit am richtigen Ort ist, hat sich der Fang dieses Traumfisches bereits erledigt. Aber Vorsicht – Huchenfischen kann auch gefährlich sein! Die Faszination, welche dieser Fisch auf viele Angler ausübt, ist schon etwas ganz Besonderes und die Pirsch auf den Huchen kann zur unheilbaren Sucht werden.

Es gibt viele Geschichten rund um den Fang des „Winterkönigs". Eines meiner vielen unvergesslichen Erlebnisse war unter der Hauptbrücke mitten in Graz! Ich bemerkte, dass mich eine der zahlreichen Touristengruppen beobachtet hatte, als ich gerade einen kapitalen Burschen zurücksetzte. Plötzlich kam der Huchen wieder zurück, gerade so, als ob er sich für seine wiedergegebene Freiheit bedanken wollte. Sein anschließender Abzug wurde von allen Zusehern mit Freude und Applaus bedacht.

Ich persönlich lasse ohnehin alle Wildfische wieder in ihr Element zurück, denn das ist mein Beitrag zur Artenerhaltung. Es ist für ein intaktes ökologisches Gewässersystem sehr wichtig, rar gewordene, so wertvolle Spezies wie den Huchen nach dem Fang wieder zurückzusetzen. Große Mutterfische haben das beste Genpotential und sind somit die besten Laichproduzenten.

In der frei fließenden Mur im Grazer Stadtgebiet hat der Huchen einen seiner letzten Lebensräume gefunden. Laichplätze gibt es direkt im Zentrum, fast genau unter dem Schloßberg. Es ist schon etwas ganz Besonderes, wenn der „König der Mur" sich vermehrt, hier Hochzeit feiert und ich mit meinen Kameras dabei sein darf. Es ist ein stilles, faszinierendes Naturschauspiel, wenn große Huchen, die man sonst nie sieht, aus ihren Einständen kommen, um sich zu vermehren.

Vielerorts ist der Huchen bereits für immer verschwunden. Grund dafür sind der starken Verbau und die massive Regulierung der Gewässer, wodurch die Wander- und Fortpflanzungsmöglichkeiten der Fische stark eingeschränkt werden. Die Verschlammungen von Staubereichen müssen von Zeit zu Zeit gespült werden. Diese bedrohen nicht nur das Leben im Wasser, sondern zerstören auch die Laichplätze der Fische und das wichtige Fugensystem im Flussbett. Diese Zerstörungen von intakten Naturräumen durch die vielen Kraftwerksanlagen sind nicht rückgängig zu machen.

Im Flussabschnitt der Stadt Graz hat der Huchen eine eigenständige, sich selbst erhaltende Population entwickelt. Es ist also keine Selbstverständlichkeit, einen bereits vom Aussterben bedrohten Fisch in einem wieder intakten Gewässer vorzufinden. Der Huchen ist in seinen Beständen stark bedroht und musste in die Rote Liste der vom Aussterben bedrohten Tierarten aufgenommen werden, womit er zu den Lebewesen gehört, für die laut EU europaweit Schutzgebiete eingerichtet werden müssen. Vielerorts wird mit größtem Aufwand mühsam versucht, den Huchen wieder anzusiedeln. Das beweist die Wertigkeit dieses Fisches und ist uns Grund genug, den Schutz nicht nur einzelnen Idealisten zu überlassen!

Der Stolz der Angler und aller Beteiligten über die wiederbelebte Mur und über das Erreichte soll auch auf weitere Generationen übertragbar sein. Mögen unsere Huchen auch noch in Zukunft in der frei fließenden Mur ablaichen können!

„Ein Fluss ohne Fische ist wie ein Kindergeburtstag ohne Kinder."

Äsche – in der Grazer Mur ... bis 60 cm!

Foto: Franz Keppel / Maichin

Fischen an der Grazer Mur

Clemens Könczöl

Die Mur durchfließt die steirische Landeshauptstadt Graz auf einer Länge von mehr als 15 km und ca. 50 m Breite. Sie ist damit das größte landschaftliche Element in der Stadt und von vielseitigem Interesse für ihre BewohnerInnen. Neben der Nutzung als Freizeit- und Naherholungsraum steht sie auch immer wieder im wirtschaftlichen Blickpunkt. Dabei hat der Fluss vor allem auch eine bedeutende ökologische Funktion für Graz und seine menschlichen wie tierischen BewohnerInnen.

Als naturnaher Fluss im Zentrum der zweitgrößten Stadt Österreichs hat die Mur einen hohe Stellenwert als Lebensraum für Fischarten und andere Wasserbewohner. Einige der vorkommenden Arten, wie beispielsweise der Donaulachs (Huchen) oder die Würfelnatter, sind sogar international geschützt und besonders selten. Diese beiden Arten stehen beispielgebend für die Bedeutung der Mur in Graz aus ökologischer Sicht.

Ihren Petri Jüngern bietet die fließende Mur in Graz eine vielseitige Fischerei, die beinahe das ganze Jahr hindurch möglich ist. Mit mehr als 500 Mitgliedern ist der AFV-Graz der größte Fischereiverein der Steiermark und einer der größten in Österreich. Die Mur ist sein zentralstes Revier. Das Fischen ist hier eine sportliche Herausforderung. Ein Großteil der Fischer an der Grazer Mur sind Fliegenfischer. Für sie ist es besonders schwierig, den Fischen gezielt nachzustellen. Beispielsweise sind viele Plätze nur schwer zugänglich – der Wasserstand ist stark wechselnd. Eine gute Kenntnis des Gewässers und viel Geduld sind demnach gefragt und zeichnen die Grazer Fischer auch besonders aus. Belohnt werden sie dafür durch eine spannende Fischerei und ein Naturerlebnis, wie man es in anderen Städten vergeblich sucht. Vor allem aber gewinnen sie ein Stück Lebensqualität.

Die Fischerei in Graz steht hier stellvertretend für viele Angebote, welche die Mur für die Stadt und die Menschen bereit hält. Sie bietet uns vielseitige Möglichkeiten zur Erholung und eine ökologische Vielfalt, wie sie für andere europäische Städte beispielgebend ist. Diese Funktionen müssen für die Zukunft von Graz erhalten werden. Die Mur ist nicht nur das landschaftlich größte Element der Stadt – sie erhöht vor allem die Lebensqualität für uns Menschen in Graz.

Die Grazer Mur – ein besonders schönes Fischrevier © B. Walch

An die 50 cm misst diese prächtige Äsche © B. Walch

Eine Äsche, gefangen mit der Fliege © F. Keppel

Eine kräftige Barbe mit ca. 60 cm © F. Keppel

Jede Technik der Flussfischerei wird praktiziert © C. Komposch

Fliegenfischen mitten in der Stadt © F. Keppel

Äsche zeigt „Flagge" mitten in Graz

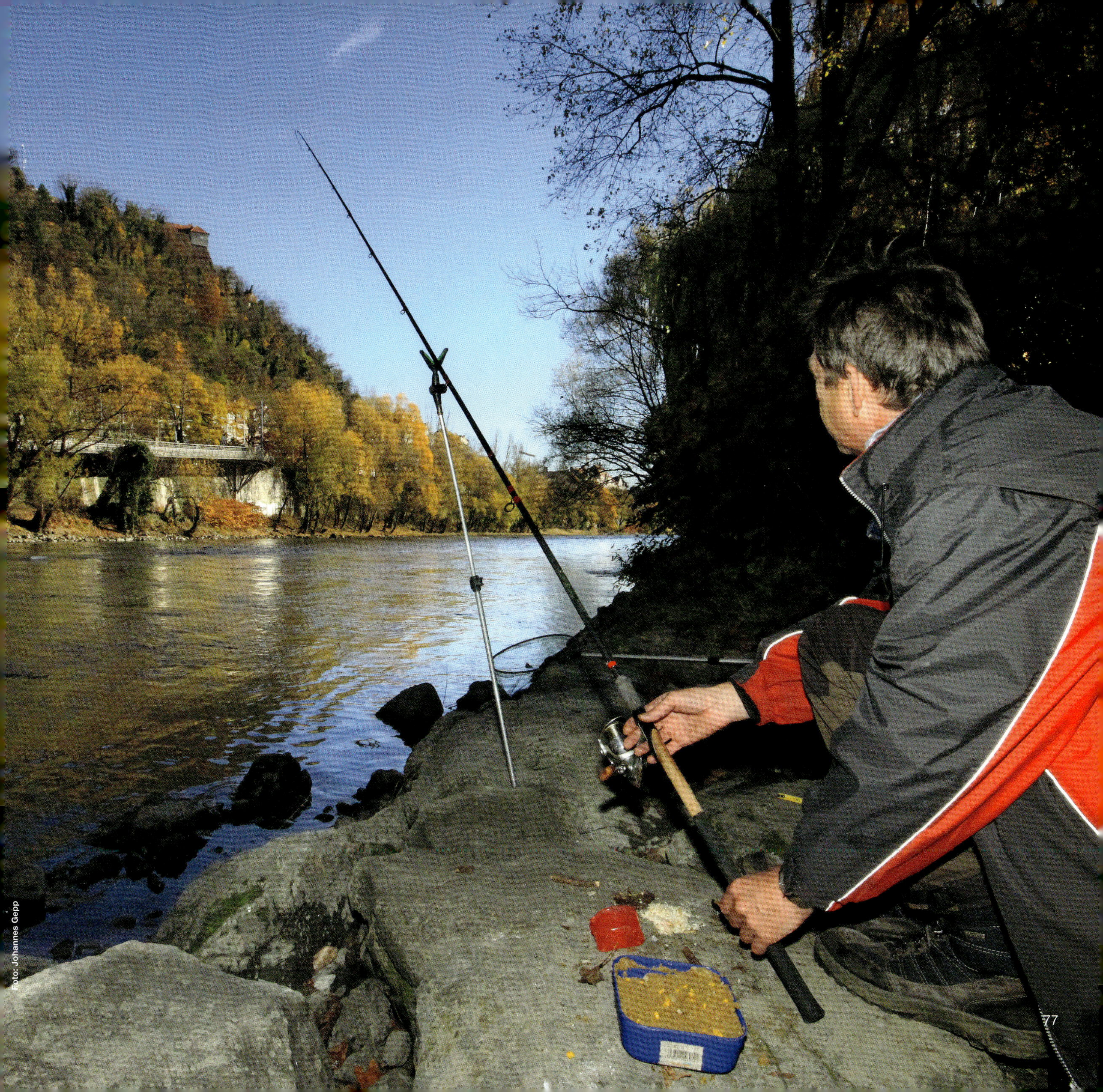

Foto: Johannes Gepp

Keplerbrücke

An der Stelle der heutigen Keplerbrücke wurde 1834 der Bau der ersten Kettenbrücke der Steiermark begonnen. Sie war die größte ihrer Art in Österreich und erhielt den Namen Ferdinandsbrücke – nach Kaiser Ferdinand I. 1882 wurde die Kettenbrücke abgetragen und durch eine Bogenbrücke ersetzt. Zu Ehren von Johannes Kepler, der von 1594 bis 1600 in Graz lebte, lehrte und forschte, wurde die Brücke im Jahre 1920 in Keplerbrücke umbenannt. Das heutige Tragwerk aus Stahl wurde 1963 versetzt – der flussabwärts gelegene Gehsteig ca. 1993 verbreitert und für RadfahrerInnen freigegeben. Um den stark frequentierten Geh- und Radweg am linken Murufer – also die Querung der Keplerstraße – kreuzungsfrei zu gestalten, wurde 2006 eine Geh- und Radwegunterführung in Form einer 135 m langen, von der bestehenden Kaimauer auskragenden Brücke errichtet. Das so entstandene längste Brückenbauwerk von Graz wurde Elise-Steininger-Steg benannt. Damit würdigte man eine Pionierin des Radsports, die von 1890 bis 1925 in Graz gelebt hat, und sowohl im Tourenfahren als auch im Kunstradfahren Spitzenleistungen erbrachte. (*Franz Josef Haas*)

Die 1883 fertiggestellte Ferdinandsbrücke um 1910, Vorläufer der 1963 eröffneten Keplerbrücke

Untersicht Keplerbrücke flussaufwärts

Von der Keplerbrücke flussaufwärts

Elise-Steininger-Steg

Ostseitige Geh- und Radwegunterführung der Keplerbrücke

Lendkai
mit Keplerbrücke

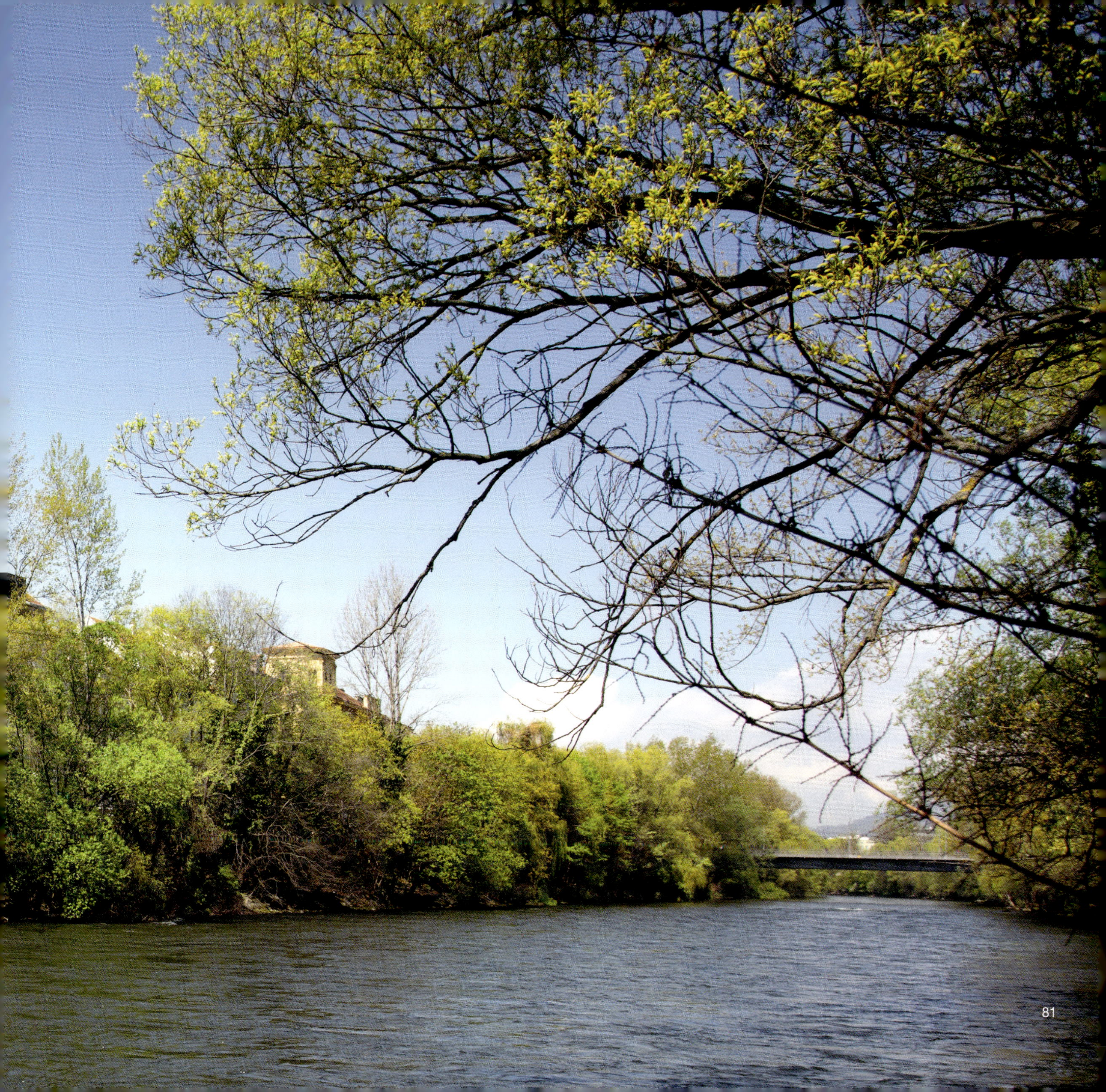

Die Mur in Graz – Wildnis mitten in der Stadt!

Andrea Pavlovec-Meixner

Mit der frei durch das Grazer Zentrum fließenden, rauschenden Mur und ihrem begleitenden grünen Band aus Zigtausenden Bäumen besitzt die Stadt Graz einen Naturraum, um den sie viele andere Städte beneiden. In der Mur, die in Graz den Charakter eines Gebirgsflusses aufweist, tummeln sich Fischarten wie Äsche, Nase und Huchen, die ein kühl strömendes, sauerstoffreiches Gewässer mit schottrig-kiesigem Grund brauchen und die in den aufgestaut schlammigen Flussabschnitten andernorts schon lange nicht mehr leben oder sich nicht mehr fortpflanzen können. Die Ufer und der Fluss selbst sind ein Biotopkorridor, über den sich seltene geschützte Tierarten bewegen und einen idealen Lebensraum mitten in der Murstadt finden. Die großen alten Weiden, Pappeln und Erlen bieten unterschiedlichsten Vogelarten Rückzugsräume und optimale Aufzuchtbedingungen für ihren Nachwuchs. Würfelnattern und Schlingnattern sind in der Wildnis der Murufer und in der Mur heimisch, Fledermäuse besiedeln die Höhlen ihrer knorrigen Quartierbäume und ab und zu tauchen Fischotter in den Wellen der Mur.

Warum die GrazerInnen ihren rauschenden Fluss lieben

Das Grazer Feld, das in alten Quellen auch als Murboden bezeichnet wird, ist seit der Steinzeit besiedelt und Kreuzungspunkt überregionaler Verkehrswege. Die Mur prägte schon seit jeher den Siedlungsraum und wurde vielfältig genutzt. Heute schätzen und nutzen viele Grazerinnen und Grazer die Idylle mitten in ihrer Stadt als Rückzugsort. Kein Autolärm ist an der Murpromenade zu hören, nur das beruhigende Geräusch des plätschernden Wassers erfüllt die Landschaft. Die vielen Bäume entlang der Wege kühlen an heißen Sommertagen und sorgen für gute und sauerstoffreiche Luft für die RadfahrerInnen und SpaziergängerInnen. Die Mur in Graz ist aber auch ein Zentrum des Wassersports – Kanu- und KajakfahrerInnen finden gute Trainingsmöglichkeiten und die SurferInnen von „Murbreak" sind schon legendär. Sicherlich gäbe es noch Potential, die Mur an mehreren Stellen zugänglicher zu machen. Das Projekt „Mur findet Stadt" hat u.a. mit dem Augarten-Strand und dem Flusspark auf der Olympiawiese im Grazer Süden vorgemacht, dass es keine Murstaustufe brauchen würde, um den Erholungsraum auszuweiten und der Natur trotzdem ihren freien Lauf zu lassen.

Warum wir uns die Murstaustufe ersparen könnten

Die Mur mit ihrem relativ großen Gefälle im Grazer Stadtgebiet erweckt schon seit Langem die Begehrlichkeiten der E-Wirtschaft. Statt in Energie-Effizienz-Projekte wird viel lieber in den Ausbau der Erzeugungskapazitäten investiert. Solange nicht die letzten freien Fließstrecken von Österreichs größeren Flüssen gestaut sind, wird wohl keine Ruhe sein. Von „Grünstrom" ist dann die Rede, aber dass die Staustufen im Großraum Graz aufgrund ihrer negativen ökologischen Auswirkungen auf die Umwelt im Umweltverträglichkeitsprüfungs-Verfahren nicht genehmigungsfähig waren, wird tunlichst verschwiegen. Die Stadt Graz setzt seit Jahren grüne Initiativen in Form von Energie-Effizienzprojekten um. Allein der Magistrat Graz sowie die Holding haben binnen kurzer Zeit 2,5 Gigawattstunden eingespart – immerhin 3,5 % der Produktion der Murstaustufe Graz. Gemeinsam mit der Bevölkerung und Betrieben können wir zeigen, dass es auch anders geht: nämlich energieeffizient statt zugestaut!

Baumpatinnen und -paten

Melitta Fuchs

Für viele Stadtmenschen haben Bäume eine besondere Bedeutung. Stadtbäume wirken wie Verbindungswurzeln zur Urnatur. Sie gelten als grüne Lungen mit esoterischen Funktionen. Manche Menschen umarmen Bäume – aus Ehrfurcht oder um Kraft zu tanken. Tausende Grazer Murbäume haben individuelle BaumpatInnen, die ihren jeweiligen Baum mit einer hölzernen Nummernscheibe vorsichtig gekennzeichnet haben. Zum Erstaunen der BaumpatInnen wurden die mit Bindfäden an den Bäumen befestigten hölzernen Wiedererkennungszeichen behördlicherseits entfernt – obwohl die Murbäume nicht der Stadt Graz, sondern dem Land und dem Bund obliegen. Es ist Wunsch der BaumpatInnen, ihren individuellen Baum zu erhalten, bzw. bei Verlust einen ähnlichen ersatzweise in Graz gepflanzt zu wissen.

alle Fotos: Johannes Gepp

83

Uraltbäume an der Mur

alle Fotos: Johannes Gepp

85

Baumwertrechner:*

1:125 — 125 Jungbäume ersetzen 1 Altbaum

125 Jungbäume

Ausgewachsene Laubbäume unserer Breiten können weit über 50.000 Blätter enfalten. Das Durchschnittsalter der Grazer Murbäume liegt bei 65 Jahren, sodass meist ein Kronenradius von 5 m gegeben ist, wodurch über 500 m³ Raum eingenommen werden. Dem gegenüber hat ein baumschulmäßiger Jungbaum ein eher lockeres Kronenvolumen von etwa 4 m³.

Es bedarf also 125 Jungbäume, um einen Altbaum zu ersetzen!

Über 20.000 große Murbäume begleiten den Landesfluss auf 16 km durch die Hauptstadt. Noch größer ist die Zahl kleinerer Bäume, um ein Mehrfaches höher ist die Anzahl der Sträucher. Dieses Vegetationsvolumen ist zumindest 20 bis 25 Mal größer als das des Grazer Stadtparks.

Kühleffekte der Murufer-Bäume

Bäume an Gewässerufern schöpfen aus dem Vollen. Das stetige Wasserangebot bewirkt eine um das Vielfache gesteigerte Verdunstung als bei üblichen Waldbäumen. Dadurch ergeben sich auch größere Kühleffekte, die gerade im städtischen Raum hilfreich sein können. Zwar wirken sie nur kleinklimatisch, aber auf 16 km Länge. Zugleich spenden geschlossene Baumkronen Schatten, der bei Jungbäumen wesentlich lückenhafter ist und betonierten Ufern fehlt. Bei sommerlicher Sonneneinstrahlung senken die Bäume die Umgebungstemperaturen, unbeschattete Strukturen erhöhen sie beträchtlich.

1:5 — 1 Altbaum versorgt 5 Menschen mit Sauerstoff

Details auf der Homepage des Steirischen Naturschutzbundes
www.naturschutzbundsteiermark.at

Grafik: verändert nach Bot. Garten Greifswald

25 Stadtparke ersetzen die Grazer Murbäume

1:25

Feinstaubbindung durch Murbäume

Bäume und ihr Unterwuchs können Feinstaub binden, über Blätter, aber auch über die Zweige und im Winter über ihr liegendes Laub. Die Flussuferbäume mit ihrem dichten Unterwuchs und hohen Laublagen sind in ihrer Gesamtheit dazu besonders prädestiniert. Für New York City wurde in einer höchst seriösen Publikation (Nowak et al. 2013) der Wert der Stadtbäume mit 60 Mio. Dollar je Jahr bewertet, da sie die Krankheits- und Sterblichkeitsrate senken. Die für Graz bei der Kraftwerks-UVP ausdrücklich geforderte Untersuchung wurde trotz Vorliegens eines Angebotes der führenden Experten der Universität Salzburg für Feinstaub als unnötig verworfen. Eine diesbezügliche Bewertung nach Stand des Wissens ergibt, dass sich durch die Fällung von 8.000 Murbäumen die Feinstaubsituation in Graz verschlechtern könnte – und damit unsere Lebensqualität … !?

Kostenlose Uferbäume

An der Grazer Mur stehen rund 20.000 Murbäume mit all ihren positiven ökologischen Wirkungen für eine Stadt. Die Stadt Graz hegt mit lobenswertem Aufwand ihre 20.000 anderen Stadtbäume (im Stadtpark 2.000) – mit beachtliche Kosten. Die Murbäume wachsen kostenfrei und ohne Pflegeaufwand seit über 50 Jahren. Als Stadtbäume – eventuell als Ersatz gepflanzt und gepflegt – brächten sie wohl eine Verdopplung der öffentlichen Kosten … was sich dazu wohl über die nächsten 50 Jahre summiert?

Mehr als ein Murkraftwerk kostet oder bringt?

Verdoppelung der Kosten durch Ersatzbäume

1:2

Baumwertrechner:*

Diese 65 Jahre alte Pappel an der Mur erhebt sich etwa 15 Meter mit 10 bis 12 Metern Kronendurchmesser. Ihre 50.000 Blätter verzehnfachen die 100 m² Bodenfläche, die die Krone überdeckt auf etwa 1.000 m² Blattfläche. Durch die Hohlräume des Blattgewebes entsteht eine Zelloberfläche für den Gasaustausch von rund 10.000 m². An einem Sonnentag verarbeitet der Baum mehr als 5.000 Liter CO_2. Das ist der durchschnittliche Kohlendioxidabfall eines Zweifamilienhauses. Bei einem Anteil von 0,03% Kohlendioxid in der Luft müssen etwa 20.000 m³ Luft durch diese Blätter strömen – mit ihnen Bakterien, Pilzsporen und schädlicher Staub, die dabei in Teilen an und in den Blättern hängen bleiben (jährlich ca. 500 kg). Gleichzeitig wird die Umgebungsluft eingefeuchtet, da der Baum pro Tag etwa 300 Liter Wasser verdunstet. Die 10 kg Sauerstoff, die dabei durch die Photosynthese gebildet werden, decken den Atembedarf von zumindest 5 Menschen. Für sich produziert der Baum an einem Tag 10 kg Zucker, aus dem er seine wesentlichen Stoffe bildet. Einen Teil speichert er als Stärke, aus einem anderen baut er sein neues Holz. Wenn der Baum gefällt wird, so müssten etwa 125 junge Bäume mit einem Kronenradius von 1 m gepflanzt werden, um die Ökosystemleistung des Altbaumes zu ersetzen.

Sie zu pflanzen **kostet zumindest**

20.000,-
Euro.

*Die Baumwertberechnung wurde nach Fachliteratur gestaltet, sie ist weltweit in ähnlicher Form vielfach publiziert.

Gem. Augenblattzikade	Gem. Erlenblattzikade	Grüne Schmuckzikade	Weiße Winkerzikade	Östliche Seggenzirpe	Gefl. Ulmen-Blattzikade
Wiesen-Spornzikade	Wiesenflohzirpe	Bärtige Winkerzikade		Japan. Ahornzirpe (Larve)	Japanische Ahornzirpe
Gelbschw. Schmuckzikade	Binden-Blutzikade	Br. Weidenschaumzikade	Bläulingszikade	Säbel-Spornzikade	Japan. Ulmen-Laubzikade

alle Fotos: Gernot Kunz

Die Zikadenfauna der Grazer Murufer

Werner E. Holzinger & Gernot Kunz

Zikaden sind eine der artenreichsten Tiergruppen unserer Breiten, aus Österreich sind etwa 650 Arten dieser Minnesänger des Tierreichs bekannt. Auch die innerstädtischen Flussufer und Galeriewälder der Mur bieten vielen Zikaden einen reichhaltigen Lebensraum, sodass etwa 100 Arten vom innerstädtischen „Grünen Band" bekannt sind.

Zu den wichtigsten Futterpflanzen für Zikaden zählen die heimischen Weiden. Ob Silber-, Bruch-, Sal-, Ohr-, Mandel- oder Reifweide, alle Arten werden von Zikaden besiedelt. Insgesamt kommt ein Dutzend ausschließlich auf Weiden lebende Zikadenarten an der Mur vor. Dazu zählt auch die Bärtige Winkerzikade (*Idiocerus herrichii*). Im Herbst können sie Anrainer oft in großer Zahl tot am Fensterbrett finden. Der Grund dafür ist, dass die Tiere auf der Suche nach Winterquartieren vom Licht angelockt werden und dann im Zimmer aufgrund von Trockenheit und Nahrungsmangel sterben.

Im Frühsommer sieht man oft kleine Schaumnester an den Ufergehölzen, die wie Spucke aussehen. In diesen Nestern verborgen, entwickeln sich – vor Vögeln und anderen Fressfeinden gut geschützt – die Larven der Erlen- und Weidenschaumzikaden (*Aphrophora alni*, *A. salicina*).

Pappeln sind ebenfalls beliebte Nährpflanzen. Eine mit etwa 7 mm Körperlänge besonders „große" Zikadenart ist die Weiße Winkerzikade (*Populicerus albicans*), die ausschließlich an einer Pappelart – der Silber-Pappel (*Populus alba*) – lebt.

Im Sommer sieht man an verschiedenen Laubbäumen oft Blätter, die mit weißlichen Punkten übersät sind: eindeutige Spuren des Saugverhaltens der „Blattzikaden"! Diese sehr kleinen und schlanken Arten saugen den gesamten Inhalt von Pflanzenzellen aus. Leergesaugte Zellen erscheinen aufgrund der Lichtreflexion weißlich, und wenn die Zikaden in sehr großen Dichten auftreten, kommt es zu diesem Erscheinungsbild. Zu den Verursachern zählen u.a. die Gemeine Erlenblattzikade (*Alnetoidia alneti*) und die Gemeine Augenblattzikade (*Alebra wahlbergi*).

An den an der Mur noch anzutreffenden großen, alten Ulmen leben aber auch zwei Arten der Roten Listen, die österreichweit gefährdet bis stark gefährdet sind: die Gefleckte Ulmenblattzikade (*Ribautiana ulmi*) und die Japanische Laubzikade (*Edwardsiana ishidae*). Auch der schmale Streifen zwischen dem Fluss und den Ufergehölzen, dessen Region von krautigen Pflanzen und Röhrichten bewachsen ist, bildet ein Eldorado für die heimische Zikadenfauna.

Eine Besonderheit in diesem Raum ist die Sichelzirpe (*Cicadula placida*), die an Rohrglanzgras lebt. Sie ist eine nach Osten hin häufiger anzutreffende Art, die im Grazer Raum die Nordwestgrenze ihrer Verbreitung erreicht und österreichweit als „gefährdet" eingestuft wird. Häufig hingegen sind andere Grasbesiedler, wie die Grüne Schmuckzikade (*Cicadella viridis*) und die an Hochstauden lebende Gelbschwarze Schmuckzikade (*Evacanthus interruptus*).

Sehr mobile Pionierarten, die man nicht nur an der Mur, sondern auch in den meisten angrenzenden Gärten und sogar in Parkrasen findet, sind die Flohzirpe (*Deltocephalus pulicaris*), die Säbel- und die Wiesenspornzikade (*Javesella dubia*, *J. pellucida*).

Neben zahlreichen heimischen Arten nutzen auch die biologischen Profiteure der Globalisierung, aus anderen Kontinenten eingeschleppte und einwandernde Arten, die Mur als Wanderroute durch das Stadtgebiet. Im Spätsommer findet man beispielsweise an Ahorn in großer Zahl die Japanische Ahornzirpe (*Japananus hyalinus*) und im Unterwuchs, vor allem an Goldrute, sitzt die sehr dekorative Amerikanische Büffelzikade (*Stictocephala bisonia*). Die ebenfalls aus Nordamerika eingeschleppte und von Wein- und Obstbauern in Südeuropa gefürchtete Bläulingzikade (*Metcalfa pruinosa*) ist hingegen an der Mur in Graz noch sehr selten – in einigen Jahren wird dies wohl anders sein ...

„Murnockerln" am Ufer

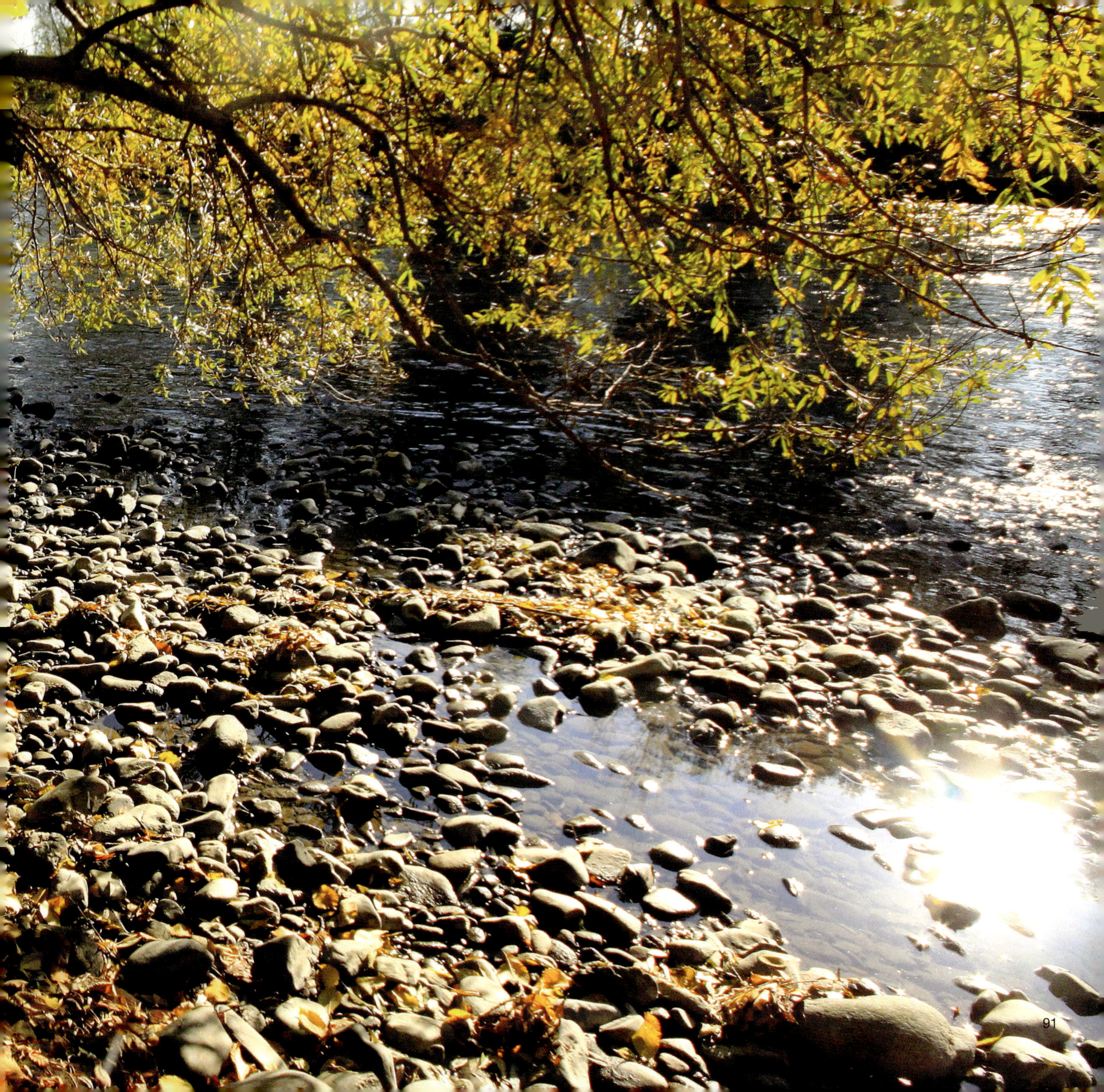

„Murnockerln"

Walter Postl

Gleich vorab für Nichtsteirer: Murnockerln sind kein Pendant zu den Salzburger Nockerln, der luftig weichen Süßspeise, sondern steinharte, quartäre Flussgerölle. In Graz kann man nur zu niederschlagsarmen Zeiten die rund geschliffenen Gerölle am Uferrand der Mur sehen. Es handelt sich um ein breites Spektrum von Gesteinen verschiedenster Herkunft. Die meisten stammen aus dem Kristallingebiet des Gleinalmzuges. Es sind Gneise, Amphibolite, Aplite, Pegmatite und Glimmerschiefer. Turmalin führende Pegmatite könnten auch aus dem Kristallingebiet von St. Radegund stammen. Ein weiterer Teil kommt aus dem Grazer Bergland (Grazer Paläozoikum). Dabei handelt es sich u. a. um verschiedene marine Kalke, Dolomite, Sandsteine sowie Gesteine vulkanoklastischen Ursprungs (Schichten von Kher mit Grünschiefern und Metadiabasen). Das Einzugsgebiet der Gerölle reicht aber bis in die Quellgebiete von Mur und Mürz. Vereinzelt findet man daher auch Gesteine aus der Stubalpe, den Niederen Tauern und sogar den östlichsten Ausläufern der Hohen Tauern. Es sind hauptsächlich harte, quarzreiche Gesteine, vor allem Quarzite und Gangquarz, die den weiten Transportweg bis Graz geschafft haben und in den Murschottern als „exotische Gerölle" zu finden sind. Die Form der Gerölle ist abhängig vom Gefüge und Mineralbestand der Gesteine. Homogen zusammengesetzte Gesteine werden beim Transport im Wasser eher zu rundlichen Formen, stark geschieferte Gesteine (z. B. Glimmerschiefer) zu „Flacherln"

Murnockerln am Uferrand

Schotterbank am Uferrand

Turmalin führender Pegmatit

Quarz

Aplit mit Amphibolitband, Gleinalpe

Gneis, Gleinalpe

Murnockerl-Pflasterung, Kalvarienberg

Fotos: Walter Postl

modelliert. Hanselmayer (1962, 1974) hat sich mit der petrografischen Zusammensetzung und der Herkunftsfrage der würmeiszeitlichen Schotter im Grazer Feld eingehend beschäftigt. So beschreibt er als Raritäten Semmeringquarzite aus den Fischbacher Alpen sowie Werfener Schiefer und Porphyroide aus der Obersteiermark. So manche Gerölle sind auch optisch sehr attraktiv, vor allem die zahlreichen Bänderamphibolite mit Wechsellagerungen von Amphibolit mit Aplit sowie die Augengneise aus der Gleinalpe.

Steinzeitliche Werkzeuge aus Murnockerln

Bereits im Neolithikum wurden vom Wasser „vorgefertigte" Amphibolite zu Werkzeugen verarbeitet. Noch beliebter waren sicherlich die meist laibchenartig geformten Gerölle aus Serpentinit. Das Rohmaterial zahlreicher in und um Graz gefundener Steinwerkzeuge aus dieser Gesteinsart wurde mit hoher Wahrscheinlichkeit aus den Murschottern bezogen. Dies gilt auch für die wenigen in der Steiermark gefundenen Artefakte aus Nephrit (Brandl et al. 2014). Im Innenstadtbereich von Graz sind zwischen 1880 und 1910 Tausende naturpolierte Nephrit-Geschiebe in den pleistozänen (und/oder holozänen) Schotterablagerungen der Mur gefunden worden (Berwerth 1898, Sigmund 1909, Teppner 1913, Hilber 1922), so auch beim Bau des am östlichen Murufer errichteten Kaufhauses von Kastner & Öhler in den 1880er-Jahren. Die letzten bedeutenden Funde dieses in der Gemmologie zur Jade-Gruppe zu rechnenden Schmucksteins, wurden beim Kraftwerksbau in Friesach zwischen 1997 und 1998 gemacht (Hiden 2001). Niedermayr (1985)

Augengneis aus der Gleinalpe

Gneis, Gleinalpe

Bänderamphibolite aus dem Gleinalmgebiet

Fotos: Walter Postl

beschrieb ein anstehendes Nephritvorkommen aus der Umgebung von Zederhaus im Lungau (Salzburg) und bezeichnete dieses als das Herkunftsgebiet für die in den Grazer Murnockerln auftretenden Nephrite. Der Verfasser dieser Zeilen zieht aber auch das Serpentinit-Gebiet von Kraubath und noch eher die Serpentinit-Vorkommen bei Kirchdorf-Traföß als Bringungsgebiete in Betracht. Schließlich sei an dieser Stelle auf eine weitere Rarität hingewiesen, die in den Murschottern sporadisch zu finden ist: der blau gefärbte Lazulith (Blauspat), ein Magnesium-Aluminium-Phosphat, das gegen Ende des 18. Jahrhunderts weltweit erstmals aus den Fischbacher Alpen – im Semmeringquarzit eingewachsen – beschrieben worden ist (siehe dazu in TAUCHER et al. 1995).

Die ersten Funde im Jahre 1905 aus dem Grazer Raum stammen aus den Murschottern oberhalb von Puntigam – danach haben MEIXNER (1937), HANSELMAYER (1962) und KÖNIGHOFER & JAKELY (1992) über weitere Funde berichtet. Ein faustgroßes Lazulith-Geröll konnte 1993 in Andritz und ein nur geringfügig kleineres 2002 in Leibnitz (BOJAR 2003) – über 100 Flusskilometer vom Herkunftsgebiet entfernt – gefunden werden.

Das Grazer Feld

Abschließend sei kurz auf die geologischen Rahmenbedingungen im Stadtgebiet von Graz eingegangen. Die älteste Großeinheit bilden die zwischen 300 und 440 Millionen Jahre alten Gesteine des Grazer Paläozoikums. Diese werden von neogenen („tertiären") Sedimenten des Steirischen Beckens überlagert. Und darüber befinden sich, in mehreren Terrassen angelegt, die quartären (pleistozänen und holozänen) Ablagerungen. Die großen Sedimentmassen (Kiese, Sande und Lehme) wurden im Wechselspiel von Kalt- und Warmzeiten antransportiert und abgelagert. Die tieferen Bereiche der Schottermassen fungieren als wichtiger Grundwasserspeicher und Aquifer. In dem über 27 km langen, von Raach bis knapp vor Wildon reichenden und sich bis auf über 9 km Breite ausdehnenden Grazer Feld werden diese wertvollen Lockersedimente nur mehr im Süden der Landeshauptstadt in Kiesgruben gewonnen. Im Stadtgebiet gab es einst von Gösting bis Puntigam eine Vielzahl

Fleckengrünschiefer

Serpentinit (befeuchtet)

Nephrit, Graz-Puntigam, Sammlung Mineralogie UMJ

Paläozoischer Kalk (befeuchtet)

Kalkmarmor (Schöcklkalk)

Nephrit-Geschiebe aus Graz, Sammlung Geologie UMJ

Fotos: linke und mittere Spalte: Walter Postl; rechte Spalte: Hans-Peter Bojar an Schotter- und Sandgruben. Im Süden von Graz dienen einige dieser ehemaligen Abbaustätten heute als Badeseen. Mehr zur Geologie des Grazer Raumes findet man u. a. in Ebner (1983), Ebner et al. (2001), Ebner & Gräf (1978), Flügel (1960, 1975), Gross et al. (2007) sowie im Baugrundatlas Graz.

Die Mur durchfließt das Grazer Feld annähernd mittig und gräbt ihr Bett in die unterste, zwischen 20 und 50 m dicke Terrasse kontinuierlich tiefer. Nur an zwei Stellen kommt die Mur mit anstehendem Fels in Berührung. Es sind dies der westliche Hangfuß des aus Dolomit bestehenden Grazer Schloßbergs, sowie jene am Westufer befindlichen vulkanoklastischen Grünschiefer (Schichten von Kher) des Grazer Kalvarienberges. Diese einzigen aus den Ablagerungen herausragenden Festgesteinsvorkommen gehören wie der Plabutsch-Buchkogelzug, der Reiner-, Admonter- und Kanzelkogel innerhalb der Stadtgrenzen zum Grazer Paläozoikum.

Übrigens sind die Schotter- und Sandbänke unterhalb des Kalvarienberges ein Geheimtipp für Goldwäscher. Zwischen Mureck und Radkersburg hat man bereits im 19. Jahrhundert Gold gewaschen. Wirklich spektakuläre Funde in Mur und Mürz gelangen allerdings erst in der jüngeren Vergangenheit (Urban 2000). Goldwäscher haben jüngst auch Platin-Nuggets in einer Schottergrube im Süden von Graz gefunden (Bojar et al. 2015).

Zurück zu den Murnockerln: Wer trockenen Fußes die quartären Gerölle kennenlernen möchte, kann diese, zu dekorativen Kopfsteinpflastern verarbeitet, in Graz besichtigen. Historische Gehsteige mit Murnockerlpflasterung befinden sich in der Raubergasse – vor dem Naturkundemuseum des Universalmuseums Joanneum –, in der Maria-Theresia-Allee des Grazer Stadtparks und bei der Kalvarienberg-Kirche. Jene im Süden von Graz in den Kiesgruben gewonnenen Murnockerln werden überwiegend zu Splitt gebrochen oder unversehrt als dekorative „Gartensteine" angeboten.

Wer mehr zum Thema Murnockerln erfahren möchte, kann auch an den, vom Universalmuseum Joanneum in regelmäßigen Abständen angebotenen, Workshops „Murnockerln – Geologie zum Angreifen" teilnehmen.

Lazulit-Quarzgeröll, Graz-Andritz, Sammlung W. Martin

Lazulith von Graz-Puntigam, Sammlung Geologie UMJ

Anstehender Fels und Blöcke aus Grünschiefer sowie Schotter unterhalb des Kalvarienberges

Fotos: Walter Postl

Peter Strihavka, Goldsucher:
„Wo ich bin, ist Gold!"

Markus Ehrenpaar

Seit 2005 sucht Peter Mineralien wie Quarz, Granat, Turmalin und Lazulith in der Mur. Nicht nur Schmucksteine und Gold, auch andere Dinge wie Münzen, Hufeisen, Glücksbringer, Ringe, Uhren, Taschenuhren, Kerzenleuchter und vieles mehr findet man in diesem Fluss. 56 Silbermünzen an einer Stelle wurden auch schon entdeckt. Man muss nur Zeit aufwenden und nicht gleich alles aus der Schüssel rauswaschen! Mit einem Spaten leert man das Material über das Sieb in die Schüssel. Aus dem Sieb werden die Kleinfunde aussortiert und der Rest entsorgt. Dieser Sand, der durch das Sieb in die Schüssel gelangt, wird geduldig ausgewaschen bis Spuren des Goldes sichtbar werden. In der Grazer Mur findet man meist nur Flitter oder Blättchen in der Größe von ca. 0,1 bis 3 mm (URBAN 2000: bis 5 mm). An einem guten Tag kann man bis 1 Gramm Gold waschen, das sich meist hinter einem Felsen abgelagert hat. Schön ist es beim Kalvarienberg, wo die Uferbegleitgehölze angenehmen Schatten bieten. Auch unter der Puntigamerbrücke liegt Gold!

Gold industriell im Rahmen des Schotterabbaues im Süden von Graz zu gewinnen wurde in der Hälfte des 20. Jahrhunderts versucht, aber ohne Erfolgsberichte eingestellt. Erzählt wird auch, dass in Puntigam flussnah bescheidene Goldflittermengen in Vertiefungen von Grundwasserpumpen vorgefunden wurden.

Mit dem Bergmannsgruß „Glück auf!" und dem Wunsch nach schönem Wetter und niedrigem Wasserstand empfiehlt sich Peter, der seit 40 Jahren alpine Mineralien sammelt.

Goldwäscher-Utensilien

Fundstücke der anderen Art

Viele Steine im „Sichertrog"...

...feiner Sand...

...ein Gold-Flint!

Fotos: Markus Ehrenpaar

Goldwäscher an der Mur

Kalvarienbrücke

Der Standort der Kalvarienbrücke hat innerhalb der letzten 100 Jahre drei Brücken gesehen. Im Zuge der Industrialisierung im Grazer Norden Ende des 19. Jahrhunderts war es notwendig geworden, die Überfahrt auf Höhe des Kalvarienberges mit der Fähre (siehe Artikel Kalvarienberg) – sie wurde an einem Seil geführt, das die an den Ufern liegenden Kopfstationen verband – durch eine Brücke zu ergänzen. Bereits 1913 musste festgestellt werden, dass durch die regulierungsbedingte Eintiefung der Mur die 1884 errichtete Holzjochbrücke in ihrer Standfestigkeit gefährlich gelitten hatte. 1926 wurde sie schließlich durch eine Doppelbogenbrücke in genieteter Eisenkonstruktion ersetzt. Mit ihren zwei Fahrspuren zu klein geworden, wurde diese 1991 von einer vierspurigen Brückenkonstruktion mit markantem stählernen Dreiecksrahmen abgelöst (BISCHOF 2015). Leider stört die architektonisch vielleicht interessante Brückenbeleuchtung die Vielzahl der nachtaktiven Insekten des Murraums. (*Romana Ull*)

Ameisenlöwen als Untermieter

Trichterbauende Ameisenlöwen besiedeln Sandbereiche – sofern sie regengeschützt überhangen und besonnt sind. Sand ist entlang der Mur an vielen Stellen vorhanden, allerdings meist beständig feucht. Daher sind Sandinseln mit Ameisenlöwen vor allem unter überhängenden Felsen und unter regenschützenden Brücken anzutreffen. Ameisenlöwen sind die Larvenstadien von Netzflüglern, die entwickelt Ameisenjungfern genannt werden. Die Ameisenlöwen (hier die Gefleckte Ameisenjungfer *Euroleon nostras*) bauen kleine kreisförmige Trichter, in die Insekten rutschen und vom Ameisenlöwen mit seinen Mundwerkzeugen ergriffen und mit Giften gelähmt werden. Da hauptsächlich Ameisen in die kleinen Sandtrichter fallen, wird der Trichterbauer Ameisenlöwe genannt, obwohl er auch Käfer, Wanzen, ja sogar Regenwürmer und Mücken fängt. Die kleinen Trichter entstehen durch rückwärtsschraubende Drehbewegungen des Hinterleibs und Hochwerfen des Sandes mit den Kiefern. (*Johannes Gepp*)

Fährten am Ufer

Der bewachsene Saum der Murböschung ist ein frequentierter Lebensraum unterschiedlicher Säugetiere und Vögel. Aufgrund ihrer Scheuheit sind sie dort nicht alltäglich anzutreffen – wohl aber ihre Spuren, insbesondere unter regengeschützten Brücken. Nebeneinander findet man die kleinen Trittsiegel von Bachstelzen, Mäusen und Ratten, aber auch von Krähen, Stockenten und Mardern. Auch zahlreiche Hunde streunen entlang der Mur. (*Johannes Gepp*)

Wer war hier?

Nördliche Kettenbrücke um 1840 (Druck nach Conrad) © Archiv Kubinzky

Ameisenlöwe

Trichterfalle eines Ameisenlöwen

Unter der Stahlbrücke

Auch „Blaues Dreieck" genannt

Fotos: Johannes Gepp

Foto: Johannes Gepp

Kalvarienbrücke

Stockenten-Bucht gegenüber Schwimmschulkai

Heimgärten an der Mur

Romana Ull

Dachte ursprünglich Herr Schreber nur daran, Stadtkindern betreute Lernorte und Freizeitmöglichkeiten in der Natur zu schaffen, so haben sich Heimgärten europaweit zur grünen Heimat vieler Menschen entwickelt. Wesentliche Aufgaben der Heimgärten sind es, einen Ausgleich zum verdichteten Geschoßwohnungsbau, einen Ersatz für zu wenig Grünfläche am Wohngebäude und den Mangel an öffentlichen Parkanlagen zu bieten. So erfüllen die mit Stolz gehüteten Parzellen eine Vielzahl sozialer Funktionen, von der Nahrungsproduktion bis hin zu Stressabbau und Gemeinschaftserleben. Auch der ökologische Nutzen der Anlagen kann beträchtlich sein, zumal sich immer mehr Kleingärtner und Kleingärtnerinnen dem Natur- und Umweltschutz verpflichtet fühlen, so auch in Graz, so auch in den Heimgärten an der Mur.

Direkt am Ufer gelegen, unterstützen sie die Lebensvielfalt entlang der Mur. Allen voran sind es die Amphibien, die profitieren. Ihnen offerieren die kleinen Naturteiche in den Gärten das, was die Mur nicht mehr bietet: kleine stehende Wasser als Lebensraum. Strauchschnittmieten, Kompostanlagen, Nistkästen, Futterhäuschen, Blumenwiesenstreifen und Steingärten ergänzen das Biotopangebot für viele Tiere des Mursaumes. Nektar und Pollen spendende Blumen und Früchte tragende Vogelschutzhecken decken den Tisch, egal ob für Tiere auf der Durchreise entlang des grünen Bandes oder Ortsansässige.

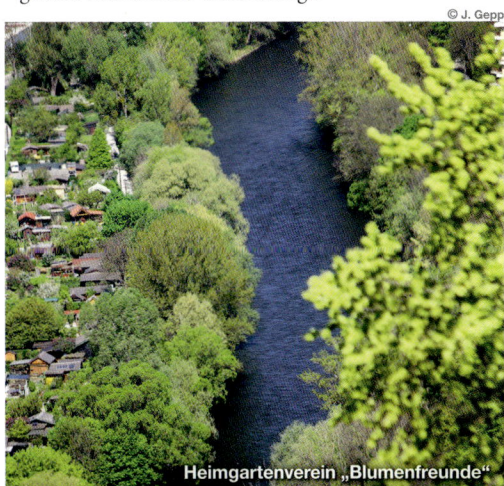

Kleingarten bei der Gustav-Scherbaum-Promenade

Heimgartenverein „Blumenfreunde"

Heimgartenverein „Frohes Schaffen"

Foto: Johannes Gepp

Kalvarienberg

Der Kalvarienberg an der Mur...

Karl A. Kubinzky

An der nördlichsten Stelle des Bezirks Lend erhebt sich aus dem sonst hier fast ebenen Grazer Feld ein 28 m hoher Schieferfels, der Austein. Wir kennen ihn meist als Grazer Kalvarienberg. Er war der erste Kalvarienberg in den habsburgischen Erblanden.

Im Geiste der Frömmigkeit der Barockzeit und der Gegenreformation entstand hier in mehreren Bauphasen ein Wallfahrtsort mit einer Kreuzigungsgruppe, elf Kapellen und einer Kirche mit der heiligen Treppe. Es wurde versucht, hier Golgota, die Kreuzigungsstätte Christi in Jerusalem, nachzuempfinden und nachzubauen. Der Kalvarienberg war über viele Jahrzehnte eine religiöse und teilweise auch ökonomische Konkurrenz zur Wallfahrtskirche Mariatrost. Vom Dom über die Minoritenkirche Maria-Hilf führten wohlbesuchte Wallfahrtenzüge zum Kalvarienberg und oft weiter nach Maria Straßengel. Auch wenn es heute ruhiger um den Kalvarienberg wurde, er ist ein lokales Zentrum und seit 1831 ein Pfarrmittelpunkt mit den dazugehörigen Einrichtungen inklusive einem Friedhof.

Mit etwas Fantasie kann man sich die betende, tratschende und die typischen Wallfahrtslieder singende Pilgerschar vorstellen, die einst, dem traditionellen Weg und seinen Steinsäulen folgend, von der Stadtmitte hierherkam. Es gab kirchliche Fahnen und szenische Darstellungen. Neben allen religiösen Motiven und Eindrücken waren aber solche Wallfahrten immer auch ein Ort der Geselligkeit und des Konsums. Am 3. Mai 1657, einem Gedenktag für die Kreuzauffindung, sollen 8.000 Pilger den Kalvarienberg besucht haben. Es war vermögenden Bürgern, dem Adel und auch den Kaisern eine Ehre für die Ausstattung und die Erhaltung des Kalvarienbergs zu sorgen. Dieser Tradition folgend waren auch die letzten Renovierungen teilweise nur durch private Spenden möglich.

Einen Bezug zur Zeitgeschichte gibt der Kalvarienberg in seinem Inneren. Über 300 m Stollen boten rund 3.000 Anrainern in den Jahren 1944 und 1945 Schutz vor den Bomben. Die modrigen, in den Fels gehauenen Gänge und der Rest des kargen Inventars wirken erschreckend identisch. Einer der Gründe, den Kalvarienberg zu besuchen und zu besteigen, ist die sonst schwer realisierbare schöne Aussicht.

Der Kalvarienberg vom Westen

Flößer vor dem Kalvarienberg (J. Kuwasseg, um 1850)

Luftbild Kalvarienberg und Mur (um 1990)

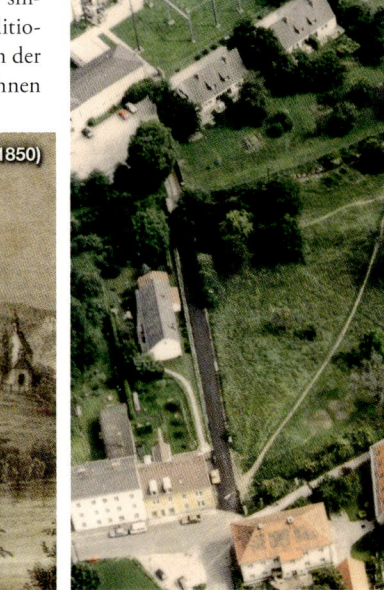

Natur und Kultur: Der Austein als Kalvarienberg

Bis vor 50 Jahren verband beide Ufer eine Seilfähre

Vom Kalvarienberg Richtung Reinerkogel

Fotos: Johannes Gepp

Die Mur mit ihren Gehölzstreifen als Lebensraum für Fledermäuse

Oliver Gebhardt

Die Steiermark zählt mit 26 von 28 in Österreich nachgewiesenen Fledermausarten zu den Bundesländern mit der größten Artenvielfalt. Diese große Zahl an Arten ist in der vielfältigen klimatischen und landschaftlichen Ausgestaltung der alpinen und kontinentalen Regionen begründet. Eine hohe Artenvielfalt lässt sich auch in der Stadt Graz und deren Umfeld erwarten.

Die Stadt ist umgeben von Waldgebieten und Kulturlandschaft, reich an Altbauten mit begrünten Innenhöfen und hat zahlreiche Parkanlagen mit Altbaumbeständen. Eine Besonderheit sind die gut ausgebildeten Gehölzstreifen rechts und links entlang der Mur, welche sich durch das gesamte Stadtgebiet ziehen. Somit bietet Graz zahlreichen Fledermausarten abwechslungsreiche Lebensräume.

Es liegt zwar bisher keine systematische Kartierung der Fledermausfauna für Graz vor, doch durch verschiedene Untersuchungen und durch Fledermaus-Findlinge, die bei dem Verein „Kleine Wildtiere in großer Not" abgegeben werden, weiß man über die Fledermausarten im Stadtgebiet von Graz recht gut Bescheid. Hier sind nicht nur die Kulturfolger – also die typischen Stadtfledermäuse, wie die Weißrandfledermaus oder die Zweifarbfledermaus – zu finden, sondern auch Arten, die landschaftlich kleinstrukturierte Lebensräume mit dörflichem Charakter bevorzugen. So beherbergt das Schloss Eggenberg am Stadtrand von Graz die letzte bekannte Wochenstube der vom Aussterben bedrohten Großen Hufeisennase.

Jagdgebiet Mur

Im Wasser der Mur entwickeln sich im Jahresverlauf zu verschiedenen Zeiten zahlreiche Insekten, die den Fledermäusen als Nahrung dienen. So kann man bereits zur Dämmerung die ersten Fledermäuse entlang der Murböschung oder Wasserfledermäuse über der Wasseroberfläche auf der Jagd beobachten. Neben der Funktion als Jagdgebiet stellt das breite blau-grüne Band die wichtigste Leitstruktur durch das Stadtgebiet dar. Der Abendsegler fliegt beispielsweise zwischen seinen Sommer- und Winterlebensräumen bevorzugt entlang von Flussläufen. Und wer weiß, vielleicht nutzt auch die sehr seltene Langflügelfledermaus dieses markante Landschaftselement für ihre saisonalen Wanderungen zwischen den Höhlen in Peggau nördlich von Graz und Slowenien.

Wohnung am Wasser

In den zahlreichen Altbäumen entlang der Mur finden baumhöhlenbewohnende Fledermausarten Unterschlupf in Form von verlassenen Spechthöhlen, Stammrissen und anderen Hohlräumen. Hier ziehen die Wasserfledermäuse ihre Jungen auf. Im Herbst sind solche Baumhöhlen in Gewässernähe auch beliebte Plätze für männliche Abendsegler, die dort mit ihren Gesängen Weibchen anlocken.

Alle heimischen Fledermausarten sind streng geschützt – demnach sind auch ihre Lebensräume an der Mur schützenswert und erhaltenswürdig.

Foto: Dietmar Nil

Abendsegler, aus einer Baumhöhle schauend

Fledermausflachkasten

Jagende Wasserfledermaus

Die Säugetierfauna der Grazer Mur

Brigitte Komposch

Das Stadtgebiet von Graz weist eine artenreiche Säugetierfauna auf. Die nur 3 bis 6 g schwere Zwergspitzmaus ist hier ebenso zu finden wie die eigentlich im alpinen Raum beheimatete Gämse. Grund dafür sind die vielen Gärten, Grünflächen und Parks in der Stadt sowie die naturnahen Bereiche der Randbezirke. Eine besondere Bedeutung kommt in diesem Zusammenhang der Mur und ihren angrenzenden Lebensräumen zu. Der Fluss mit seinem breiten, tot- und altholzreichen Ufergehölz bietet verschiedenen Insektenfressern, Nagetieren und Marderartigen gute Lebensbedingungen. Vor allem gehölzgebundene Kleinsäugerarten wie Wald-, Gelbhals- und Rötelmaus finden in dem dichten Astwerk aus beeren- und früchtetragenden Sträuchern ausreichend Nahrung. Während Wald- und Gelbhalsmaus ausgezeichnet klettern und springen können und sich bevorzugt in den höheren Straten aufhalten, macht sich die Rötelmaus bodennah auf Nahrungssuche. Spaziergänger werden sie jedoch nur selten zu Gesicht bekommen, da sie – wie die meisten Kleinsäuger – in erster Linie in der Nacht aktiv ist. Gut zu beobachten ist hingegen das Eichhörnchen, das seine Nester bevorzugt in den Astgabeln von dicht belaubten Bäumen anlegt. Die kugelförmigen Nester werden innen mit Moosen und Gräsern ausgepolstert und bieten auch im Winter einen ausreichenden Schutz vor tiefen Temperaturen. Allgegenwärtig an der Mur sind Wanderratten. Die oft wenig scheuen Tiere halten sich durchaus auch tagsüber in der Nähe von Mistkübeln und Müllsammelstellen auf. Wanderratten sind hochsoziale Tiere, die in hierarchisch organisierten Familienverbänden leben. In Städten mit ausreichender Nahrungsversorgung können solche Verbände bis zu 200 Tiere umfassen. Der kleine Verwandte der Wanderratte, die Hausmaus, hat sich ebenfalls auf ein Zusammenleben mit dem Menschen spezialisiert. Ursprünglich vor allem in Steppen- und Wüstengebieten zu finden, gilt der flinke, kleine graue Nager als klassischer Kulturfolger des Menschen und ist heute durch die zumeist unfreiwillige Hilfe des Menschen auf der ganzen Erde verbreitet.

Die enge Verzahnung der, mit alten, knorrigen Weiden und Pappeln bestandenen Murböschungen mit den angrenzenden Gärten von Einfamilienhäusern und kleinen Wohnanlagen sorgt dafür, dass auch Insektenfresser wie Igel, Gartenspitzmaus und Maulwurf gute Lebensbedingungen vorfinden. Von den beiden in Österreich heimischen Igelarten kommt der Weißbrustigel in Graz vor. Wenn er sich zu nächtlicher Stunde auf Nahrungssuche begibt, sind seine Schnauf- und Niesgeräusche oft weithin hörbar. Er ist sehr ortstreu und durchstreift meist Nacht für Nacht dieselben Gärten.

Die Marderartigen sind an der Mur mit Fischotter, Mauswiesel und Steinmarder vertreten. Von der Anwesenheit des Steinmarders können sich die Stadtbewohner bei nächtlichen oder frühmorgendlichen Spaziergängen regelmäßig überzeugen. Seine Vorliebe für Kabelverkleidungen in Motorräumen von PKWs sorgt dafür, dass auch wenig naturinteressierte GrazerInnen häufig ungewollte Bekanntschaft mit diesem Wildtier machen.

© B. Komposch

Der Speiseplan des Weißbrustigels umfasst Käfer, Schnecken, Regenwürmer sowie Hundertfüßer

© B. Komposch

Die Gelbhalsmaus ist eine typische Langschwanzmaus mit großen Augen und Ohren

© B. Komposch

Nagespuren des Bibers fallen vor allem in den Wintermonaten auf

© Hofrichter

Geschützt und umstritten – der Fischotter

© B. Komposch

Der Fischotter setzt seine Losung bevorzugt an regengeschützten Stellen nahe der Wasserlinie ab

Die Mur als Wanderkorridor

Die Mur stellt einen bedeutenden Wanderkorridor für verschiedene Säugetiere dar. So breitet sich der Biber von Slowenien kommend entlang der Mur aus und besiedelt das Gewässer bereits bis knapp unterhalb der Staustufe Kalsdorf. Als Art die sich in Ausbreitung befindet, ist davon auszugehen, dass er bald das Stadtgebiet von Graz erreichen wird. Aufgrund seiner auffälligen Nagetätigkeit – er ist in der Lage, Weichhölzer mit einem Durchmesser von mehr als einem Meter zu fällen – bleibt seine Anwesenheit selten lange unbemerkt. In der Regel konzentriert er sich aber auf etwa fingerdicke Weidenzweige, von deren Rinde er sich im Winter ernährt. Von der Anwesenheit des Fischotters an der Mur zeugt in erster Linie seine Hinterlassenschaft – die charakteristische Losung ist aufgrund der vielen enthaltenen Fischschuppen und Gräten mit keiner anderen Losung zu verwechseln.

Die Wanderachse Mur wird aber auch von ursprünglich in Österreich nicht heimischen Säugetierarten genutzt. So musste zum Beispiel Anfang Dezember 2013 die Feuerwehr zur Tiefgarage am Andreas-Hofer-Platz ausrücken, um einen Waschbären zu bergen. Diese aus Nordamerika stammende Kleinbärenart kommt seit vielen Jahren in der Steiermark vor und hält sich bevorzugt in der Nähe von Gewässern auf. Ähnliches gilt für die zu den Wühlmäusen zählende Bisamratte. Aus Südamerika stammt hingegen die ebenfalls in Graz vorkommende Nutria oder Biberratte (Sumpfbiber). Wie Waschbär und Bisamratte wurde auch sie in Pelztierfarmen gezüchtet.

Insgesamt leben an der Mur im Stadtgebiet von Graz, exklusive der Gruppe der Fledermäuse, mindestens 15 Säugetierarten. Spezifische Erhebungen lassen weitere Nachweise wie z. B. der EU-rechtlich geschützten Haselmaus erwarten.

Schwimmende Nutria sehen Bibern ähnlich
© J. Gepp

Die Augen des Maulwurfs liegen im Fell verborgen
© W. Holzinger

Wanderratten können sehr gut schwimmen und tauchen – bei Beunruhigung flüchten sie häufig ins Wasser
© B. Komposch

Aufgrund ihres namensgebenden rötlichen Fells unterscheidet sich die Rötelmaus von allen anderen heimischen Wühlmausarten
© B. Komposch

© D. Streitmaier

Der Steinmarder ist im gesamten Grazer Stadtgebiet zu finden

Amphibien

Werner Kammel

Die Murufer als „Autobahn für Kleintiere" im städtischen Raum

Amphibien (Frösche, Kröten, Molche ...) benötigen zur Fortpflanzung stehende Kleingewässer, die es an den Uferböschungen der Mur natürlich nicht gibt. Zumindest in den Außenbezirken von Graz existieren jedoch Gartenteiche, in denen sich diese Arten vermehren können. Die meisten Amphibienarten halten sich jedoch nur kurz am Laichgewässer auf. Ihre Landlebensräume bestehen – abgesehen von naturnahen Gärten – in ausgedehnten Gehölzbeständen wie Hecken und Wäldern: Nichts anderes bieten die Uferböschungen der Mur. Vor allem in den Bezirken Gösting und Andritz finden Springfrosch (*Rana dalmatina*), Grasfrosch (*Rana temporaria*) und Erdkröte (*Bufo bufo*) günstige Lebensraumbedingungen.

Die größte Bedeutung dieses Lebensraumes liegt jedoch im verbindenden Charakter der Uferböschungen vom Grazer Grüngürtel bis in das innerstädtische Gebiet. Entlang der Mur können Amphibien barrierefrei wandern und dadurch auch Gartenteiche der Grazer Innenbezirke besiedeln. Wandernde Erdkröten konnten stadteinwärts bis zur Keplerbrücke (Schwimmschulkai) beobachtet werden. Vermehrungsbiotope direkt an den Ufern gibt es im äußersten Nordwesten der Stadt in Raach, Richtung Judenburg, wo an die Mur Schotterteiche angrenzen, sowie ganz im Süden, nahe Thondorf in Flachtümpeln, als Ersatzbiotope des Murkraftwerkes Gössendorf angelegt.

Grasfrosch

Grasfrosch

Erdkröte

Erdkröte Weibchen

alle Fotos: Werner Kammel

Die Murufer als bedeutsamster Lebensraum für Reptilien in Graz

Die Grazer Uferböschungen der Mur stellen ein Eldorado für fast alle im Stadtgebiet vorkommenden Arten von Reptilien (Kriechtiere) dar. Sie kommen an der gesamten Fließstrecke der Mur in teils hohen Dichten vor. Die Mur wird in Graz von strukturreichen, felsdurchsetzten und totholzreichen Gehölzbeständen begleitet, an die zumindest in den Außenbezirken Staudenfluren, kleinflächige Wiesen und Gartenbereiche angrenzen. Auch die zahlreichen Grünschnitthaufen stellen ein bedeutsames Lebensrauminventar für Kriechtiere dar. Sie bieten Reptilienarten Fortpflanzungs- und Überwinterungsorte, sichtgeschützte Sonnenplätze und einen Ausbreitungskorridor mitten durch die Stadt.

Als häufigste Art ist die Blindschleiche (*Anguis fragilis*) an der gesamten Fließstrecke der Grazer Murufer zu sehen. Sie kommt hier in erstaunlich hohen Dichten vor, wird aber als versteckt lebende und eher lichtscheue Art nicht in diesem Ausmaß wahrgenommen.

Die Situation heimischer Eidechsenarten ist im gesamten Grazer Stadtgebiet als trist zu bezeichnen. Die Zauneidechse (*Lacerta agilis*) verschwindet in ganz Mitteleuropa aus dem menschlichen Siedlungsraum, im Besonderen durch den Raubdruck von Hauskatzen und Krähen. Restbestände im Nahebereich der Mur konnten in den letzten Jahren nur im Bezirk Andritz beobachtet werden.

Ein bislang unerkanntes Problem ergibt sich durch die schon vor Jahrzehnten stattgefundene Einschleppung der Subspezies Italienische Mauereidechse (*Podarcis muralis maculiventris*) im Rahmen von Materialtransporten per Bahn und Bautätigkeiten. Diese Unterart stammt vorwiegend aus dem oberitalienischen Raum (Bologna/Modena/Venetien) (KAMMEL 2016). Der Großteil des Grazer Stadtgebiets – mit Ausnahme des Schloßberges und des die Stadt umgebenden Hügellandes – wird von diesem ökologisch anspruchslosen Neozoon („Neubürger") besiedelt. Nicht zuletzt aufgrund ihrer hohen Fortpflanzungsrate verdrängt sie die heimischen Mauereidechsen und vermutlich auch Zauneidechsen.

alle Fotos: Werner Kammel

An der Mur können besonders hohe Bestände an den Fließstrecken Weinzödl – Keplerbrücke und zwischen Puchsteg und Puntigamer Brücke beobachtet werden.

Allerdings profitiert davon die Schlingnatter (*Coronella austriaca*), die sich bevorzugt von Eidechsen und Blindschleichen ernährt. Diese harmlose, oft mit der Kreuzotter verwechselte Natter kann aufgrund ihrer versteckten und intensive Sonneneinstrahlung meidenden Lebensweise nur selten beobachtet werden. Nachweise an den Grazer Murufern existieren aus den Bereichen Pongratz-Moore-Steg und der Keplerbrücke, vor allem aber zwischen Augarten und der Puntigamer Brücke.

Häufige Schlangenvorkommen durch ausreichende Lebensraumgrundlagen

Die höchste Dichte heimischer Schlangenarten längs der Grazer Mur weist die Äskulapnatter (*Zamenis longissimus*) auf. Sie kommt im Grazer Stadtgebiet auf der gesamten Fließstrecke der Mur vor. Durch den vorhandenen Strukturreichtum und einen „reich gedeckten Tisch" an Beutetieren (bevorzugt Wühlmäuse, aber auch Ratten, Maulwürfe und andere Kleintiere) findet sie an den Uferböschungen des Flusses ideale Lebensraumbedingungen. Nachdem diese bis zu 2 m lange, aber harmlose Schlangenart aufgrund ihrer Größe nur wenige natürliche Feinde besitzt (abgesehen vom Menschen), exponiert sie sich stärker als andere Schlangenarten und kann somit am häufigsten beobachtet werden. Oft nutzt sie die uferbegleitenden Rad- und Gehwege als Sonnenplatz, wodurch sie regelmäßig Aufsehen erregt und auch nicht selten überfahren wird.

Die in der Steiermark am häufigsten vorkommende Schlangenart, die Ringelnatter (*Natrix natrix*), ist an den Grazer Murufern nur selten anzutreffen. Ihr Vorkommen ist in hoher Abhängigkeit von ihren Hauptbeutetieren zu sehen. Sie ernährt sich in erster Linie von Amphibien (vornehmlich Froscharten). Innerhalb des Grazer Stadtgebiets ergibt sich dadurch ein Zusammenhang mit der Existenz ufernaher Gartenteiche. Am ehesten lässt sich die Ringelnatter in den Bezirken Andritz und Puntigam (südlich der Puntigamer Brücke) beobachten. Die Uferböschungen der Mur bieten ihr immerhin Fortpflanzungsstätten und Überwinterungsquartiere sowie Beutetiere: Auch Amphibien nutzen die Uferböschungen der Mur als Landlebensraum.

Als einzige unmittelbar von der Mur als Fließgewässer abhängige Art ist die Würfelnatter (*Natrix tessellata*) besonders bemerkenswert. Sie kommt im Grazer Stadtgebiet an allen Uferbereichen der Mur vor. Besonders hohe Dichten können südlich des Kraftwerkes „Weinzödl" und zwischen Radetzkybrücke und Puntigamer Brücke beobachtet werden. Als ausgesprochene Fischjägerin ist sie in hohem Ausmaß vom Zustand des Fließgewässers abhängig. Ihr Jagdrevier stellen Flachwasserzonen und strömungsarme Bereiche zwischen ufernahen Störsteinen und Buhnen dar. Hier jagt sie entweder aktiv im Flachwasser nach Jungfischen oder lauert zwischen Gestein unter Wasser nach ihrer Beute.

Durch zunehmende Industrialisierung und mangelhafte Abwasserentsorgung zeigte sich die Mur in den 1960er- und 1970er-Jahren als übermäßig verschmutzt und de facto biologisch tot. Zahlreiche Fischarten sowie die Würfelnatter waren damals im größten Teil des Untersuchungsgebiets ausgestorben; ihr Vorkommen beschränkte sich weitgehend auf Refugialräume an Nebengewässern. Durch massive Bemühungen zur Restauration des Ökosystems „Mur" seit den 1980er-Jahren konnte die Wasserqualität erheblich verbessert werden. Seitdem hat die Würfelnatter gemeinsam mit ihren Beutefischarten den Lebensraum Mur wieder besiedelt. Die Würfelnatter breitet sich auch aktuell noch weiter aus, ihre Bestände sind in der Steiermark dennoch als stark gefährdet einzustufen (KAMMEL & MEBERT 2011).

Das Würfelnattervorkommen ist jedoch nicht nur von Wasserqualität, -struktur und Fischdichte abhängig. Auch der Landlebensraum muss eine entsprechende Strukturvielfalt und ausgedehnte Gehölzbestände aufweisen. Als Mindestanspruch der Art ist ein Gehölzstreifen von 10 m Breite je Gewässerufer zu beobachten. Dichtere Bestände sind an strukturreichen, überwiegend bewaldeten Uferböschungen ab einer Breite von 20 bis 50 m anzutreffen (KAMMEL 2015).

Äskulapnatter kurz nach Schlupf

Äskulapnatter

Äskulapnatter

Ringelnatter, Weibchen

alle Fotos: Werner Kammel

Schlingnatter

Die Würfelnatter im Stadtgebiet von Graz

Claudia & Oliver Gebhardt

Graz kann sich glücklich schätzen, denn in kaum einer anderen mitteleuropäischen Stadt kann man „sie" in ihrem Lebensraum beobachten: die seltene Würfelnatter. Wer aufmerksam und mit offenen Augen die Murböschungen entlangspaziert, kann die graue Schlange mit dem interessanten namensgebenden Würfelmuster zwischen Ästen, Gras und Steinen entdecken. Fürchten muss sich niemand vor dem vollkommen harmlosen und ungiftigen Reptil, denn Würfelnattern sind nicht aggressiv und flüchten, wenn sie sich bedroht fühlen.

Ihre Lebensräume sind strukturreiche, saubere Fließgewässer mit Flachwasserzonen und vielen kleinen Fischen. Die Würfelnatter ist darauf spezialisiert, kleine Fische zu fangen, und somit hervorragend an ein Leben im und am Wasser angepasst. Unter Wasser schlängelt sie sich durch die Flachwasserzonen und lauert, verkeilt zwischen Steinen und Ästen, auf ihre Beute.

Ihre spezielle Anpassung lässt die Würfelnatter allerdings auch sehr sensibel auf Veränderungen ihrer Lebensräume reagieren. So ist ihr Bestand in Europa aufgrund der weitreichenden Lebensraumzerstörung und Wasserverschmutzung zurzeit in einem schlechten Zustand. Nicht von ungefähr ist die Art mittlerweile stark gefährdet und unterliegt gesetzlich einem strengen Schutz – eigentlich, denn die gängige Praxis sieht anders aus.

Comeback und erneute Gefährdung

In Graz hat sich seit den 1980er-Jahren allerdings Erfreuliches getan: Nachdem sich die Wasserqualität der Mur wieder verbessert hat, ist auch der Würfelnatternbestand wieder gestiegen und die Tiere haben ihre angestammten Lebensräume entlang der Mur langsam wieder zurückerobert.

Diese positive Entwicklung wird jedoch aktuell durch das geplante Murkraftwerk Graz erneut massiv bedroht. Sollte es gebaut werden, verliert die Würfelnatter nicht nur mehrere Hektar Lebensraum, sondern damit auch die einzige Verbindung zwischen den Populationen nördlich und südlich von Graz. Die Tiere haben aufgrund des verbauten Stadtgebietes keine Möglichkeit auszuweichen und den für sie ungünstigen Staubereich links oder rechts zu umwandern. Dies macht die Mur im Herzen von Graz zu einem „Nadelöhr-Lebensraum", dessen Fortbestand nicht nur für die Würfelnatter von enormer Wichtigkeit ist.

Durch den Bau der Uferdämme und den Anstieg des Wasserspiegels werden die für Verstecke, Überwinterung und Fortpflanzung notwendigen Lebensräume an Land drastisch verkleinert. Selbst wenn es möglich wäre, diese verbleibenden sehr schmalen Streifen auf den Uferdämmen zwischen Stau und Stadt möglichst attraktiv für die Würfelnatter zu gestalten und die Tiere tatsächlich mit einem Bruchteil ihres aktuellen Landlebensraumes auskommen würden, könnten sie dennoch nicht überleben, da ihnen der Staubereich selbst keinen attraktiven Wasserlebensraum bietet. Das für Staubecken typische Feinsediment bedeckt jegliche Strukturen unter Wasser mit einer dicken Schicht. Die Würfelnattern finden keinen Halt mehr, wenn sie auf ihre Beute lauern. Ein dunkler Stau mit steilen Ufern ohne Flachwasserbereiche und Versteckmöglichkeiten wird aber ohnehin von den Beutefischen gemieden – den Würfelnattern fehlt also zuallererst die Nahrungsgrundlage.

Diese Kombination von ungeeignetem Land- und Wasserlebensraum, eingezwängt zwischen Asphalt und Beton, ohne die Möglichkeit auszuweichen, und das auf einer Länge von knapp einem Kilometer, kommt einer Totalbarriere gleich.

Auswirkungen auf die Würfelnatterpopulation

Südlich von Graz hat der Würfelnatterbestand bereits durch die beiden Megabaustellen der Wasserkraftwerke Gössendorf und Kalsdorf enormen Schaden genommen. Die Tötung unzähliger Würfelnattern und die Zerstörung ihrer Lebensräume durch die beiden aufeinanderfolgenden Staubereiche auf einer Länge von insgesamt zehn Kilometern sind für die empfindliche Schlangenart äußerst gravierend. Dem gegenüber stehen einige wenige Maßnahmen, die allerdings nicht geeignet sind, diese großflächigen Verluste annähernd auszugleichen.

Welche Auswirkungen ein weiteres Wasserkraftwerk im sensiblen Nadelöhr der Grazer Mur auf die Bestände der Würfelnatter im Zusammenhang mit der Situation südlich von Graz haben wird, wurde bis heute nicht betrachtet – ein schwerwiegendes Versäumnis. Es ist zu befürchten, dass die stark gefährdete und streng geschützte Würfelnatter durch den rücksichtslosen Ausbau der Wasserkraft im Großraum Graz tatsächlich zum zweiten Mal zum Aussterben gebracht wird.

© Johannes Volkmer   © Laura Pabst   © Laura Pabst

Foto: Laura Pabst

Nördliche Murpromenade

Vom Pongratz-Moore-Steg verläuft am westlichen Ufer bis zur Weinzödlbrücke ein großteils unbefestigter Fußgänger/Fahradweg. Das Joggen ist hier wegen des weichen Bodens gelenksschonend und ein erfrischender Kontakt mit der Stadtnatur. Die flussnahen Steige sind randlich dicht von Bäumen und Sträuchern bewachsen, teilweise reliefreich und verwildert und im Nahbereich der Weinzödlbrücke zunehmend abenteuerlich. (*Johannes Gepp*)

Bis 25 m hohe Pyramidenpappeln bei der westlich angrenzenden Siedlung

Im Hintergrund flussaufwärts die Mündung des Andritzbaches

alle Fotos: Johannes Gepp

Der Pongratz-Moore-Steg wurde in Kombination mit einem Fußweg als Infrastrukturverbindung für die Wasser- und Stromversorgung 1969 eröffnet. Mit ihm war auch Dr. Oskar v. Pongratz und John Moore ein Denkmal gesetzt worden, die 100 Jahre zuvor die Grazer Wassergesellschaft gegründet hatten. Etwas flussabwärts des Steges existierte auf Höhe des Kalvarienberges bis 1958 eine Überfuhr. (*Romana Ull*)

Pongratz-Moore-Steg

Blick von der Mündung des Andritzbachs flussabwärts:
Am rechten Murufer die Mündung des Aubachs, am linken die
des Schöckelbachs – im Hintergrund der Pongratz-Moore-Steg

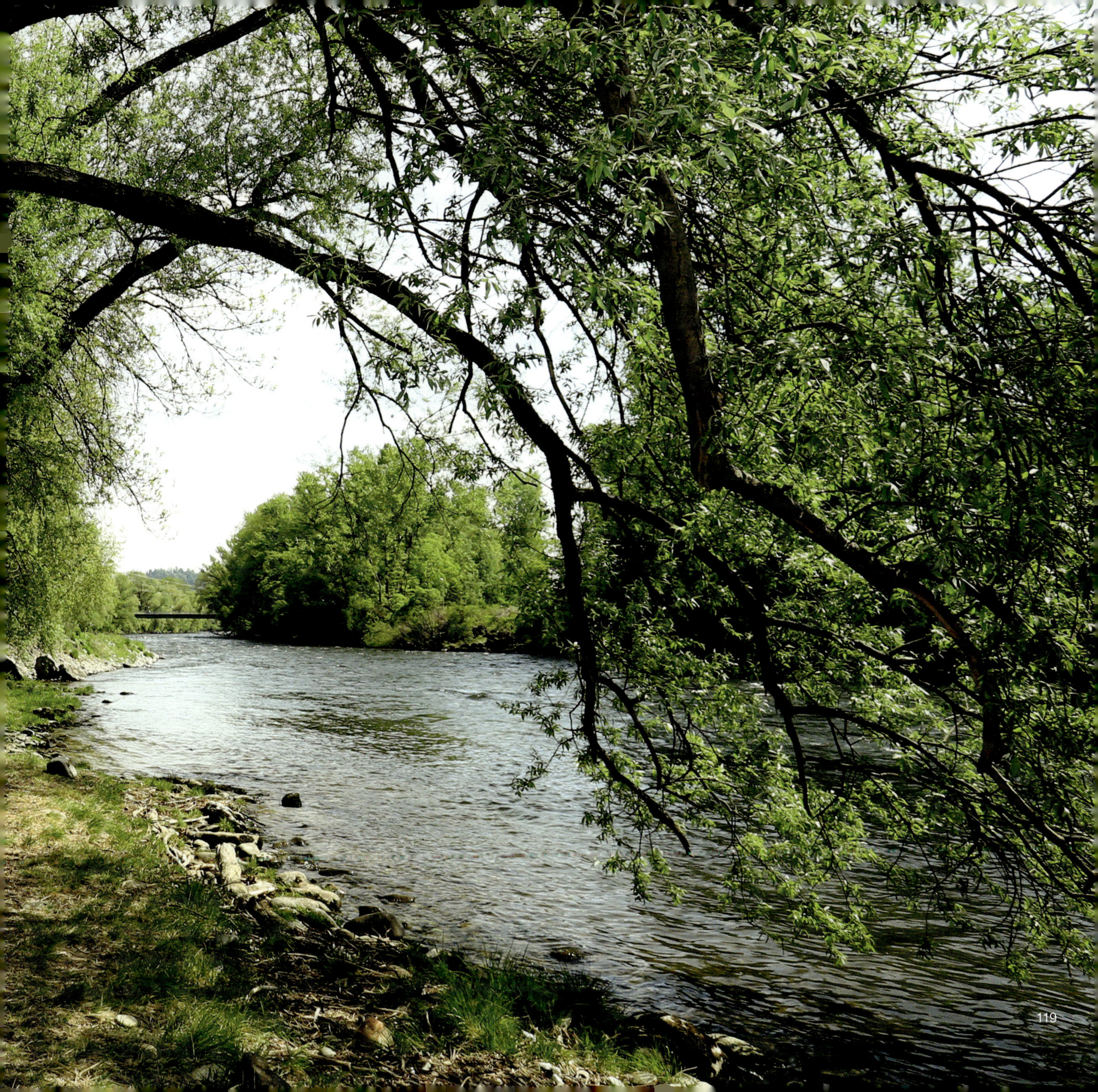

Uferstützen

121

Unterwasserwurzeln

Wurzeln
ober und unter Wasser

Johannes Gepp & Christian Berg

Die Wurzeln der Pflanzen bleiben dem Auge der Betrachtenden oft verborgen. So ist es kaum bekannt, dass die meisten Pflanzen unter der Erde nochmals ungefähr die gleiche Ausdehnung haben wie oberirdisch. Die Wurzeln dienen nicht nur der Verankerung im Boden, sondern auch der Aufnahme von Wasser und Nährstoffen aus dem Boden und deren Transport in die oberirdischen Teile. Während die Blätter die Kraftwerke der Pflanze sind, die im Prozess der Photosysthese aus Wasser und Kohlendioxid mit Hilfe der Sonnenenergie Zucker und andere energiereiche organische Stoffe produzieren, muss die Wurzel extra ernährt werden. Dazu wird ein Teil der organischen Stoffe aus den grünen Pflanzenteilen in die Wurzel geleitet, wo sie von den Wurzelzellen veratmet werden. Und wie Tiere und Menschen auch, braucht die Wurzel zum Atmen Luftsauerstoff. Diesen kann sie unter normalen Bedingungen aus der Bodenluft gewinnen, aber in Feuchtlebensräumen nimmt der Luftgehalt des Bodens stark ab und tendiert unter Wasser gegen null. Deshalb haben Pflanzen von nassen Lebensräumen eine spezielle Anpassung entwickelt: Über ein Aerenchym genanntes Luftgewebe wird die Wurzel von innen mit Sauerstoff versorgt. Damit sind Wurzeln sogar in der Lage im Wasser zu wachsen.

Am Ufer dynamischer Flüsse wie der Mur können die oberen Wurzeln bei Hochwasser auch freigespült werden. Dies wird im Raum Graz durch häufiges Betreten des Ufers auch vom Menschen gefördert. Bei längerem Hochwasser bilden manche Bäume in kurzer Zeit ein System fasriger Wurzelgeflechte aus, die innerhalb von drei Monaten bis zu einem Meter lang werden können. Diese Wasserwurzeln sind weich und biegsam, sie „wehen" im strömenden Murwasser hin und her. Auffällig ist ihre baumabhängige Färbung: Die Wasserwurzeln der Pappeln sind karminrot, die der Schwarz-Erlen tiefrot, jene der Silber-Weiden weiß bis gelblich. Ihr über den Sommer zunehmend dichter werdender Filz reicht an Steilufern bis in einen Meter Tiefe. Sinkt der Wasserspiegel, dann liegen diese Wurzelzöpfe plötzlich frei im Trockenen. Dadurch wird am Ufersaum abschnittsweise ein auffällig rötliches, anderswo ein weißliches „Luftwurzelband" erkennbar. Diese Wurzeln haben für den Baum eine Art „Reparaturfunktion". Es verfängt sich darin Getreibsel und Sediment, sodass sich der weggespülte Boden langsam wieder aufbauen kann.

Unterwasserwelt

Das Unterwasserbett der Mur bleibt dem Betrachter durch die Wassertrübe des Flusses die meiste Zeit verschlossen. Der Biologe Mag. Gernot Kunz wagte, tauchend und fotografierend, einige interessante Einblicke zu eröffnen. Das Tiefenbett der Mur ist nicht nur von Grobschotter ausgelegt, sondern variiert je nach Strömungs- und Ablagerungsverhältnissen. Die Unterschiede zeigen sich gravierend oberhalb und unterhalb der Stauräume. Je geringer die Fließgeschwindigkeit, umso feinere Sedimente – bis hin zu Stauschlamm – werden abgelagert. Wo es am kräftigsten wirbelt, liegen nur große Murnockerln, die ufernah von Moosen oder in der Ufertiefe von Algen bewachsen sein können. Die Unterwasserwelt variiert im Jahreslauf, beeinflusst von Sedimentfrachten. (*Johannes Gepp*)

... unter Wasser

Foto: Johannes Gepp

Weinzödlbrücke

Von der Weinzödlbrücke westwärts

Foto: Johannes Gepp

Die nordwestliche Stadtgrenze beim Kanzelkogel

Foto: Johannes Gepp

Weinzödlbrücke

Ein Brückenstandort Weinzöttl wurde bereits im 16. Jahrhundert erwähnt. Aus verkehrstechnischen Gründen wurde die im Jahre 1922 eröffnete vollwandige Stahlbetonbrücke 600 Meter südlich des historischen Brückenstandortes errichtet. Unter dem schützenden Dach dieses Brückentragwerks findet von Zeit zu Zeit „Fahrendes Volk" mit Dutzenden bunten Zelten eine vorübergehende Bleibe (BISCHOF 2015). (*Johannes Gepp*)

Funktionen alter Baumbestände

„Man sollte sich darüber im Klaren sein, dass ein Baum nicht nur eine bestimmte Menge Nutzholz darstellt, sondern auch Sauerstoff- und Schattenspender, Wasserspeicher, Luftbefeuchter, Staubfilter und Lärmschlucker ist, Windschutz bietet und einer Unmenge anderer Organismen als Lebensraum dient. Nicht zu vergessen wäre in diesem Zusammenhang die Rolle des Baumes als Bodenbefestiger speziell hier im Ufer-Böschungsbereich. Nicht zuletzt auch die Schönheit alter Bäume erhöht den Wert von Erholungsgebieten und angrenzenden Siedlungen. Standorte geschützter Pflanzen müssen vor zerstörerischen Eingriffen geschont werden" (FRIEDRICH & WINDER 1993).

Graz vom Schloßberg gegen Norden, Grafik um 1910
© Archiv Kubinzky

Vor Regen geschützte Zeltlager

Foto: Johannes Gepp

Uralte Schwarzpappel bei der Weinzödlbrücke

Frühblüher

Viele Auwaldblumen blühen schon im zeitigen Frühjahr, bevor die Bäume ihre Blätter entfalten. Das Gelbe Windröschen, eine typische Pflanze der Hartholzauen, ist im nördlichen und südlichen Grazer Auwaldstreifen noch heimisch. Das weiß blühende Busch-Windröschen besiedelt auch Hecken und Magerwiesen. Die rundlichen Blätter und glänzend gelben Blüten des Scharbockskrauts (Feigwurz) bilden im Unterwuchs ganze Teppiche. Die Blätter des Lerchensporns sind die bevorzugte Nahrung der Raupen des Schwarzen Apollos, eines Tagfalters. Nur langrüsselige Insekten, wie Hummeln, können den Nektar in den gespornten rosa Blütenblättern erreichen. (*Melitta Fuchs*)

alle Fotos: Johannes Gepp

Die Schuppenwurz – mit auffälligen blassrosa Blütentrieben – schmarotzt als parasitische Pflanze ohne Chlorophyll auf den Wurzeln von Gehölzen wie Haseln, Erlen, Hainbuchen und Ulmen.

Auenblumen

Auenblumen

Melitta Fuchs

Pflanzen der Flussufer werden bei Hochwasser häufig als Samen oder Sprossteile vom Wasser verdriftet und flussabwärts im Uferbereich angeschwemmt. Neben Auwaldarten siedeln sich auch Gartenflüchtlinge und Ruderalpflanzen an, die vom Nährstoffreichtum des Schwemmbodens profitieren. Im Schatten der Muruferbäume blühen vielfach Wald-Weißwurz – auch unter Salomonssiegel bekannt, Groß-Sternmiere, Berg-Goldnessel, Knollen-Beinwell und Veilchenarten.

Das lichtbedürftige Seifenkraut – ein Nelkengewächs – breitet sich mit unterirdischen Ausläufern an Flussufern, Kiesbänken und sogar auf Schuttplätzen aus. Auszüge aus Wurzel und Kraut wurden früher als Waschmittel verwendet.

Als Ruderalpflanze besiedelt das Schöllkraut nährstoffreiche Gehölzsäume, insbesondere weil Anrainer allzuoft ihren „Gartenschnitt" dem Murufer „anvertrauen". Auch einige Gartenpflanzen wie die Traubenhyazinthe verwildern so aus nahen Heimgärten.

Das Muschelblümchen ist ein weiß blühendes, wärmeliebendes Hahnenfußgewächs. Wo es einmal Fuß gefasst hat, bildet es mit unterirdischen Kriech- und Speichersprossen einen kreisrunden Bestandsfleck.

Foto: Johannes Gepp

„Murfeigln"

Entlang der steirischen Mur-Auen wurden die prächtig blühenden Riesen-Goldruten – aus Nordamerika stammend – zu „Murfeigln" umgetauft

Foto: Johannes Gepp

Neophyten

Martin Magnes

Neophyten, also Pflanzen, die durch den Menschen seit der starken Entwicklung des interkontinentalen Welthandels ab dem Ende des 15. Jahrhunderts zu uns gekommen sind, stellen in Österreich mit zirka 1.100 Arten mehr als ein Viertel der Gefäßpflanzenarten dar (ESSL & RABITSCH 2002). Von diesen bekannten Neophyten treten allerdings nur 224 regelmäßig auf und können als in Österreich „etabliert" gelten.

Die meisten dieser neuen Pflanzenarten wurden bewusst als Zier- oder Kulturpflanzen eingeführt, nur etwa 345 Arten dürften eingeschleppt worden sein. Zu häufigen und bisher wenig problematischen Neophyten gehören z. B. das in stadtnahen Wäldern mittlerweile fast allgegenwärtige Klein-Springkraut (*Impatiens parviflora*) oder die als Alleebaum kultivierte Rosskastanie (*Aesculus hippocastanum*) (BUNDESAMT FÜR NATURSCHUTZ 2016). Immerhin gelten aber etwa 35 Neophyten als „invasiv", d. h. sie verdrängen einheimische Arten und verändern Lebensräume signifikant oder zumindest langfristig. Während die meisten der naturnahen mitteleuropäischen Lebensräume bislang noch wenig unter dem Druck neu eingewanderter Pflanzen leiden (z. B. Laubwälder, Moore, alpine Lebensräume), ist die heutige Flora von Gewässerufern, insbesondere von Fließgewässern, sehr reich an Neophyten.

Besonders die seit den großen Regulierungen am Ende des 19. Jahrhunderts in Mitteleuropa kaum noch naturnah vorkommenden Auen gelten als „Einfallspforten" für fremde Pflanzenarten.

Tatsächlich zeigen diese Lebensräume einige für mögliche Neuetablierungen von Arten günstige Bedingungen: Der Lebensraum ist relativ reich an Nährstoffen, gut mit Wasser versorgt und durch die regelmäßigen Überflutungen dynamisch und bietet damit gute Voraussetzungen für Neubesiedler. Daneben können sich, besonders entlang der größeren Flüsse, Arten gut über den Wind oder über das fließende Wasser ausbreiten. Allerdings zeigt sich in der Praxis, dass Neophytenvorkommen in den kleinen mitteleuropäischen Auwaldresten Symptome und nicht die primäre Ursache von Störungen sind. Nach der Regulierung der Mur von 1874–1891 hat sich z. B. die Sohle im Bereich der Autobahnbrücke bei Feldkirchen durch Erosion um fast 4 m eingetieft (EBERSTALLER-FLEISCHANDERL & FLEISCHANDERL 2006), die durchschnittliche Wasserfläche ist seit 1820 um 57 % zurückgegangen, die Schotterflächen sind praktisch verschwunden. Die Tiefenerosion wird durch zahlreiche Querbauwerke noch verstärkt, so gibt es im Oberlauf der Mur bis Graz 20 Wasserkraftwerke (KOREN & NEUMÜLLER 1999), welche die Nachlieferung von Geschiebe aus dem Oberlauf unterbinden. Unter dem Licht dieser tiefgreifenden und die ökosystemaren Grundlagen von Auwäldern zerstörenden Eingriffen ist die Vegetation an den Ufern der heutigen Mur zu betrachten.

Blühender Japan-Knöterich

Japan-Knöterich besetzt ganze Uferabschnitte

Riesen-Bärenklau

Drüsen-Springkraut

Springkräuter und Co.

Melitta Fuchs

Drei häufige Neophyten dominieren an den Ufern der Mur: die Riesen-Goldrute (*Solidago gigantea*) – auch „Murfeigl" genannt – das Drüsen-Springkraut (*Impatiens glandulifera*) und der Japan-Knöterich (*Fallopia japonica*). Den seltenen, aber gefährlicheren Riesen-Bärenklau sollte jeder kennen!

Das Drüsen-Springkraut wächst in seiner Heimat, dem westlichen Himalaja, von 1600 bis 4300 m Höhe in feuchten Nadelwäldern und Waldlichtungen. Die einjährige Pflanze entwickelt nun auch bei uns jedes Jahr ihre hochwüchsigen, wasserhältigen Sprosse. Die intensiv duftenden großen rosa Blüten bieten noch im Spätsommer dünnflüssigen Nektar an. Die meterweit ausgeschleuderten Samen sind auch schwimmfähig. Honigbienen besuchen gerne die Blüten, die Raupen des Mittleren Weinschwärmers (*Deilephila elpenor*) fressen die Blätter.

Der Japan-Knöterich treibt im Frühjahr aus den unterirdischen Rhizomen zahlreiche bis 4 m hohe, dicht beblätterte Stängel. In deren Schatten kann kein Unterwuchs an Gräsern und Kräutern mehr aufkommen. Beim ersten Frost sterben alle oberirdischen Teile der Pflanze ab. Die kahle Bodenoberfläche ist nun der Abschwemmung durch Regen und Starkwasser ausgesetzt, Teile der Uferböschung können dadurch abbrechen. Die Weiterverbreitung des Japan-Knöterichs erfolgt hauptsächlich durch Rhizomstücke, die durch Fließgewässer, aber z. B. auch durch Baumaschinen vertragen werden und leicht Wurzeln schlagen.

Der Riesen-Bärenklau aus dem Kaukasus ist da und dort bereits am Murufer angekommen. Dieser mehrjährige Doldenblütler treibt große, tief eingeschnittene Blätter und weiße Blütenschirme mit bis zu 80 cm Durchmesser. Berührung mit dem Riesen-Bärenklau kann in Kombination mit Sonnenlicht zu Hautausschlägen und Blasenbildung führen. Deshalb muss auch beim Mähen oder Ausgraben Schutzkleidung getragen werden!

Die nordamerikanischen Goldruten, als Bienenweide schon um 1890 in der Steiermark angesiedelt, haben sich bereits weit verbreitet. Sie vermehren sich durch unterirdische Ausläufer und Massen von kleinen Schließfrüchtchen.

Blütenbesuch beim Drüsen-Springkraut

Mittlere Weinschwärmer-Raupe als Blattfresser

alle Fotos: Johannes Gepp

Schwebfliegen – Refugium Mur-Auen

Helge Heimburg

Schwebfliegen (Syrphidae) zählen mitunter zu den artenreichsten und bekanntesten Fliegenfamilien, die weltweit zu finden sind. Sie zeichnen sich durch ihren geschickten Flug, ihre innerartliche Vielgestaltigkeit und ihre auffällige Farbenpracht aus. Zudem nehmen sie eine wichtige Schlüsselrolle bei der Bestäubung von Pflanzen ein. Neben den Bienen zählen Schwebfliegen zu den häufigsten Besuchern von Blütenpflanzen. Ein weiterer interessanter Aspekt ist, dass sich ein Großteil der Schwebfliegenlarven räuberisch, vorzugsweise von Blattläusen, ernährt. Als Blattlausfresser sind viele Arten wichtige natürliche Gegenspieler in der biologischen Schädlingsbekämpfung (SSYMANK et al., 2008).

Entlang des Auensaums der Mur kann man zahlreiche Schwebfliegen, wie die Gemeine Hainschwebfliege (*Episyrphus balteatus*) oder die Gewöhnliche Langbauchschwebfliege (*Sphaerophoria scripta*), entdecken. Aber auch rare Schwebfliegenarten, die mancherorts nicht mehr zu finden sind, bleiben dem aufmerksamen Beobachter nicht verborgen. Hervorzuheben sind hier seltene Arten der Baumschwebfliegen (Brachyopa), die bevorzugt an austretenden Säften von alten Bäumen vorkommen. Mit etwas Glück kann man an denselben Stellen auf die Deutsche Langfühlerschwebfliege (*Sphiximorpha subsessilis*) treffen. Auf besonnten Blättern ist die Rote Holzmulmschwebfliege (*Brachypalpoides lentus*) zu beobachten, die auf den ersten Blick aufgrund ihrer Mimikry und ihres Verhaltens einer Pflanzenwespe zum Verwechseln ähnlich sieht. Speziell im Frühjahr schwebt die Gemeine Pelzschwebfliege (*Criorhina berberina*), die sich gemeinsam mit den Hummeln und anderen Insekten den ersten Nektar und Pollen des Jahres teilt, behäbig durch die Au.

alle Fotos: Helge Heimburg

Weibchen der Wald-Pelzbiene

Wildbienen an der Mur

Lorenz Wido Gunczy

Die rund 690 Wildbienenarten Österreichs zeigen sich in einer unglaublichen Vielfalt an Gestalt und Aussehen. So sind die Kleinsten unter ihnen nur 3 bis 4 mm groß, Holzbienen (*Xylocopa*) hingegen können sogar bis zu 30 mm groß werden. Einen Teil dieser Vielfalt kann man an den Ufern der Mur wiederfinden.

Für zahlreiche Bienenarten dienen Käferfraßgänge in Totholz, Erd- oder Sandabbrüche, leere Schneckengehäuse und dürre Pflanzenstängel als Brutplatz und Überwinterungsquartier. Blütenreiche Wegränder, naturnahe Haus- und Heimgärten, aber auch Balkonpflanzen dienen als Nahrungsquellen für die im Stadtgebiet lebenden Bienen.

Als Bestäuber spielen Wildbienen besonders im Frühjahr eine wichtige Rolle, wenn die Temperaturen für die Honigbiene noch zu niedrig sind. Doch nicht alle Bienen sind fleißige Bestäuber, ein Viertel der heimischen Wildbienen lebt parasitisch. Diese Arten sammeln keinen Pollen, sondern legen ihre Eier in Nester anderer Bienen, in denen sich dann ihre Larven von der Wirtslarve und deren Pollenvorrat ernähren. Diese Lebensweise kann unter anderem bei der Waldrand-Wespenbiene (*Nomada facilis*) beobachtet werden, zu deren Wirten Sandbienen-Arten wie die Pippau-Sandbiene (*Andrena fulvago*) und die Gewöhnliche Dörnchensandbiene (*Andrena humilis*) zählen.

Blutbienen

Blutbienen (*Sphecodes*) sind ebenso Brutparasiten anderer Bienen. Die Gewöhnliche Blutbiene (*Sphecodes ephippius*) hat ein breites Wirtsspektrum, unter anderem die Dichtpunktierte Goldfurchenbiene (*Halictus subauratus*) und die Gewöhnliche Goldfurchenbiene (*Halictus tumulorum*).

Blattschneiderbienen

Die Weiden-Blattschneiderbiene (*Megachile willughbiella*) kleidet ihre Brutzellen mit Blattstücken verschiedener Baum- und Straucharten aus. Der Pollen wird nicht wie bei Hummeln oder der Honigbiene an den Hinterbeinen gesammelt, sondern mit Hilfe einer Bauchbürste ins Nest transportiert.

Maskenbienen

Eine weitere Methode des Pollentransports zeigen die Maskenbienen (*Hylaeus*), bei denen der Pollen im Kropf gesammelt wird. Die Schmalkopf-Maskenbiene (*Hylaeus leptocephalus*) hat wie nahezu alle Maskenbienen eine auffällige Gesichtszeichnung, die bei den Weibchen weniger stark ausgeprägt ist. Bei der Nahrung ist sie nicht wählerisch. Die nahverwandte Reseden-Maskenbiene (*Hylaeus signatus*) ernährt sich hingegen ausschließlich vom Pollen der namensgebenden Pflanzengattung.

Wald-Pelzbienen

An der Mur ist auch die Wald-Pelzbiene (*Anthophora furcata*) zu finden, die ausschließlich an Lippenblütlern (Lamiaceae) ihre Pollen sammelt. Die Nester werden in selbst genagten oder bestehenden Hohlräumen in morschem Holz angelegt.

Blutbiene

Dichtpunktierte Goldfurchenbiene

Kopf der männlichen Reseden-Maskenbiene

Waldrand-Wespenbiene

Weibchen der Weiden-Blattschneiderbiene

Gesichtszeichnung einer weiblichen Maskenbiene

Murkraftwerk Weinzödl

neuer Fischaufstieg

Blick unter Wasser: siehe Folgeseiten

Fotos: Richard Kunz

Wasserkraftwerk Weinzödl und sein Stauraum

Johannes Gepp

Das Verbund-Kraftwerk Weinzödl im Norden von Graz wurde 1982 fertiggestellt und 2015 mit neuen Turbinen und Generatoren ausgestattet. Es liefert den Jahresstrombedarf für 22.000 Haushalte. Ergänzt wird es durch das Mühlkanal-Kleinkraftwerk, in dessen Nähe jüngst auch eine neue Fischaufstiegshilfe gebaut wurde. „Fischleitern" sollen die Sperrwirkung der Staumauern beheben helfen. Leider stirbt die Masse der Fische in den Turbinen. Umso sinnvoller ist es, zu versuchen die Staukette der Mur durchlaufend fischgängig zu machen. Ökologische Folgen von Stauraumspülungen wie Fischsterben sind offensichtlich, andere werden nur zaghaft untersucht. Bereits 1994 weist eine Studie der Schweizer Bundesanstalt BUWAL (SCHRIFTENREIHE UMWELT 219) auf längerfristige Auswirkungen von Stauraumspülungen auf Wasserlebensgemeinschaften hin. In der Schweiz folgten neue gesetzliche Regelungen. In Österreich hat der abwehrende Einfluss der E-Wirtschaft gegen jegliche Imagekritik – einschließlich überbordender Inseratenkampagnen – bedenkliche Dimensionen erreicht.

Mehrere Umweltprobleme im Zusammenhang mit der Wasserkraftnutzung lassen diese nicht – wie unentwegt in teuren Werbeeinschaltungen annonciert – als klimaneutral oder nur „grün" erscheinen (siehe Folgeseite)!

Ende des Schottertransportes

Durch die Errichtung großer Staue zur Wasserkraft-Nutzung werden an den Stauwurzeln durch Verlangsamung der Fließgeschwindigkeit schwere Sedimente – wie Murnockerln – abgelagert und fehlen als wichtiges Geschiebe im Unterlauf. Dadurch sägt sich der Fluss – wie im Grazer Stadtzentrum – tief ein. Aber auch feinste Partikel, die sich in den Dutzenden Staubecken des Murlaufs als abertausende Kubikmeter zäher schwarzer Schlamm ablagern, werden mehrfach zum Problem. Die Schlammmassen werden in Mehrjahresabständen bei Hochwässern weggespült. Gesichert ist, dass die Stauschlämme aus der Steiermark in Slowenien und Kroatien in den Auen, je Hochwasser flächig bis zu 10 cm hoch, abgelagert werden und in vertieften Mulden bis 1,5 m hoch liegen.

Stauschlamm produziert Methan

Wasserkraftwerke sind weniger umweltschonend als angenommen, denn sie setzen aus ihrem in den Stauseen abgelagerten Schlamm Methan frei (siehe Foto oben vom Stausee Weinzödl), ein Treibhausgas, das 25 Mal schädlicher ist als Kohlendioxid (INT. KOMMISSION ZUM SCHUTZ DER DONAU: GUIDANCE PAPER ON HYDROPOWER 2010). Nach der Eidgenössischen Anstalt „eawag" 2005 ist dieser Ausstoß sehr relevant. Beim untersuchten Aare-Stausee wurde umgerechnet auf einen Quadratkilometer eine jährliche Freisetzung von 150 Tonnen Methan errechnet, was dem Schadstoffausstoß von 25 Millionen gefahrenen Autokilometern entspricht.

Flohkrebse

Gernot Kunz

In den ganz seichten, strömungsarmen Bereichen an den Ufern, wo das Licht ausreicht, um einen Algenteppich gedeihen zu lassen, dort explodiert die Tierwelt regelrecht. Hier dominieren in der Mur in Graz die Flohkrebse (Amphipoda), die zumindest mit dem Bachflohkrebs (*Gammarus fossarum*) und dem Gewöhnlichen Flohkrebs (*Gammarus pulex*) vertreten sind. Diese sind überall dort, wo sie sich in der Strömung festhalten können – vorwiegend gut geschützt unter Steinen, aber auch am Algenbewuchs bzw. an den Wasserwurzeln der Weiden. Hier filtrieren sie, wie auch die Köcherfliegen- und Kriebelmückenlarven, das vorbeiziehende Wasser auf kleinste Nahrungspartikel. Zum Teil schaben sie wie auch die Flussnapfschnecke, die Klauenkäfer und manche Eintagsfliegen- und Zuckmückenlarven, den Algenbelag von den Steinen. Aufgrund ihres dominanten Auftretens zählen sie zu den wichtigsten Nahrungsquellen vieler Fische der Mur.

Signalkrebs

Der aus Nordamerika eingeschleppte Signalkrebs (*Pacifastacus leniusculus*) zählt zu den sogenannten Invasiven Neozoen, da er heimische Arten verdrängt. Dort wo er vorkommt, findet man keine weiteren Flusskrebse. Das liegt nicht nur an seiner Konkurrenzstärke, sondern hauptsächlich daran, dass er die Krebspest überträgt. An der Mur in Graz ist er überall zu finden. Untertags lebt er versteckt zwischen oder unter großen Steinen der Uferbereiche. Nachts begibt er sich auf Nahrungs- und Partnersuche.

Flohkrebs unter einem Stein © G. Kunz

Wehrhafter Signalkrebs © F. Keppel

Wandert auch über Land © J. Gepp / © G. Kunz

In der Hand harmlos © F. Keppel

Flohkrebse massenhaft an Seichtufern © J. Gepp

Nachtaufnahme eines Signalkrebses aus der Grazer Mur

Landkärtchen-Falter

Kerstin N. Fischer

Das Landkärtchen (*Araschnia levana*), ein Edelfalter (Nymphalidae), hat seinen Namen durch die bunte, in Herbstfarben erscheinende landkartenähnliche Struktur mit weißen Linien auf seiner Flügelunterseite, erhalten. Dieser Brennnesselfalter bevorzugt Ruderalstandorte mit großen Brennnessel-Hochstaudenfluren. Er ist oft an Lichtungen, waldnahen Wiesen- und Wegrändern, auch in schattigeren Bereichen, zu finden und ein wahrer Blickfang. Die halbschattigen und feuchten Gebüschreihen an der Mur stellen einen idealen Lebensraum für das Landkärtchen und alle Brennnesselfalter dar.

Das Landkärtchen zeigt zudem einige Besonderheiten. Es treten zwei Formen auf: die Frühlings- und die Sommerform (Saisondimorphismus). Diese beiden sind morphologisch so unterschiedlich (Färbung und Zeichnungsmuster), dass Linné sie 1758 noch als zwei verschiedene Arten beschrieben hat. Die Männchen des Landkärtchens zeigen zudem ein ausgeprägtes Revierverhalten. Sie umtanzen einander, setzen sich auf exponierte Stellen und jagen anderen Schmetterlingen nach. Auch ein Verfolgen von kleineren Vögeln wie Haussperlingen soll schon beobachtet worden sein.

Einzigartig ist auch, dass nur dieser Tagfalter seine grünen zylinderförmigen Eier in Stockwerken ablegt. Das Weibchen tut dies gut getarnt in kleinen Türmen an der Blattunterseite der Groß-Brennnessel. Sechs bis zu zehn Stück werden in bis zu sechs Säulen übereinandergestapelt. Diese Kunstwerke bleiben auch nach dem Schlüpfen der Raupen (hohe Luftfeuchtigkeit ist in dieser Phase besonders wichtig) erhalten und erfreuen das Auge der aufmerksamen BetrachterInnen. Die nach ungefähr zehn Tagen daraus schlüpfenden schwarzen Raupen tragen dornartige Fortsätze, die sie zum Beispiel vor Fressfeinden wie Ameisen schützen, die dadurch nicht in der Lage zu sein scheinen sie zu packen und in ihr Nest zu tragen. Haben Vögel diese erst mal entdeckt, nutzt ihnen diese Bewehrung allerdings wenig. Auch räuberische Insekten wie Florfliegenlarven und Raubwanzen und auch Tausendfüßer, Spinnen und Weberknechte komplettieren die Feinde der Raupen.

alle Fotos: Johannes Gepp

Brennnesselfalter

Kerstin N. Fischer

Groß-Brennnesseln (*Urtica dioica*), die nährstoffreiche, ungemähte Ruderalstandorte bevorzugen, sind an der Mur entlang an Wegrändern und Gebüschreihen zahlreich zu finden. Sie stellen die Nahrungsgrundlage der Raupen zahlreicher bunter Tagfalter, wie Tagpfauenauge, Admiral, Kleiner Fuchs, Distelfalter und C-Falter, dar. Alle abgebildeten Schmetterlinge gehören zur Familie der Edelfalter (Nymphalidae).

Das Tagpfauenauge (*Inachis io*) fällt mit seiner schönen großen Augenzeichnung auf. Es überwintert ebenso wie der Kleine Fuchs (*Aglais urticae*) als Falter. Die beiden Falter sind zusammen mit dem Zitronenfalter die ersten Frühlingsboten. Die schwarzen, bedornten Raupen des Tagpfauenauges finden sich gesellig in stattlichen Ansammlungen auf der Groß-Brennnessel.

Der ebenfalls überwinternde orangebraune C-Falter (*Polygonia c-album*) hat seinen Namen von dem weißen C (Schuppenmal) auf der Flügelunterseite. Durch seine an den Flügelrändern gezackte Form ist er leicht von anderen Tagfaltern unterscheidbar. Er saugt auch an verschiedensten Blüten – häufig an Weidekätzchen – aber auch an Fallobst oder sogar an Aas. Dieser Schmetterling lässt sich gut beim Sonnentanken beobachten, zeigt aber ein ausgeprägtes Revierverhalten. Das Männchen des C-Falters verjagt andere Männchen sofort und kehrt dann auf seinen ausgewählten Sonnenplatz zurück. Admiral (*Vanessa atalanta*) und Distelfalter (*Vanessa cardui*) dagegen sind typische Wanderfalter. Der Admiral fliegt jährlich aus dem Mittelmeergebiet ein, der Distelfalter kommt aus Nordafrika über das Mittelmeergebiet und kehrt im Spätsommer in der nächsten Generation wieder in den Süden zurück. Daher hängt die Anzahl dieser beiden Arten immer von der Zuwanderung der Wanderfalter im Folgejahr ab. Durch den Klimawandel und ein zeitiges Auftauchen von Admiralfaltern im Frühjahr liegt der Verdacht nahe, dass auch diese Schmetterlinge bereits bei uns überwintern.

alle Fotos: Johannes Gepp

Nachtfalter-Raupen

Johannes Gepp

Die getarntfärbigen Nachtfalter verstecken sich tagsüber und werden nachts eher vom künstlichen Licht angelockt. Ihre Raupen sind meist Blattfresser, viele Arten davon leben auf Laubbäumen und daher in unzugänglichen Höhen. Am ehesten sieht man sie im Spätsommer, wenn sie ihre Futterpflanzen verlassen und über Wege klettern, um geeignete Verpuppungsplätze zu finden. Einige kommen auf Auenbäumen zeitweise massenhaft vor. Am auffälligsten sind die Gespinste der Traubenkirschen-Gespinstmotte (*Yponomeuta evonymella*). Die massenhaft auftretenden Raupen der Gespinstmotten umspinnen ihre Umgebung mit weißer Seide, um sich dadurch vor parasitischen Wespen zu schützen. Im Mai und Juni können durch sie die Traubenkirschen entlang der Gewässerränder versponnen sein. Die verwandte Pfaffenhütchen-Gespinstmotte (*Yponomeuta cagnagella*) ist auf Pfaffenhütchen-Sträucher spezialisiert und vernetzt diese mit ihrer feinen Raupenseide. Die geselligen Raupen der Birkenspinner sitzen dicht an dicht wie eine Traube, um gemeinsam gegenüber Vögeln abschreckend zu wirken.

Kaum zu beobachten, aber umso zerstörerischer für Sträucher und kleinere Bäume ist der Weidenbohrer (*Cossus cossus*), ein relativ großer Nachtfalter, dessen Raupen Strauchstämme innen ausfressen und mitunter zum Absterben bringen. Erst wenn sie ihre Futterpflanze zur Verpuppung verlässt, kann man die Holz nagende Raupe sehen. HABELER (2005) untersuchte die Schmetterlingfauna an der Mur flussabwärts von Graz.

Tagfalter

Kerstin N. Fischer

Entlang der unterschiedlichen Ausprägungen der Murufersäume trifft man etliche Tagfalterarten, wie Segelfalter (*Iphiclides podalirius*), Schwalbenschwanz (*Papilio machaon*), Aurorafalter (*Anthocharis cardamines*) oder Zitronenfalter (*Gonepteryx rhamni*) – zumindest zeitweise. Als Falter benötigen sie blütenreiche Flächen. Für ihre Raupen sind Vorkommen der Nahrungspflanzen wesentlich. Beides finden sie in Kombination mit dem Umfeld, in Schrebergärten oder auf den Randbergen. Segelfalter und Schwarzer Apollo (*Parnassius mnemosyne*) wandern von den Randgebirgen her Richtung Mur ein, der Kleine Schillerfalter (*Apatura ilia*) ist hier selten aber heimisch. Die Männchen des Schillerfalters zeigen ihr namensgebendes traumhaftes blauviolettes Schillern bei bestimmtem Lichteinfall und sind oft anstatt auf Blüten saugend auf Exkrementen oder Aas anzutreffen. Die bevorzugte Futterpflanze der Raupen des Schwarzen Apollos ist der Mittlere Lerchensporn, der an kühlen und schattigen Standorten auch im Auensaum der Mur zu finden ist. Dieser standorttreue Schmetterling ist an den glasartigen Flügelspitzen erkennbar.

Die Zeichnungsvielfalt bewirkt oft Warnen, Tarnen und Täuschen. Manche Tagfalter tragen prächtige Augen als Abschreckung zur Schau, wie das Tagpfauenauge oder zeigen farbenprächtige Flügeloberseiten in gelb, orange oder blau als Warnung. Die Flügelunterseiten dagegen sind meist unscheinbar und dienen der Tarnung.

Wasserstandsdynamik

Graz liegt im Zentrum des Einzugsgebietes der Mur (siehe Karte Seite 2) und zugleich am Ende der Alpenmur, die ab Graz in das Grazer Feld, das vom Steirischen Hügelland umgeben ist, übergeht. Die weitgehend regulierte und oberhalb von Graz in Stauräume gebannte Mur zeigt in Graz zumindest zeitweise dennoch eine beachtliche Dynamik der Durchflussmengen. Einerseits sind es die Hochwässer, die in unregelmäßigen Abständen mit mehreren Metern Höhe – der höchste Wasserstand betrug 6,12 m – durchbrausen, andererseits die tageszeitlich variierenden Wasserstände durch das bedarfsgerechte Nutzen der Wasserkraft. So ergeben sich auch an durchschnittlichen Tagen erkennbare Wasserstandsschwankungen in Dezimeterhöhe. Dementsprechend ist die Mur an flacheren Stellen zeitweise überflutet, zeitweise trocken, wodurch auch die Unterwassersituation der Uferbäume, speziell ihrer Wurzeln, variiert. (*Johannes Gepp*)

Was uns die Mur erzählt

Für die meisten Brückenquerer bleibt die Tagesverfassung der Mur unbeachtet. Andere hingegen können über die Färbung und Trübe sowie Wassermenge des Flusses die Niederschlagssituation im Oberlauf erkennen. Freilich legt sich der Einfluss der Wasserkraftstaue über die Verschiedenheit der Niederschlagsverhältnisse. Versuchen auch Sie sich einmal als Murwellen-Experte – schauen und hören Sie ab und zu, was die Mur uns so alles erzählt!

Nächtliches Hochwasser bei der Erzherzog-Johann-Brücke

Foto: Johannes Gepp

Gemächliches Niedrigwasser bei der Tegetthoffbrücke

Wasserwirtschaftliche Grundlagen

Ursula Suppan

Die Mur durchquert auf einer Länge von 15,8 Flusskilometern von Norden nach Süden das Grazer Stadtgebiet. Die Strecke vom Murursprung bis zum Messpegel Graz unterhalb der Puntigamer Brücke beträgt 271 km, nach weiteren 182 km mündet die Mur bei Legrad in Kroatien in die Drau ein. Mit allen Seitenzubringern entwässert sie bis zum Messpegel Graz eine Fläche von 7043 km² (Quelle: Amt d. Steiermärk. LReg., A 14, Ref. Hydrografie).

Der natürliche Flussverlauf im Urzustand

Im engen Durchbruchstal zwischen Bruck und Graz war die Mur von jeher ein überwiegend gewundener und unverzweigter Fluss (Karte ganz rechts). Erst im breiten Talboden des Grazer Beckens käme es ohne menschlichen Eingriff zur Aufteilung in mehrere Flussarme mit Tendenz zur Mäanderbildung. Grund dafür sind das geringere Gefälle und die damit verbundene verringerte Schleppkraft, die zur Sedimentierung des mitgebrachten Geschiebes führen. Typisch für diesen hochdynamischen Flusstyp, der an der südlichen Grazer Stadtgrenze zu Feldkirchen und Thondorf schon ausgeprägt ist (Flussstromkarte rechts), sind häufige Umlagerungen des Flussbettes. Bei größeren Hochwässern entstehen neue Flussarme, Inseln und Schotterbänke, während alte wieder verschwinden. Der genauen Vermessung des Murverlaufs und der Erstellung der Murstromkarte im Jahre 1820 verdanken wir die detaillierten Kenntnisse über die historischen Verhältnisse vor den umfassenden Regulierungsmaßnahmen.

Nutzung und Regulierung der Mur

Bereits im Mittelalter und verstärkt unter Maria Theresia sind fließende Gewässer kleinräumig reguliert worden. Im Vordergrund stand dabei die Aufrechterhaltung der Floß- und Plättenfahrt bzw. der Holzdrift. Die Einführung einer Grazer Floßmaut im Jahre 1768 und die Betrauung der Navigationskommission mit der Abwicklung der Regulierungs- und Schutzbauten unterstreichen den Stellenwert der Flößerei zur damaligen Zeit. Doch erst unter Franz Ritter von Hochenburger wurde das Murbett im Zeitraum von 1874–1892 durchgehend von der Grazer Radetzkybrücke bis zur damaligen Landesgrenze zu Ungarn reguliert. Der vormals stark verzweigte und wild mäandrierende Flusslauf wurde zu einem geradlinig verlaufenden Hauptflussbett zusammengefasst (HARUM et.al. 1997) und Altarm- und Nebenarmsysteme der allmählichen Verlandung überlassen. Im Bereich des Grazer Beckens bis zur Einmündung der Kainach bei Flusskilometer 163,2 wurde die Normbreite des Flussbetts mit 61 m festgelegt. Durch die Bündelung der hydraulischen Kräfte des Wassers kam es in den nachfolgenden Jahren zu erheblichen Eintiefungen der Flusssohle im Grazer Stadtgebiet. Die alten Kaimauern, die von einer Unterspülung bedroht waren, mussten 1907 umfassend saniert werden (REISMANN & WIEDNER 2015).

Hydrografie und Aufzeichnung von Extremwerten

Zur Erhebung der Durchflussdaten der Mur in Graz existieren seit 1850 Aufzeichnungen von verschiedenen Pegelmessstellen. Seit 1976 erfolgt die Messung digital, die Daten werden auf elektronischem Wege direkt an den hydrografischen Dienst übermittelt. Aktuell erfolgt die Messung des Durchflusses bzw. Wasserstandes in der Mur am Pegel unterhalb der Puntigamer Brücke (siehe Datenblatt des Pegels Graz/Mur 3397). Diese Daten sind auch online über die entsprechenden Webseiten des Landes Steiermark und der Stadt Graz abrufbar. Ab Herbst 2016 wird sich die interessierte Bevölkerung am neuen, öffentlich zugänglichen Schaupegel am linken Murufer auf Höhe der Wartingergasse über den aktuellen Durchfluss, die

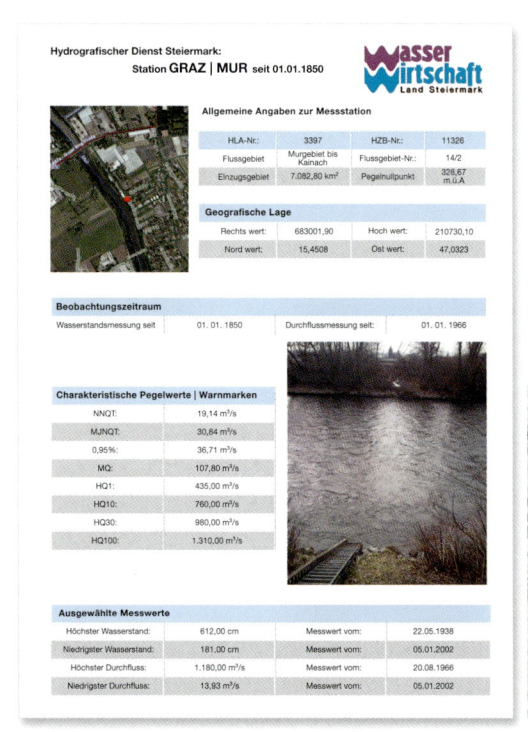

Hydrografischer Dienst Steiermark: Station GRAZ | MUR seit 01.01.1850

Allgemeine Angaben zur Messstation

HLA-Nr.:	3397	HZB-Nr.:	11326
Flussgebiet	Murgebiet bis Kainach	Flussgebiet-Nr.:	14/2
Einzugsgebiet	7.082,80 km²	Pegelnullpunkt	326,67 m.ü.A

Geografische Lage

Rechts wert:	683001,90	Hoch wert:	210730,10
Nord wert:	15,4508	Ost wert:	47,0323

Beobachtungszeitraum

Wasserstandsmessung seit	01. 01. 1850	Durchflussmessung seit:	01. 01. 1966

Charakteristische Pegelwerte | Warnmarken

NNQT	19,14 m³/s
MJNQT	30,84 m³/s
0,95%:	36,71 m³/s
MQ:	107,80 m³/s
HQ1:	435,00 m³/s
HQ10:	760,00 m³/s
HQ30:	980,00 m³/s
HQ100:	1.310,00 m³/s

Ausgewählte Messwerte

Höchster Wasserstand:	612,00 cm	Messwert vom:	22.05.1938
Niedrigster Wasserstand:	181,00 cm	Messwert vom:	05.01.2002
Höchster Durchfluss:	1.180,00 m³/s	Messwert vom:	20.08.1966
Niedrigster Durchfluss:	13,93 m³/s	Messwert vom:	05.01.2002

Hochwasser 1938: Ufereinriss mit zerstörten Bahngleisen am rechten Murufer auf Höhe Schlachthaus (© Archiv Bergmann, TU Graz)

Vergleichsansicht 2016: Befestigtes Murufer mit Murradweg R2 (©: Suppan, A14, Amt d. Steierm. LReg)

Wasserstandshöhe und Wassertemperatur der Mur informieren können. Darüber hinaus werden über einen Multimedia-Touchscreen sämtliche weitere Pegel der Mur abrufbar sein.

Für die Messreihe im Zeitraum von 1990 bis 2014 wurde am Pegel Graz ein Mittelwasserabfluss von 110 m³/s errechnet, was einem durchschnittlichen Wasserstand von 2,80 m entspricht (Quelle: Amt d. Steiermärk. LReg., A 14, Ref. Hydrografie).

Als niedrigstes Niederwasser wurde im Jänner 2002 ein Durchfluss von nur ca. 14 m³/s gemessen. Während extremes Niederwasser für Fische und alle anderen im Fluss lebenden Organismen problematisch ist, fühlt sich der Mensch eher von Hochwasserereignissen bedroht.

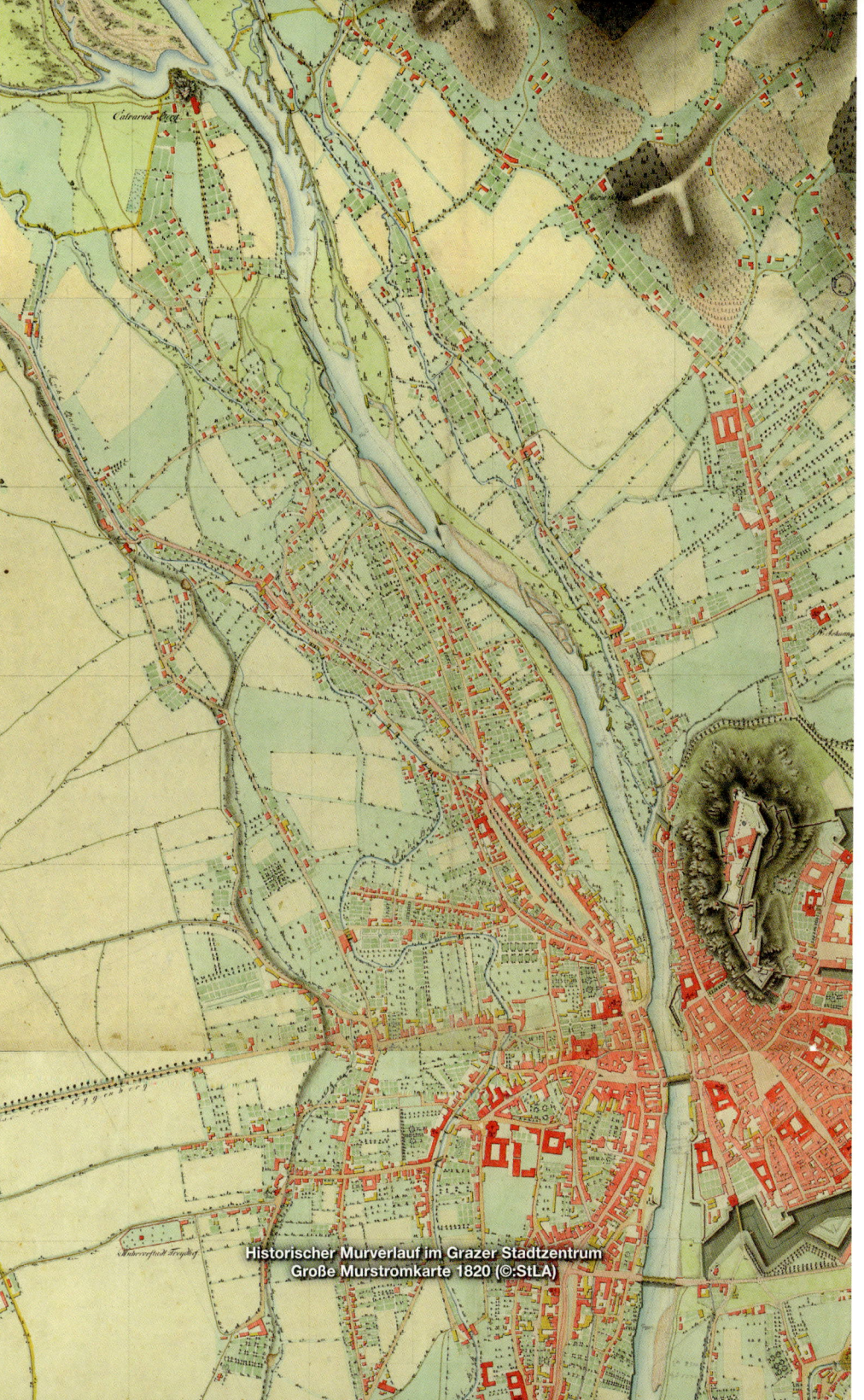

Historischer Murverlauf an der südlichen Stadtgrenze zu Feldkirchen und Thondorf
Große Murstromkarte 1820 (©:StLA)

Historischer Murverlauf im Grazer Stadtzentrum
Große Murstromkarte 1820 (©:StLA)

Hochwasser am 21. Juli 2012, von der Radetzkybrücke flussaufwärts betrachtet

Foto: Johannes Gepp

Hochwasser am 15. Juli 2016 an der Radetzkybrücke, flussabwärts

Hochwässer in Graz

Ursula Suppan

Das Grazer Stadtgebiet wurde immer wieder von extremen Hochwässern mit katastrophalen Folgen heimgesucht. Besonders hervorzuheben ist jenes vom Juni 1827, als Graz großflächig unter Wasser stand. 10 Jahre lang wurde an der Beseitigung der entstandenen Schäden gearbeitet. Als Hochwasserschutzmaßnahme kam es ab 1840 zur Errichtung der Murkais (Reismann & Wiedner 2015).

Von den Extremhochwässern des 20. Jahrhunderts sind vom Messpegel Graz ein Spitzenwasserstand von 6,12 m im Jahr 1938 (vgl. Abbildung auf den Vorseiten) und ein Durchfluss von 1180 m³/s im Jahr 1966 dokumentiert.

Von den letzten 30 Jahren ist der Bevölkerung besonders das Hochwasser vom 21.07.2012 in Erinnerung, bei dem am Pegel Graz ein Wasserstand von 5,83 m und ein Durchfluss von 894 m³/s gemessen wurde. Das entspricht einem 20- bis 25-jährlichen Hochwasser (Quelle: Amt d. Steiermärk. LReg., A 14, Ref. Hydrografie).

Maßnahmenplan Hochwasser Mur

Seit 2013 liegt der „Maßnahmenplan Hochwasser Mur" vor (Nestler 2013), in dem die stufenweise Aktivierung von Maßnahmen des Katastrophenschutzes und der Feuerwehr genau festgelegt ist. Ab einem Pegelstand von 4,10 m an der Messstelle Keplerbrücke (die Feuerwehr hat eigene Messpegel) werden beispielsweise die nördliche Muruferpromenade gesperrt und der Zugang für Wassersportler eingeschränkt. Die Murinsel muss ab einem Pegelstand von 5,50 m geräumt werden und ab 6,50 m kann es zu Sperren der an den Murufern gelegenen Tiefgaragen kommen. Ab 7 m wird die im Überschwemmungsgebiet wohnhafte Bevölkerung vorgewarnt und bei einem Pegelstand über 7,30 m evakuiert. (Literatur im Anhang)

Hochwasser 1827

Wasserdienst der Feuerwehr

Sicherheit am und im Wasser – Wasserdienst der Berufsfeuerwehr Graz

Dieter Pilat

Bereits 1863 sind von der Städtischen Feuerwehr (heute: Berufsfeuerwehr Graz) regelmäßige Übungen auf der Mur abgehalten worden, wobei die Feuerwehrmänner auch „im Kahnfahren" geschult wurden. Diese Tatsache beweist, welch hohen Stellenwert die Sicherheit auf der Mur bereits vor mehr als 150 Jahren hatte! Und das nicht umsonst: 1889 kam es zu einer dramatischen Situation im Bereich der Radetzkybrücke. Beim Dampfschiff „Styria", das für den Personenverkehr auf der Mur in den Dienst gestellt wurde, kam es zum Ausfall der Dampfmaschine. Ohne Antrieb manövrierunfähig geworden, konnte die Schiffsbesatzung aufgrund der großen Strömung durch das Schmelzwasser das Schiff nicht mehr in der Fahrrinne halten. Nachdem es einige Male das Ufer touchierte, rammte es den linken Brückenpfeiler der Radetzkybrücke und wurde schwer beschädigt. Sieben Personen konnten vom städtischen Stromaufseher, der Augenzeuge des Unglücks war, vor dem Ertrinkungstod gerettet werden, jedoch fanden sechs Personen den Tod in den Fluten der Mur. Dieses Unglück war Auslöser für die Einstellung der Personenschifffahrt auf der Mur. 1928 gab es einen großen Fortschritt im Wasserdienst: Die schweren Murschiffe, die bisher im Murrettungsdienst üblich waren, wurden durch Holzzillen ersetzt, der Wasserdienst nach neuzeitlichen Grundsätzen umgestaltet und an einigen Murbrücken rasch auslösbare Rettungsvorrichtungen geschaffen.

Vom Notruf bis zur Reanimation

Ein Notruf erreicht die Brandmeldezentrale der Berufsfeuerwehr Graz: „Eine Person ist im Bereich der Keplerbrücke in die Mur gestürzt und treibt an der Wasseroberfläche!" Das Alarmlicht geht in den Feuerwachen „Lendplatz" und „Dietrichsteinplatz" an, der Alarmgong und die Alarmdurchsage ertönen und innerhalb von nur 30 Sekunden sind 26 Feuerwehrleute mit zwei Einsatzbooten zur Rettung des Verunglückten unterwegs. Zusätzlich wird zur schnellen Personensuche ein Hubschrauber der Flugpolizei der Flugeinsatzstelle Graz-Thalerhof angefordert. Nach einem genau festgelegten Einsatzplan werden die Positionen angefahren: Der einsatzleitende Bereitschaftsoffizier nimmt Kontakt mit anderen Einsatzorganisationen (Polizei, Österreichisches Rotes Kreuz) auf, die Mannschaft der Löschfahrzeuge sucht die Uferbereiche ab, ein Schlauchboot und ein Jetboot werden bei den Slipstellen ins Wasser gesetzt und rasen mit den Einsatztauchern zur Personenrettung. Bereits zehn Minuten nach der Anforderung kreist der Polizeihubschrauber über der bereits bewusstlosen, verunglückten Person und weist die Einsatzkräfte des Wasserdienstes punktgenau ein. Die Einsatztaucher hechten ins Wasser, können die Person fassen und zum Feuerwehrboot ziehen. Nun wird das Opfer bereits im Boot reanimiert und auf schnellstem Weg zum Ufer gebracht um dort vom bereits wartenden Notarzt einer weiteren Behandlung unterzogen zu werden. Nach nur zehn Tagen kann der Verunglückte das Krankenhaus gesund wieder verlassen!

Solche dramatischen Einsätze gibt es rund zehnmal im Jahr im Einsatzgebiet der Berufsfeuerwehr Graz. Leider gelingt eine Lebendrettung nicht immer und die ertrunkenen Opfer werden erst Tage oder Wochen später an einem der südlich gelegenen Flusskraftwerke angeschwemmt.

Organisation des Wasserdienstes bei der Berufsfeuerwehr Graz

Aufgaben:
- Rettung, Bergung und Suche von Menschen und Tieren im und unter Wasser
- Bergung und Suche von Sachgütern, um Schäden an Menschen und Umwelt zu vermeiden
- Sicherungsdienst für Einsatzkräfte
- Unterstützung bei Schadstoffeinsätzen
- Unterstützung bei Hochwassereinsätzen

Bei der Berufsfeuerwehr Graz sind täglich 60 Mann im 24-stündigen Wechseldienst in Alarmbereitschaft. Davon stehen für den Wasserdienst zwei Einsatztaucher und zwei Feuerwehrschiffsführer zur Verfügung.

Ausbildung zum Feuerwehrschiffsführer:
- Grundausbildung zum Zillenführer
- Fachausbildung zum Feuerwehrschiffsführer mit zusätzlicher ziviler Prüfung

Ausbildung zum Einsatztaucher:
- Vier spezifische Lehrgänge
- Abschlussprüfung zum Feuerwehreinsatztaucher

Wasserfahrzeuge der Feuerwehr:
- 5 Weidzillen
- 3 Motorzillen
- 2 Schlauchboote 56 kW
- 1 Jetboot 107 kW

Schlauchboot – schnell und wendig

Fotos: Johannes Gepp

Pressefahrt

Jetboot beim Bootshaus in Liebenau

Jetboot wird zu Wasser gelassen

Eine Bootsfahrt ohne Motorkraft!

Zillenfahren

Bootseinsätze der Feuerwehr sind bei öffentlichen Notständen und in besonderen Notlagen gemäß dem Steirischen Feuerwehrgesetz zu leisten. An dieser rechtlichen Grundlage erkennt man den hohen Stellenwert des Wasserdienstes innerhalb des breiten Einsatzaufgabenspektrums der Steirischen Feuerwehren.
Das Steuern einer Zille basiert auf zwei Grundlagen:
• Als Fundament für den Führer eines Motorbootes
• Bei großflächigen Überflutungen als Ergänzung zu den Feuerwehreinsatzbooten, wenn diese aufgrund niedrigen Wasserstandes in den Randzonen der Überschwemmungsflächen nicht eingesetzt werden können.

Um das sichere Zillenfahren zu erlernen, setzt sich der Feuerwehrmann mit den Grundlagen des Wasserdienstes auseinander:
• Kenntnisse über richtiges Verhalten am Wasser
• Das Fahren mit der Weidzille auf stehenden und fließenden Gewässern
• Das Übersetzen von Gewässern
• Das Auffangen und Bergen von Schwimmkörpern mit Booten ohne maschinellen Antrieb
Die Ruderzille ist aus Fichtenholz hergestellt und hat eine Länge von 7 m. Die Zille wiegt im trockenen Zustand ca. 150 kg. Die zulässige Höchstbelastung beträgt 600 kg (7 Mann). Die Besatzung einer Zille besteht aus dem Kranzl- und dem Steuermann, dieser ist gleichzeitig Kommandant der Zille und für den Einsatz des Wasserfahrzeuges und dessen Passagiere verantwortlich.

Um bei einem Wasserdiensteinsatz auf der Mur eine möglichst kurze Interventionszeit (Zeitspanne zwischen Alarmmeldung und Einleiten von Maßnahmen am Einsatzort) zu erreichen, sind im Grazer Stadtgebiet vier Weidzillen an einsatztaktischen Standorten an beiden Murufern stationiert (Lendkai, Grieskai und Marburger Kai). Zusätzlich stehen für den Einsatz von motorbetriebenen Feuerwehrbooten sechs Slipstellen zur Verfügung.

Hartes Training für den Feuerwehrmann!

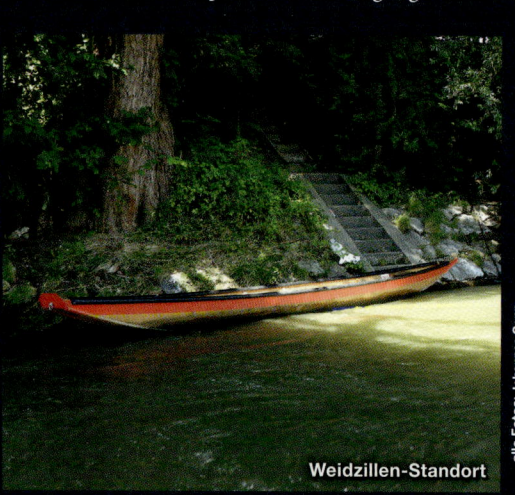

Weidzillen-Standort

alle Fotos: Johannes Gepp

„Und Schuuub..."!

Grünkorridor Mur

Der Murfluss in Graz hat viele Prädikate. In der steirischen Landeshymne wird das „Atlasband" der grünen Mur in Graz besungen. Viele sehen in ihr die „Lebensader", die das großstädtische Kleinklima mildert. Der Stadtfluss ist ein „Grünkorridor", der einzig intakte der Landeshauptstadt (Grünes Netz Graz, Stadt Graz, Stadtbaudirektion, 2006). Aus der bunt bebilderten Broschüre der Stadtbaudirektion: *„Der Grünkorridor Mur durchquert die ganze Stadt und ist deshalb besonders wichtig. Zum Grünkorridor gehören der Fluss selbst, seine Uferböschungen sowie die angrenzenden kleineren und größeren Grün- und Freiflächen. Er ist Lebensraum für Fauna und Flora, hat entscheidenden Einfluss auf das Stadtklima, ist stadtweit relevanter Erholungs- und Freizeitraum".* Die Mur durchquert Graz in Nord-Süd-Richtung. Sie ist Trennlinie und Verbindung zugleich. Sie teilt die Stadt in westliche und östliche Stadtteile, verbindet aber zugleich mehrere Bezirke miteinander und stellt die Verbindung zum Umland her. (*Johannes Gepp*)

Radetzkybrücke

500 Meter südlich der „alten Murbrücke", dem ersten Grazer Brückenstandort, wurde 1787 die „Neue Murbrücke" eröffnet. Ihre Aufgabe war es die wachsende Murvorstadt im Westen besser an das Stadtzentrum anzubinden. Nachdem sie kurze Zeit den Namen „Untere Murbrücke" getragen hatte, wurde sie 1852 in „Radetzkybrücke" umbenannt. 1898 substituierte eine Eisenkonstruktion mit einem Fahrbelag aus in Beton verlegtem und so nicht entwässertem Holzstöcklpflaster diese Holzbrücke. Das wenig widerstandsfähige Fichtenholz wurde, ganz im Sinne moderner Bauchemie mit Teer und Chlorzinklauge imprägniert. Nach fast hundert Jahren und vielen Sanierungen hatte die Eisenkonstruktion 1993 ihr Ende. Die 1994 fast um das Doppelte verbreiterte neue Brücke durfte den Namen beibehalten, und strahlt durch die Verwendung historischer Elemente im Charme vergangener Zeiten. Heute ist die Radetzkybrücke eine der frequentiertesten Brücken der Innenstadt (BISCHOF 2015). (*Romana Ull*)

Die Radetzkybrücke mit Blick auf die Innenstadt (um 1910)
© Archiv Kubinzky

Im Hintergrund der Grieskai

Radetzkybrücke und winterlicher Schlossberg

Störsteine für Wassersportler

alle Fotos: Johannes Gepp

Radetzkybrücke

Marburger Kai
mit Landesgericht von der Radetzkybrücke aus gesehen

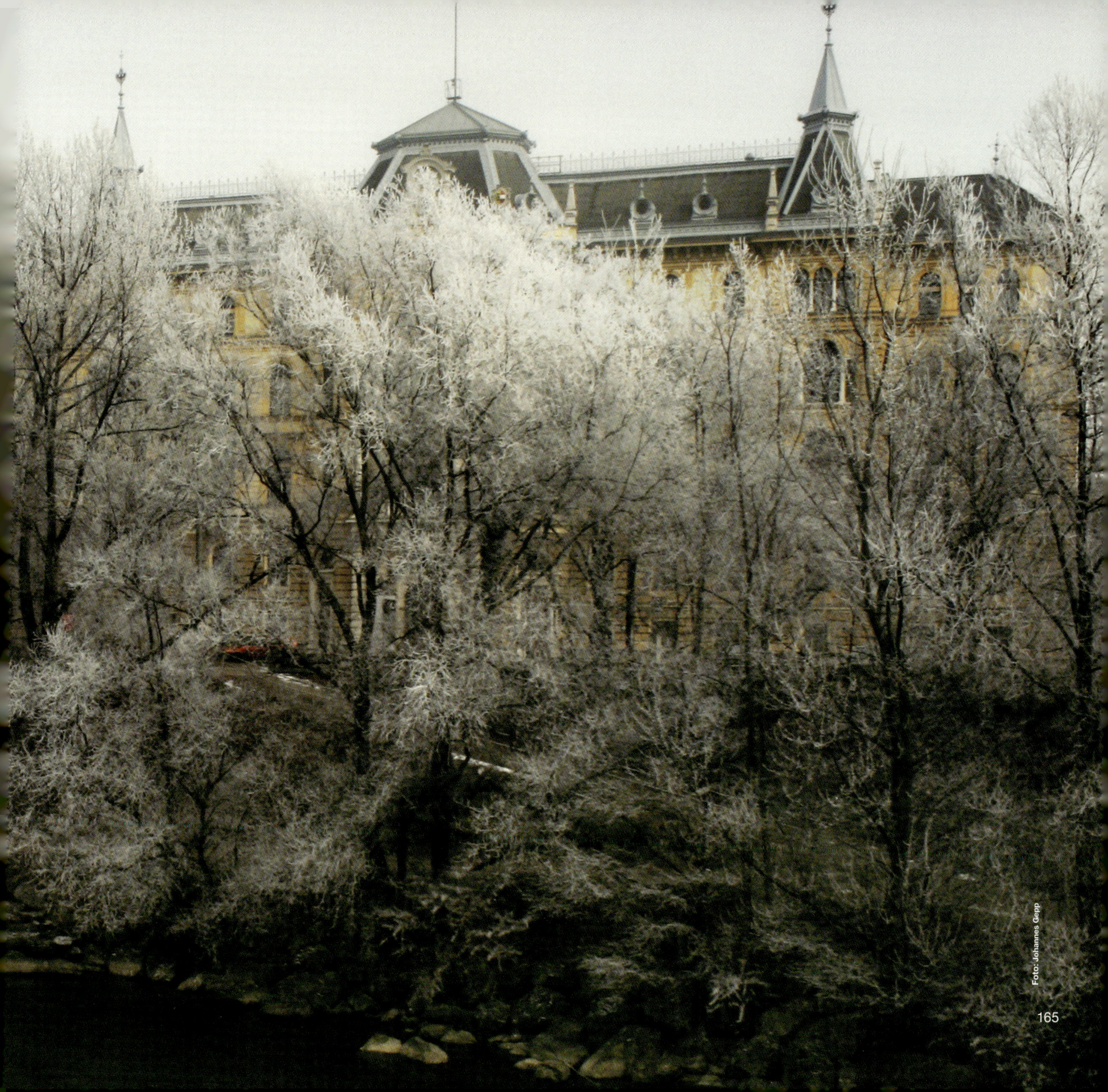

Foto: Johannes Gepp

Foto: Johannes Gepp

Blick von der Radetzkybrücke flussabwärts zur Augartenbrücke – links eine der weltbesten Terminator-III-Wellen für Kajak-Freestyle

Rauschende Wellen

Die schmal in ihr Grazer Flussbett eingesägte Mur zeigt die Fließgeschwindigkeit eines Gebirgsflusses. Vor allem die Kielwellen vor und nach Brücken sowie bewusst platzierte Wasserbausteine türmen Gischtkronen auf. Das Platzen Tausender winziger Wasserbläschen erzeugt bei unterschiedlichen Frequenzen eine Überlagerung von Schallwellen, die wir als Rauschen wahrnehmen. An einigen Stellen der Grazer Mur kann man – vor allem bei Hochwasser – sogar sich überschlagend brechende Wellen beobachten. (*Johannes Gepp*)

Making Of

© F. Keppel

Fotos: Richard Kunz

169

Foto: Gernot Kunz

Murwirbel

Wassersport

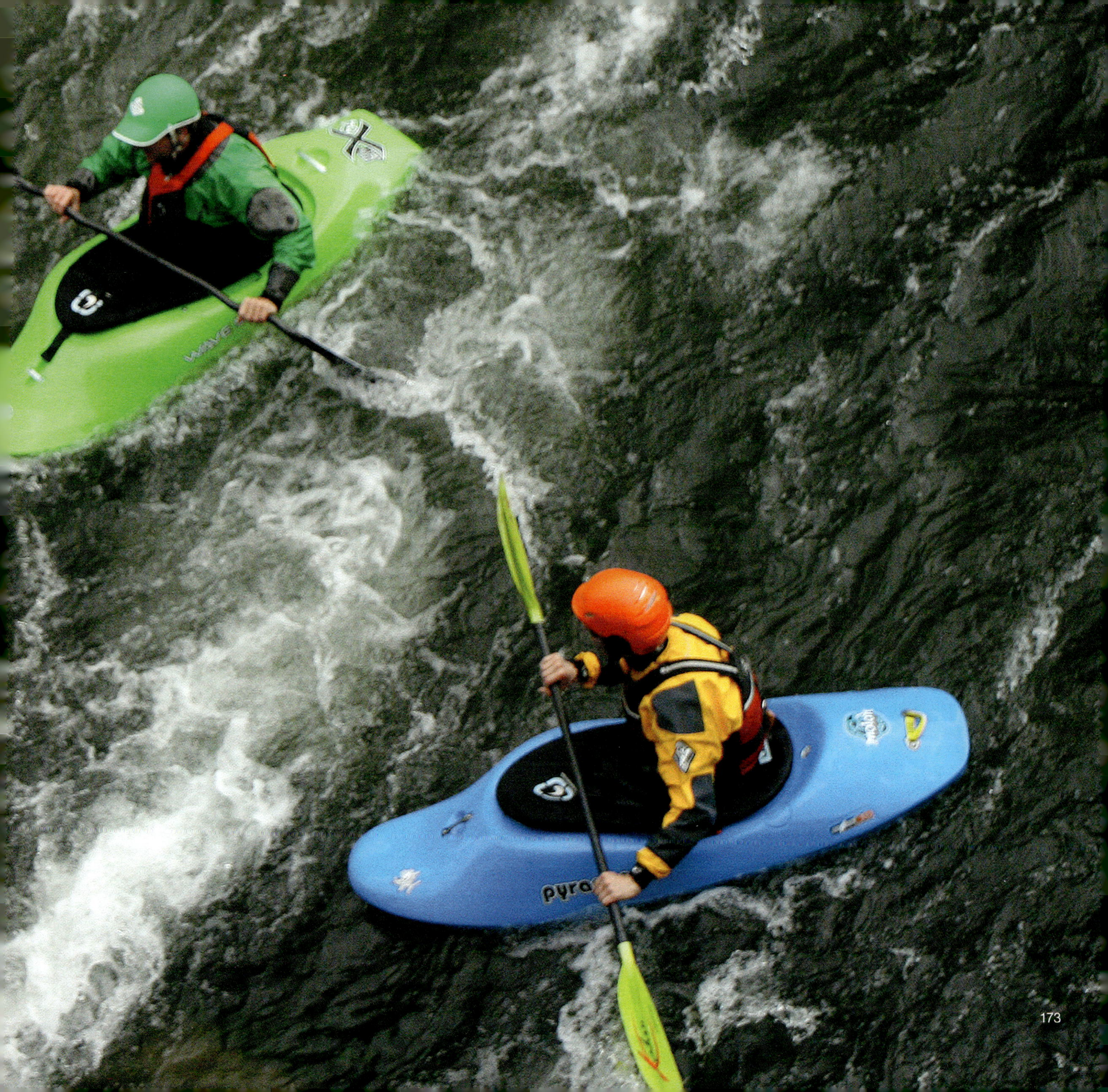

Kajaksport in Graz und an der Mur

Jakob Batek

Die Mur bietet mit ihrem Gefälle von Weinzödl bis nach Puntigam eine interessante innerstädtische Strecke, die von WassersportlerInnen genutzt werden kann und wird. Das macht den steirischen Landesfluss in der Landeshauptstadt auch so besonders: Keine andere Landeshauptstadt hat im Stadtgebiet Wildwasser!

Die heimische Kajakszene tummelt sich deshalb gerne in verschiedenen Bauarten des Kajaks und des Canadiers in den Stromschnellen und den Stufen von Graz. Sei es zum sportlichen Vergnügen oder dem ambitionierten Training für einen Wettkampf; die Mur bietet vieles, wofür man andernorts weit fahren muss.

An den eigens gebauten Stufen bei Haupt- und Radetzkybrücke toben sich Freestyle-KajakerInnen aus und probieren spektakuläre Tricks wie Spins, Loops und Space-Gozillas, die für den Laien eher wie ungewolltes Umfallen aussehen, aber äußerst schwierige und komplexe Bewegungsabläufe für eine erfolgreiche Ausführung erfordern.

Für Wildwasser-KajakerInnen dient die Stadtstrecke zu Trainingszwecken oder AnfängerInnen nutzen sie als erste Bewährungsprobe. Die Schwallstrecken unter den Brücken können mit ihren Wellen und ihrer hohen Fließgeschwindigkeit schon für eine Kenterung sorgen, aber mit versierten BegleiterInnen werden die SchwimmerInnen und das Material geborgen. Die ruhigeren Bereiche zwischen den Schwallstrecken ermöglichen den PaddlerInnen einen völlig anderen Blick auf Graz, quasi das Gegenstück zur Vogelperspektive. So gelingen den vielen TeilnehmerInnen verschiedener Kursangebote erfolgreich die ersten Schritte in diesem faszinierenden Sport.

Zu den häufigsten NutzerInnen der innerstädtischen Mur zählen die Mitglieder der ortsansässigen Vereine, die sich ganz dem Kanusport verschrieben haben. Das sind der Grazer Kajakclub Wikinger, der schon seit 1922 besteht, der Kanu Club Graz mit seinen rund 140 aktiven Mitgliedern und die Paddelgruppen der beiden großen alpenländischen Vereine, des Alpenvereins und der Naturfreunde. So findet man beim Spaziergang entlang der Mur immer wieder KanutInnen im Wasser, die mit ihren bunten Booten flussabwärts unterwegs sind und freundlich grüßen. Verschiedene Anlässe führen zu regen Aktivitäten auf der Mur: An jedem zweiten Vollmond werden die Kajaks mit Leuchtstäben ausgestattet, worauf sie in der Dunkelheit von Weinzödl bis zum Stadtbootshaus unterhalb der Tegetthoffbrücke paddeln. Oder kurz vor Weihnachten, wenn es schon recht kalt ist, warten bereits Glühwein und Kekse beim Bootshaus. Da nimmt man die Kälte gern in Kauf. Zu Silvester schlussendlich wird das alte Jahr mit einer Bootsfahrt verabschiedet; lässt es sich besser ins neue Jahr rutschen?

Grazer SportlerInnen konnten wesentliche Erfolge bei internationalen Bewerben erzielen: Helmut Bernhard hat die erste WM-Medaille 1969 in der Wildwasser-Regatta-Mannschaft gewonnen. 1974 gründete er einen Sportclub mit dem Sponsornamen „Kastner & Öhler Sportclub". Nach dem Ausstieg von K&Ö im Jahr 1997 wurde dieser Verein nach 24 Jahren in „Kanu Club Graz" umbenannt. In dieser Zeit wurden von Gerhard Peinhaupt drei und von Uschi Profanter vier Weltmeisterschaftstitel gewonnen. Uschi Profanter gewann auch vier Mal den Gesamtweltcup im Flachwasser-Sprint. Von 1992 bis 2000 nahmen Manuel Köhler im Wildwasser-Slalom und Uschi Profanter im Flachwasser-Sprint drei Mal an den Olympischen Spielen teil. Julia Schmid errang im Wildwasser-Slalom C1 bis 2015 insgesamt sechs Europameisterschafts- und Weltmeisterschafts-Medaillen mit zweiten und dritten Plätzen. Peter Draxl gewann 2015 den Gesamtweltcup in der Wildwasser- Regatta im C2. In Sachen Kajak-Freestyle ist die Mur mit ihren Wellen international bekannt. 2003 wurde unter der Erzherzog-Johann-Brücke auf der Terminator-III-Welle die Kajak-Freestyle-Weltmeisterschaft abgehalten. Die Welle unter der Radetzkybrücke war lange Zeit eine der besten Wellen der Welt, viele internationale Bewerbe wurden regelmäßig abgehalten und lockten viele internationale TeilnehmerInnen an. Das bekannte „Kajak Freestyle Graz" wurde 2015 um eine Facette reicher: den Boatercross! Dabei starten 4 TeilnehmerInnen gleichzeitig auf einer Strecke mit Toren und Hindernissen und es kommen nur die besten zwei in die nächste Runde. Dieses Format ist für ZuschauerInnen und PaddlerInnen gleichermaßen spannend, weil die FahrerInnen nicht nur paddlerisch fit sein, sondern auch eine gute Taktik mit ins Rennen bringen müssen.

Fotos: Johannes Gepp

Kajaks beim Start von der Rampe

Voller Einsatz bei jeder Torstange

Kajaks vor der Erzherzog-Johann-Brücke

Grazer Kajakklub Wikinger

Georg Deutschbein

Die Gründerväter des Grazer Kajakklubs waren schon 1912 mit ihren Booten auf der Mur rund um Graz unterwegs. Und dies damals mit großteils selbst gebastelten Booten, die aus einem mit Stoff überzogenen Holzrahmen bestanden. Die Bezeichnung Hadernkahn lässt etwas von der Bauweise dieser Boote durchklingen. Die Boote waren naturgemäß sehr empfindlich und die Mur ein reines Wildwasser. Oftmals eine fatale Kombination.

Im Laufe der Jahre wurde die Mur durch diverse Kraftwerksbauten gezähmt und die Boote robuster. Die Faltboote wurden von Polyesterbooten abgelöst und in späterer Folge dann von den noch unempfindlicheren Plastikbooten.

1958 wurde der Verein der Wikinger gegründet und das Murwärterhaus am Marburgerkai dem Verein zur Nutzung überlassen. Dieses konnte durch ein Bootslager erweitert werden und steht seitdem unverändert in Verwendung. Zu dieser Zeit wurde auf der Mur von unseren RennsportlerInnen eifrig trainiert, um für nationale und internationale Wettkämpfe bestens gerüstet zu sein. Die mehrmaligen Weltmeister Uschi Profanter und Gerhard Peinhaupt haben hier ihre allerersten Trainingskilometer abgespult.

Georg Deutschbein mit Wanderkajak
© G. Deutschbein

Durch den Bau von Kläranlagen für die Stadt und die Industrie längs der Mur kann sie mit Fug und Recht wieder als reines Wildwasser bezeichnet werden. Die Wildheit hatte durch die Staubereiche der Kraftwerke zwar sehr gelitten, aber in Graz blieb ein Teil des ursprünglichen Wildwassers erhalten, auf dem sich die Mitglieder des Kanuklubs mit ihren Rodeobooten spektakulär in Szene setzten konnten und können.

Bei den Wikingern hat sich das Interesse vom Wildwasserpaddeln etwas hin zum Streckenpaddeln verschoben. Für viele von uns sind daher die Stauseen auf der Mur das eigentliche Trainingsareal. Dazu werden wieder Boote eingesetzt, die etwas mehr an die alten Faltboote erinnern, nur sind auch hier ihrer Robustheit wegen überwiegend Kunststoffboote im Einsatz.

Die Mur im Grazer Raum bleibt aber auch für uns das Haupttrainingsareal für Fahrten und Wasserwanderungen im In- und Ausland.

Stadtquerung im Schlauchboot

Kanuten am Gössendorf Stausee

7er-Schlauchboot bei Andritzbachmündung

Fotos: Johannes Gepp

„Murtreiben"

Foto: Johannes Gepp

„ ... die perfekte Welle"

Murwellenreiten

Insbesondere südlich der Radetzkybrücke bewirken versenkte Flussbausteine „stehende" Wellen. Wenn Wassermengen und Fließgeschwindigkeit hier zusammenpassen, bildet sich eine sogenannte „grüne" – das bedeutet eine gut surfbare – Welle. Zuerst nähert sich der durch Neopren geschützte Surfer liegend und paddelnd dieser grünen Welle, richtet sich mit dem von der Brücke hängenden Seil auf (Take Off) und balanciert schließlich nach Freilassen des Seiles „riversurfend" mit Blickrichtung flussaufwärts, „auf der Welle schwebend".
(*Johannes Gepp*).

alle Fotos: Johannes Gepp

Riversurfing

Augartenbrücke

Die 1976/77 errichtete Augartenbrücke ist eine der jüngsten Stahlbetonbrücken von Graz. Sie begrenzt den nördlichen Rand der Parkanlage Augarten, den einzigen Rest der ehemaligen Mur-Auenlandschaft in der Stadt Graz.

Die Farben der Mur

Johannes Gepp

Je nach Wasserführung, Jahreszeit und Feinsedimenten erscheint die Grazer Mur in unterschiedlichen Farbtönen: bei strahlend blauem Himmel ebenso blau spiegelnd, am Abend und an Tiefstellen grünlich und direkt gegen die Sonne weiß bis rötlich schimmernd. Bei Hochwasser haben wir im ersten Schwall meist große Mengen an Baumstämmen und Zweigen, die flussabwärts, locker an Ufern liegend, abgeschwemmt wurden. Etwas später folgen braune Ackersedimente, die durch Nebenbäche in das Murwasser vermischt wurden. Bei allmählicher Schneeschmelze im Frühjahr dominiert mitunter eine trübe, milchige, graue Färbung.

Bei niederem Wasserstand und klaren Fluten kann man bis zum Grund des Flusses durchblicken, wo im Sommer zeitweise flächig grüne Fadenalgen flottieren. Auf den großen, kaum bewegbaren Murnockerln und Grundfelsen haben sich dunkelgrüne Moose angesiedelt, an ufernahen Stellen auch hellgraue Feinsedimente schlammig abgelagert. Für den Fotografen mit Polarisations-Filtern erweist sich die Mur zeitweise bis in alle Tiefen durchschaubar.

Das deutet auf eine großteils gute Wasserqualität hin! Das war nicht immer so! In der ersten Hälfte des 20. Jahrhunderts war die Mur durch häusliche Abwässer belastet und schließlich in der zweiten Hälfte durch Industrieabwässer überlastet. Zwischen 1970 und 1980 war die Misere nicht mehr zu übersehen: Die Mur schäumte, stank und war gesundheitsgefährdend. In einer Kraftanstrengung haben Metall-, Zellstoff- und Papierindustrie, und die steirischen Kommunen die Mur bis heute in Graz zu einer guten Wasserqualität geführt. Mit EU-Güteklasse II ist der Grazer Flussabschnitt heute fast im Optimum. Beeinträchtigt wird die Qualität bei Starkregen durch eingeschwemmte Feinsedimente und durch Schlammablagerungen, die aus den großen Murstauen oberhalb, also nördlich von Graz, stammen.

Die Stauseen der Mur-Wasserkraftwerke verschlammen und werden dann durch Hochwasser-Spülungen vom Schlamm befreit. Das ist eine der größten Katastrophen für die heimische Fisch- und Wasserlebewelt. Tausende Tonnen Feinschlamm verkleben die Kiemen der Fische und führen zu deren Absterben. Die schmale Führung des Murflusses durch Graz bewirkt, dass sich hier kaum Stauschlämme ablagern. Sie werden über weitere Murstaue schließlich nach Slowenien verfrachtet, wo sie großflächig die dortigen Auwälder verlegen. In Slowenien und Kroatien leiden darunter besonders die mit EU-Mitteln reaktivierten Flussaltarme, die dadurch verschlammt aufgefüllt werden.

Fahler Himmel – blaues Wasser (siehe links), blauer Himmel – hellgrüne Mur

„Brücken-Besetzer?"

Nebelidylle bei der Augartenbrücke

Foto: Johannes Gepp

Vereiste Mündung des Grazbaches

Tor zur Unterwelt

Johannes Gepp

Einige der ostseitigen Grazer Bäche wurden in unterirdische Kanalsysteme verbannt und erblicken erst am Murufer wieder das Tageslicht.
Darunter auch der Grazbach, der im Nahbereich des Augartens mündet. Graffiti-Künstler nützten seine Kanalwände für ihre Bildersprache und mancher Aussteiger übernachtet im Inneren. Im Winter zeigen sich im Mündungsbereich bizarre Eistürmchen in sich stetig wandelnder Form. Bei extremen Wintertemperaturen und geringem Wasserstand bildet sich zwar selten, aber beachtenswert plattenförmiges Treibeis. Die offizielle Muruferpromenade endet nördlich der Augartenbrücke. Mutige Freunde der Mur queren den Grazbach über einen improvisierten Brettersteg und wagen sich einige Meter entlang der steillagigen Uferböschung. Durch den Augarten-Begleitweg direkt oberhalb der Böschung ist hier kein weiterer flussnaher Promenadenweg erforderlich.

„Efeuzapfen"

Treibeis bei Extremkälte

Tor zur Unterwelt

„Lichtblick"

Kavalier an der Grazbach-Mündung

Kanalbewohnende Wanderratte

Städtischer Augarten

Johannes Gepp

Mit 75.000 m² Fläche ist der Augarten ein bedeutender städtischer Freiraum, mit neu gestaltetem Kinderspielbereich auch für unsere Kleinsten. Der prächtige Baumbestand leidet an Überalterung und städtischen Umwelteinflüssen, sodass holzbewohnende (lignicole) Pilze wie der Schwefelporling oder der Brandkrustenpilz an der Vitalität der Bäume nagen. Das städtische Baumschutzreferat hat einen Teil der abgestorbenen Bäume als Holzbiotop stehen oder liegen gelassen und weiteres Biotopholz für das Schutzgebiet „Hauenstein" des Naturschutzbundes zur Verfügung gestellt.

Eisblumen bei der Grazbachmündung

Insektenhotelbauen mit Jugendlichen

Augartenriesen im Murnebel

alle Fotos: Johannes Gepp

Der Garten in der Mur-Au

Karl A. Kubinzky

Südlich der Altstadt („Innere Stadt") und nahe der Mur blieben die Grünflächen bis in die zweite Hälfte des 19. Jahrhunderts fast ohne Bebauung. Eine wichtige Ursache dafür war die Angst vor den Hochwasserständen des Flusses. Ein Rest dieser Freiflächen – allerdings zu einer menschengesteuerten Parklandschaft verändert – ist unser heutiger Augarten.

Als Ende des 18. Jahrhunderts Graz durch kaiserliches Dekret zur „Offenen Stadt" wurde und nicht mehr eine Festungsstadt war, wurden die Festungswerke und Freihaltungsflächen (siehe Glacis und Stadtpark) aufgelassen. Die Zimmermeisterdynastie Ohmeyer, die dort wohnhaft war, wo sich jetzt in der Radetzkystraße das Bezirksgericht befindet, erwarb nun große Grundstücke in diesem Bereich. So wurden diese Flächen auch als Ohmeyerpark bezeichnet. Nördlich davon befand sich ein Holzlagerplatz, an den noch der Name „Zimmermannplatz" erinnert.

Bis 1904 war der Grazbach ein offenes Gewässer, das deutlich weiter südlich als heute in die Mur mündete. Um 1890 gab es einen Deal zwischen der Stadt Graz und der Gemeindesparkasse. Die Sparkasse erwarb und die Stadt pachtete die Grundstücke Ohmeyers. 1896 beschloss der Gemeinderat, dass diese Fläche – der Augarten – für alle Zeiten von der Verbauung ausgeschlossen und „zur künftigen Anlegung eines Naturparks im Style des Wiener Praters als allgemeiner Erholungsort in Aussicht genommen werde". Dass dies nicht eingehalten wurde, ist offensichtlich – insbesondere seit den Neubauten an der Ecke Grazbachgasse-Friedrichgasse.

Der Augarten – ein Park ähnlich dem Volksgarten – war immer eine Stätte der Sportausübung und der lokalen Geselligkeit. Ein künstlicher kleiner Hügel erfreute früh kindliche Rodelfahrer. Hier wurden jene Fußballspiele ausgetragen, die zur Gründung des Vereins „STURM GRAZ" führten.

1930 entstand im Südteil des Augartens ein Bad, das seit 1913 geplant wurde. Übrigens war für den jungen und noch nicht etablierten Arnold Schwarzenegger hier die Stelle eines Bademeisters angedacht. 1951–1953 wurde der Augarten moderner und besucherfreundlicher gestaltet. Im Jahr 2002 entstand am Ostrand des Parks das Kindermuseum Frieda und Fred.

Mit seinen 75.000 m² ist der Augarten – nach Schloßberg und Stadtpark – die drittgrößte öffentliche Parkanlage der Stadt Graz.

Der Augarten aus der Sicht einer Drohne

Wassertrinkende Kinder im Augarten um 1910

Links vorne der Augarten mit dem südlich anschließenden Augartenbad und der Bertha-von-Suttner-Friedensbrücke sowie der Eisenbahnbrücke

Der Augartensteg verbindet seit 1998 die an Grünflächen arme Region um den Grieskai mit dem Augarten. Seither ist die von Herwig Illmaier geplante linsenförmige Brücke nicht nur für spielende Kinder und Erholung suchende Erwachsene ein stark frequentierter Fußsteg, sondern auch für die fahrradfröhnenden Grazer eine willkommene Querungsmöglichkeit.

Drohnenstart vom Augartensteg

Augartensteg

Verwilderte Obstbäume

Melitta Fuchs

Im Spätsommer und Herbst ist man erstaunt, am Ufer der Mur fruchtende Obstgehölze vorzufinden, insbesondere Kriecherln in den Farben Gelb, Rot und Blau, sowie Apfelbäume unterschiedlicher Arten. Etwas früher reifen bereits Vogelkirschen, Süßkirschen und Weichseln. Ihre Samen wurden durch Tiere verbreitet, aus Gärten angeschwemmt oder wohl auch „ausgespuckt und angewachsen".

Die Walnüsse der anrainenden Nussbäume werden von Krähen und Eichhörnchen geerntet. Während letztere die Walnüsse aufnagen oder zu spalten vermögen, lassen Krähen diese über nahe Asphaltflächen oder Hausdächer fallen, damit sie aufspringen. Besonders schlaue Krähen legen sie auf Zebrastreifen, wo sie von Autos überfahren und bei „Grün" ungefährdet aufgepickt werden können.

Im Frühjahr tragen die duftenden weißen Blüten von Obstbäumen und -sträuchern zum Blütenschmuck und zum Nahrungsangebot für Bienen und andere Insekten bei.

Kriecherl rot

Kriecherl gelb

Kirschblüten

Kriecherl blau

Pflaumenblüten

Zwetschkenverwandschaft

Kriecherl marmoriert

alle Fotos: Johannes Gepp

Foto: Johannes Gepp

Zierapfel

Wildobst

Wasserinsekten

Steinfliege, soeben aus der Nymphenhülle entschlüpft

Unterwasserwelt Mur

Steven Weiss & Laura Pabst

Die frei fließende Mur in Graz steckt voller Leben – eine Unterwasserwelt aus vielen Arten, die von Unbeteiligten kaum bemerkt wird. Das Wasser ist sauerstoffreich und der Untergrund, mit seinen mittelgroßen bis großen Steinen, bietet durch unzählige Zwischenräume, Winkel und Spalten ideale Verstecke für Tiere. Die biologische Basis für dieses System bilden fotosynthetisch aktive Organismen, wie Cyanobakterien und Algen, sowie Bakterien- und Pilzaufwuchs, welche die Steine bedecken und eine Unterwasser-Weidelandschaft für „grasende" Insekten und Krebstiere bieten. Fast jeder Fels in der Mur ist das Zuhause für nur wenige oder aber Hunderte kleine Tierchen. Diese Gemeinschaft an Tieren nennen wir „Makrozoobenthos". Die Diversität und Dichte dieser Organismen reflektieren die Gesundheit und Qualität eines Flusses und diese bilden wiederum die Nahrungsgrundlage für die im und am Fluss lebenden Fische, Vögel, Säugetiere und Reptilien.

Die am häufigsten in der Grazer Mur vorkommenden Tiere sind die Flohkrebse. Der ursprünglich nicht aus Europa stammende und sich von Aas ernährende Signalkrebs lebt als größtes wirbelloses Tier am Grund des Flusses. Da er weitgehend nachtaktiv ist und sich tagsüber zwischen großen Felsen versteckt, wird er jedoch nur selten erblickt. Unter den bekanntesten Insektengruppen finden sich Steinfliegen, Eintagsfliegen und Köcherfliegen, von denen viele als Indikatoren für relativ sauberes, sauerstoffreiches und fließendes Wasser gelten. Die Larven- und Nymphenstadien dieser Insekten gewährleisten eine ganzjährige Futterversorgung für den Fischbestand. Mit dem Übergang ins Erwachsenenstadium, wenn sie ans Ufer krabbeln, an der Wasseroberfläche schweben oder über der Mur in die Bäume fliegen, werden sie auch zur Lieblingsmahlzeit von Vögeln und Fledermäusen.

An einem warmen Frühlingstag kann man von jeder Brücke in Graz oder entlang der Murpromenade große Stein- und Eintagsfliegen sehen, manche gelb, manche blau, manche braun, wie sie flussaufwärts fliegen, auf der Suche nach einem Paarungspartner. Das ist eine für ein urbanes Umfeld seltene Beobachtung – und wird von ungeschulten Augen kaum beachtet. Die größten aquatischen Insekten in der Grazer Mur sind einige Steinfliegenarten, wie *Perla grandis*. Wenn diese Tiere schlüpfen, sind Forellen, Äschen und Barben in Aufruhr, da es sich dabei um eine sehr begehrte Beute handelt. Mit etwas Glück kann man entlang der Flussbänke Wasseramseln beobachten, wie sie übers Wasser hinausfliegen, um eine Steinfliege zu fangen, und sich dann auf einem Felsen niederlassen, den Schnabel gefüllt mit einem hellgelben Leckerbissen.

Vor Jahrzehnten, als die Mur unter starker Wasserverschmutzung litt, konnte man viele dieser Insekten in der Grazer Umgebung nicht mehr finden. Durch die Investition von Millionen Euro in Kläranlagen ist die Wasserqualität der Mur enorm gestiegen und die makrozoobenthische Lebensgemeinschaft hat sich komplett erholt. Die Tiere haben die Mur aus Abschnitten oberhalb von Judenburg, wo es nie eine starke Verschmutzung gab, wiederbesiedelt. Auch kleine Zubringer, wie der Andritzbach, welche mit sauberem kaltem Quellwasser gespeist werden, waren der Ursprung für die Wiederbesiedelungen.

Steven Weiss: *„Vor ein paar Jahren, an einem warmen Abend im August, saß ich im Gastgarten eines Grazer Innenstadt-Cafés entlang der Mur. Es war spät, nach 22 Uhr, als ich bemerkte, dass das Licht der Straßenlaternen und auch einiger Laternen am Gehweg nahe dem Café gedimmt wurde. Zuerst dachte ich, es gäbe ein Problem mit der Stromversorgung, aber als ich mir neugierig eine der Laternen am Gehweg aus der Nähe anschaute, sah ich, dass diese mit frisch geschlüpften dunkelblauen bis grauen Eintagsfliegen, der sogenannten Rheinfliege (Oligoneuriella rhenana), bedeckt war."* Es gibt keine aktuellen Aufzeichnungen über diese rätselhafte Eintagsfliegenart in Graz! Sie schlüpft in Massen (Massenschlupf) und ist bekannt dafür, dass sie saubere, kalte und schnell fließende Flüsse bevorzugt. An diesem Abend in Graz waren Millionen dieser Insekten auf den Laternen und in den Bäumen in der Nähe des Wassers unterwegs. Sie leben nur wenige Stunden, in welchen sie einen Paarungspartner suchen und ihre Eier wieder in die Mur ablegen. Die Nymphen dieser Insekten sind Filtrierer und tragen damit wie so viele der anderen Organismen, die zwischen den Steinen der Mur leben, beträchtlich zur Säuberung des Wassers bei. Das ist die sogenannte Selbstreinigungskraft eines Flusses. Schnell fließende Flüsse, mit moosbedeckten Felsen und vielen Wirbellosen, haben eine hohe Selbstreinigungskraft, weil sie das feine organische Material, welches flussabwärts treibt, aufarbeiten – eine natürliche Kläranlage.

Flohkrebse

Leben auf und unter MurnockerIn

MurnockerIn mit Larven der Eintagsfliegen

Eine artenreiche Gruppe an der Mur sind die Köcherfliegen. Sie ähneln in ihrer optischen Gestalt Nachtfaltern und sind bekannt für ihre außergewöhnlichen Behausungen, in welchen die juvenilen Tiere leben. Manche dieser Wohnröhren bestehen aus Steinen, manche aus kleinen Ästen, manche aus Pflanzen – jede Art hat ihre eigene unverwechselbare Architektur. Manche bauen sogar kleine spinnennetzartige Gebilde in der Strömung der Flüsse – auch hier wieder, um Partikel organischen Materials aus dem Wasser zu filtern. Andere grasen Algen von Felsen oder zerkleinerten Blättern ab. Wieder andere sind sogar Räuber, die sich von kleineren Unterwasserinsekten ernähren.

Steven Weiss: „In den letzten Jahren habe ich immer wieder junge Studierende zur Mur geschickt, um diese Insekten zu sammeln und Aufzeichnungen über sie anzufertigen." Jedes Jahr werden Arten gefangen, die in den Jahren davor nicht gesichtet wurden. Wir wissen also immer noch nicht, wie viele dieser Arten tatsächlich direkt vor unserer Tür an der Mur leben. Wir schätzen, dass es, wenn alle Gruppen mit einbezogen werden, vielleicht 100 oder sogar 200 Arten von aquatischen Großwirbellosen sein könnten. Vielleicht werden wir es nie genau wissen.

Was wir mit Sicherheit sagen können, ist, dass das System wieder zum Leben erwacht ist, mit einer funktionierenden Nahrungskette von der Alge bis hin zu Großräubern, wie dem Huchen oder dem Fischotter. Die Grazer Mur, in ihrer Vielfalt und Lebendigkeit, ist daher ein wahres Kleinod für Österreichs zweitgrößtes Stadtgebiet – solange das Wasser schnell und sauber über die Steine und Felsen am Grunde des Flusses fließen darf.

Rheinfliege (*Oligoneuriella rhenana*)

Maifliege (*Rhithrogena germanica*)

Männliche *Baetis*-Eintagsfliege mit goldfarbenen Turbanaugen

Zwei unterschiedliche Eintagsfliegenlarven (linkes Bild und oben)

Eintagsfliegen

Empfindlich gegen Wasserverschmutzungen zeigen Eintagsfliegen (Ephemeroptera) eine zumindest gute Wasserqualität an. Sie sind als Larven meist ein Jahr lang in Entwicklung, um dann – über ein flugfähiges Nymphenstadium – als grazile Eintagsfliegen zu entschlüpfen. Das Leben der flugfähigen Eintagsfliegen dauert tatsächlich nur Stunden bis wenige Tage, bei der Rheinfliege nur Minuten. Sie nehmen keine Nahrung auf, paaren sich und legen Eier direkt ins Wasser ab.

Steinfliegen

Steinfliegen (Plecoptera) sind eher unscheinbar gefärbte Insekten, deren vier Flügel in Ruhe flach übereinandergelegt werden. Ihre flach gebauten Larven entwickeln sich über ein bis mehrere Jahre in sauberen Fließgewässern. Typisch für die Steinfliegenlarven sind die zwei Schwanzfäden und die vier Flügelanlagen. In der Mur sitzen die Larven meist unterhalb von Steinen – an diese flach angepresst.

Perlodes-Steinfliege (*Perlodes microcephalus* cf.) nach der Flügelentfaltung

Steinfliege der Gattung *Leuctra*

Riesen-Steinfliege der Gattung *Perla*

Steinfliege (*Perlodes microcephalus* cf.) mit ausgehärteten Flügeln

Steinfliegenlarve (*Dinocras cephalotes*)

Köcherfliegen

Die eher nachtaktiven Köcherfliegen (Trichoptera) tragen ihre meist unscheinbar gefleckten Flügel in Ruhe dachförmig. Ihre Wasser bewohnenden Larven sind namensgebend – viele Arten bauen mit Klebseide, Steinchen oder Pflanzenteilen Röhren, in denen sie sich zurückziehen. Die meisten Arten bewohnen als Larven Fließgewässer, nagen an Algen, zersetzendem Fall-Laub oder leben räuberisch.

Puppengehäuse einer Köcherfliege

Köcherfliegenlarve (*Hydropsyche*) Köcher entfernt

Köcherfliege der Familie Hydroptilidae

Köcherfliege der Gattung *Rhyacophila*

Die Köcherfliege *Anthripsodes albifrons*

Moose

Die interessantesten Lebensräume für Moose an der Mur sind Ufersteine entlang der Mittelwasserlinie. Hier ist ein reicher Standort für *Dialytrichia mucronata* (dunkelgrüne Polster), eine seltene Art, die aber entlang der Mur noch sichere Vorkommen aufweist.

Laub- und Lebermoose der Murufer im Stadtgebiet von Graz

Christian Berg

Moose gehören zu den ältesten Landpflanzen der Erde, wenngleich ihr Dasein eher unauffällig für den Passanten ist. Es sind kleine, grüne, urtümliche Pflänzchen, die sich mit Hilfe von winzigen Sporen verbreiten. Als Pionierbesiedler von Erde, Stein und Rinde bereiten sie den Boden für andere Organismen und stellen ein wichtiges Habitat für Kleintiere und Mikroorganismen dar. Eine größere wirtschaftliche Bedeutung haben die Torfmoose, welche entscheidend zur Torfbildung und damit zum Entzug von Kohlendioxid aus der Atmosphäre beitragen. Moose sind Spezialisten im Ökosystem, sie brauchen ganz spezielle, meist sehr naturnahe Lebensbedingungen und sind daher hervorragende Bioindikatoren. Auf der anderen Seite sind sie deshalb auch stärker in ihrer Existenz bedroht als manch andere Artengruppe. An den Menschen hat sich dagegen nur eine sehr geringe Zahl von Moosen angepasst, die dann auf Trockenmauern und Grabsteinen, auf Dächern, in Kulturrasen oder auf offenen Böden in Siedlungsnähe vorkommen. Hier verbreiten sie einen altehrwürdigen Charme und sollten keinesfalls mit „Moos-Ex" und ähnlichen giftigen Substanzen bekämpft werden, nur weil uns jemand einreden will, dass sie „ästhetisch störend" wirken. Kein Moos dieser Welt richtet irgendeinen Schaden an.

Moose verursachen keine Schäden

Moose kann man im weitesten Sinne in Laub- und Lebermoose einteilen, wobei es in Österreich erheblich mehr Laub- als Lebermoose gibt. Die thallösen Lebermoose haben nur einen grünen Thallus und keinerlei Blätter, während sich beblätterte Lebermoose durch eine zwei- oder dreizeilige Blattstellung und durch oft runde oder mehrspitzige Blättchen auszeichnen. Laubmoose haben dagegen meist eine spiralige Blattstellung und einspitzige Blätter, die häufig eine Rippe aufweisen, die bei Lebermoosen nicht vorkommt. Ein wichtiger Unterschied liegt auch in den Kapseln und den Strukturen, mit denen die Kapseln emporgehoben werden, der Seta: Lebermoose haben schwarze Kapseln, die sich mit vier Klappen öffnen, und eine vergängliche, sehr zarte Seta, während Laubmoose durchaus ausdauernde, feste Seten besitzen, sich die Sporenkapsel aber häufig mit einem Deckel öffnet. Moose an der Mur kommen besonders entlang der Mittelwasserlinie vor. Alle festen Substrate, wie große Steine und Blöcke, aber auch Beton- und

Auf feuchter Erde trifft man gelegentlich auf das thallöse Lebermoos Lunularia cruciata. *Sein Verbreitungsschwerpunkt liegt im Mittelmeerraum.*

Direkt an der Wasserlinie ist ein bevorzugter Standort flussbegleitender Moose. Im Bild Dialytrichia mucronata.

Chiloscyphus pallescens *ist ein Vertreter der beblätterten Lebermoose entlang der Mur. Sie wächst auf lehmig-feuchtem Boden in Auwäldern.*

Steinmauern, oder die Wurzeln und Stämme jener Bäume, die regelmäßig vom Flusswasser befeuchtet werden, sind oft von grünen bzw. schwarzgrünen Teppichen verschiedener Moosarten bewachsen. Schaut man bei nicht zu hohem Wasserstand von einer der Innenstadt-Murbrücken auf die Murufer, so kann man schnell diese grünlichen Überzüge wahrnehmen. Sehr schön ist dies auf der Erzherzog-Johann-Brücke z. B. in Richtung Süden zu sehen, wenn am Nachmittag die Sonne das östliche Murufer beleuchtet.

Viele dieser Ufermoose können nur eine begrenzte Zeit austrocknen und verlassen sich darauf, dass der Fluss sie in regelmäßigen Abständen befeuchtet. Reine Wassermoose, die gar nicht austrocknen können, kommen hier nicht vor, dafür ist die natürliche Schwankung eines solchen Flusslaufes wie der Mur an diesem Abschnitt zu groß. Auch Wassermoose erfüllen wichtige Funktionen. Viele kleine Wasserlebewesen nutzen den Schutz vor Strömungen, den Moose bieten, und halten sich bevorzugt in Moosmatten auf. Wie alle grünen Pflanzen tragen sie zur Wasserreinigung und zur Anreicherung des Wasserkörpers mit Sauerstoff bei.

Beeindruckender Artenreichtum

Der Artenreichtum der Murufer ist beeindruckend, obwohl der Fluss in der Innenstadt stark anthropogen überformt und eingetieft wurde. Hier können wir auf den Ufersteinen durchaus seltene Arten wie *Cinclidotus aquaticus* und *Dialytrichia mucronata* neben häufigen Wassermoosen wie *Platyhypnidium riparioides*, *Hygrohypnum luridum* oder *Amblystegium fluviatile* finden. Offene Erdstellen am Ufer werden gern von den Lebermoosen, *Lunularia cruciata* und *Chiloscyphus pallescens*, bewachsen, die zwischen zahlreichen Vertretern der Laubmoose, wie beispielsweise *Plagiomnium undulatum*, *Didymodon spadiceus*, oder *Mnium marginatum* vorkommen. Die Wurzeln und Rinden von ufernahen Bäumen werden von dem Laubmoos *Leskea polycarpa* überzogen, welches charakteristisch für Hartholz-Auen ist.

Insgesamt zeigt die Moosflora des Murufers bei Graz noch eine gute Wasserqualität und eine gewisse natürliche Dynamik des Flusssystems an. Grundsätzliche Eingriffe in das Abflussregime würden zu einer drastischen Verarmung der Moosflora führen.

Ufernahe Bäume, insbesondere alte Weidenbäume, sind ein weiterer spezieller Lebensraum für rindenbewohnende Moose. Die Flussnähe sorgt für ein ganz spezielles Feuchtigkeitsregime und Nährstoffangebot.

Platyhypnidium riparioides ist ein häufiges Ufermoos, welches lange Überstauung benötigt.

Cinclidotus aquaticus gehört zu den bryologischen Besonderheiten des Grazer Stadtgebietes.

Hygrohypnum luridum, hier mit jungen Seten und Sporenkapseln, bevorzugt ebenfalls Standorte, die lange Zeit von Wasser überrieselt werden.

Plagiomnium undulatum ist ein weit verbreitetes Bodenmoos von Wäldern feuchter Standorte.

alle Fotos: Christian Berg

Die bei Niedrigwasser häufig sichtbaren fädigen Vorhänge gehören nicht zu den Moosen, sondern zu den fädigen Grünalgen, beispielsweise der Gattung *Cladophora*. Wie alle grünen Pflanzen tragen sie zur Wasserreinigung und zur Anreicherung des Wasserkörpers mit Sauerstoff bei. Zeitweise färben sie das Murbett grün.

Bertha-von-Suttner-Friedensbrücke
im Hintergrund flussaufwärts der Augartensteg

Am Brückenstandort, der den Schönaugürtel und den Karlauergürtel seit 1882 verbindet, trugen die Brücken bereits vier Namen. Zuerst südliche Murbrücke genannt, wurde die erste Brücke, sie war aus Kostengründen als Holzjochbrücke ausgeführt, in Schlachthausbrücke umbenannt. Die bekannte Eintiefung der Mur aufgrund ihrer Regulierung bescherte dieser Konstruktion nur ein kurzes Leben. Bereits 1914 wegen Einsturzgefahr diskutiert, wurde die Holzbrücke dann 1925 durch eine Eisenkonstruktion ersetzt (BISCHOF 2015). Lärchenstöckelpflaster bildete den Fahrbelag. Die Brücke erhielt den Namen „Schönaubrücke". Sie wurde 1986 durch die Bertha-von-Suttner-Friedensbrücke, eine Stahlbetonhohlkastenkonstruktion, die unter der südlichen Fahrbahn auch einen Fahrradsteg trägt, ersetzt. (*Romana Ull*)

Foto: Johannes Gepp

Ein Blättermeer für ein mildes Stadtklima

Johannes Gepp

Die steilhangigen Ufersäume mit mehrreihigem Baumbewuchs und flächigen Bodendeckern (sogar die Widerlager der Brücken sind – wie im Bild unten – bewachsen) ergeben ein maximales Filternetz gegenüber Feinstäuben der Großstadt. Die mehr als 20.000 großen Murbäume von Graz sowie die unzähligen kleineren Sträucher, aber vor allem auch die oft undurchdringlichen Matten an Bodendeckern bewirken eine maximale Luftfilterung. Demgegenüber haben die Architektenbäume der Innenstadt wie auch die Beserl-Gärten der kleinen städtischen Parks von Graz nicht einmal ein Hundertstel an Wirkung. Bedauerlich ist, dass sich die Stadt Graz mit allen ihren Behörden nicht dieser Problematik mit „Stand des Wissens" stellt. Es liegen seitens der Stadt keinerlei veröffentliche Untersuchungen über die stadtökologische Wirkung der Grazer Mur-Bäume vor und diese wurden auch von den zuständigen Umweltbehörden in Zusammenhang mit Kraftwerksprojekten in und um Graz nicht eingefordert. Es scheint so, als ob den Regierenden unserer Landeshauptstadt die Bäume einerlei und deren ökologische Wirkung belanglos ist. Graz hat ja immerhin den Stadtpark! Ein kühner Vergleich! Denn entlang der Grazer Mur stehen in etwa 25 Mal mehr Bäume als im Grazer Stadtpark. Wer würde es wagen, den Stadtpark zu roden?

Die stadtökologische Funktion der Grazer Murbäume ist eine der effizientesten! Durch das andauernde Wasserangebot verdunsten die Uferbäume das Vielfache gegenüber normalem Wald- oder Stadtbäumen. Durch die Kühle des fließenden Murwassers werden die Uferbäume ständig von leichten Winden durchströmt, wodurch von jedermann subjektiv überprüfbar eine merkbare Abkühlung inmitten der Großstadt wirksam wird. An Sommertagen kann der Temperaturunterschied zwischen Uferdickicht und Grazer Hauptplatz weit mehr als 10 Grad Celsius betragen. Und wenn wir die Abstrahlungswärme vergleichen, dann können Temperaturunterschiede zwischen Asphaltstraßen der Stadt und Ufersaum der Mur von über 40 Grad gemessen werden.

Eisenbahnbrücke

Sie ist die luftigste aller Grazer Brücken, obwohl sie einiges zu tragen imstande ist. Da sie nur der Eisenbahn vorbehalten ist und nachts nicht beleuchtet wird, steht sie kaum im Rampenlicht und trägt daher den – ihrer Funktion entsprechenden – schlichten Namen „Eisenbahnbrücke".
Als Ersatz für die „Karlauer Bahnbrücke" wurde bereits 2007 von der ÖBB eine architektonisch ansprechende zweigleisige Bogenbrücke mit untenliegender orthotroper Gleisbahnplatte vom Institut für Stahlbau der TU Graz entworfen. Ob und wann dieser Brückenneubau realisiert wird, ist derzeit noch nicht bekannt (BISCHOF 2015).

Eisenbahnbrücke der steirischen Ostbahn – eine Stahlfachwerk-Konstruktion

Friedensbrücke – vom Boot aus

Geh- und Fahrradetage der Friedensbrücke

Fotos: Johannes Gepp

Aus der Ferne wie zusammengewachsen: die Bertha-von-Suttner-Friedensbrücke und die dahinterliegende Eisenbahnbrücke

Brückenquartiere der Obdachlosen

Johannes Gepp

Mehrere Dutzend „Aussteiger" wählen Verstecke unter Brücken und in Kanaltiefen. Aber auch allgemein zugängliche Räume unter Brücken werden den warmen Obdachlosenquartieren der Stadt Graz vorgezogen. Einige leben seit Jahren unter den Brücken (Kleine Zeitung, 17.04.2015), machen daraus kein Hehl und richten es sich geordnet häuslich ein, wissend, wie man sich der Ratten und lästiger Mitbürger erwehrt. Während die Brücken-Obdachlosen sich eher selten zu Kleingruppen vereinigen, sind es vor allem Wildcamper aus Rumänien, die als EU-Bürger beispielsweise unter der Weinzödlbrücke Kleindörfer errichten und dort in bis zu 20 Zelten „hausen". Da die Murufer von Graz großteils öffentliches Gut sind – also Bundeseigentum –, hat die Stadtverwaltung nicht allzu viel mitzureden. Immerhin hilft die Caritas mit Wasch- und Duschgelegenheiten. Die Brückencamper sorgen tagsüber bettelnd für finanzielle Grundlagen (derGrazer 14.08.2016). Bedauerlich ist, dass nicht nur selbstbestimmte EU-Bürger hier leben, sondern auch deren Kinder in erschreckender Unhygiene heranwachsen. Täglich wird das Brauchwasser direkt aus der Mur geschöpft …

alle Fotos: Johannes Gepp

Aussteiger

Wasserqualität
Note: Gut

Romana Ull

Mit der Richtlinie 2000/60/EG Wasserrahmenrichtlinie (WRRL) hat die EU 2002 ihre Ziele zur Qualitätssicherung der europäischen Gewässer definiert. Sie stellte Qualitätsziele auf und gab Methoden an, wie diese zu erreichen und gute Wasserqualitäten zu erhalten sind. Im Mittelpunkt steht eine flussgebietsbezogene Betrachtung, mit Ist-Bestands-Analysen und Strategien zur Erreichung eines guten Gewässerzustands in allen Gewässern bis Ende 2015, 2021 bzw. 2027. Oberstes Ziel sind die „Vermeidung einer weiteren Verschlechterung sowie der Schutz und die Verbesserung des Zustands der aquatischen Ökosysteme und der direkt von ihnen abhängigen Landökosysteme".

Ein Teilziel ist der gute ökologische und chemische Zustand der Oberflächengewässer. Die gute Nachricht: Die Mur in Graz hat das EU-Ziel in dieser Disziplin bereits 2015 erreicht! (Bmlfuw, Nationaler Gewässerbewirtschaftungsplan – NGP)

Die Übernahme der WRRL in nationales österreichisches Recht ist Grundlage der Erstellung des nationalen Gewässerbewirtschaftungsplans als flussgebietsbezogene Planung. Im NGP werden auf Basis einer umfassenden IST-Bestandsanalyse die signifikanten Gewässernutzungen und die zu erreichenden Erhaltungs- und Sanierungsziele sowie die dafür erforderlichen Maßnahmen festgelegt. Die Mur in Graz hat, wie der NGP zeigt, bereits die Teilzielvorgabe „guter Zustand" erreicht. (Bmlfuw, Wasserinformationssystem Austria 2016). Es sind keine weiteren Maßnahmen vorgeschrieben.

Auch zeigt die Karte des NGP in der Risikoanalyse der Oberflächenwasserkörper in Hinblick auf eine mögliche Zielverfehlung 2021 bezüglich der stofflichen Belastungen kein Risiko an.

Maßnahmen im Sinne des Verbesserungsgebotes können ohne Zeitdruck einer drohenden Vertragsverletzungsklage in einer ausgewogenen Balance zwischen Ökonomie, Ökologie und Klimawandelanpassungsstrategien erarbeitet werden.

Risikoanalyse der Oberflächenwasserkörper in Hinblick auf eine möglicher Zielverfehlung 2021: Stoffliche Belastungen – In dieser Karte des NGP sind die Ergebnisse der Risikoanalyse der Oberflächenwasserkörper in Hinblick auf eine mögliche Zielverfehlung 2021 bezüglich der stofflichen Belastungen dargestellt. In der Risikoanalyse wurden die allgemeinen physikalisch-chemischen Parameter sowie die chemischen Schadstoffe berücksichtigt.
http://wisa.bmlfuw.gv.at/wasserkarten/gewaesserbewirtschaftungsplan-2015/fluesse_und_seen/ngp_orisiko_chem_schadstoffe/ngp_orisiko_stoffl_bel.html

Abwasser in die Mur

Das größte Grazer Abwasserproblem ist, neben einer bereits deutlich zu kleinen Kläranlage und ihrer Abwässer, dass in großen Teilen der Stadt das Regenwasser in den Schmutzwasserkanal eingeleitet wird und ihn so zum Mischwasserkanal macht. Da bei starkem Regen diese Wassermengen für das Rohrsystem und die Kläranlage zu groß sind, wird dieses Mischwasser regelmäßig in die Grazer Bäche und die Mur „entlastet". Weit stärker als die Mur leiden die ohnehin nicht wasserstarken Grazer Bäche unter dieser Belastung. In der Mur entstehen derzeit nur wenige ökologische Beeinträchtigungen, da sie als belebter, rasch fließender Fluss eine gute natürliche Selbstreinigungskraft aufweist.

Zentraler Speicherkanal

Der technisch historische Irrtum der Mischwasserkanalisation in Graz und seine Aufrechterhaltung kann durch die end-of-the-pipe-Maßnahme eines 84 Millionen Euro teuren Zentralen Speicherkanals nicht gelöst werden. (Ein Zentraler Speicherkanal – ZSK – ist ein Sammelkanal mit sehr großem Fassungsvermögen.) Der Kanal soll sich großteils am linken Murufer bis zur Kläranlage in Gössendorf und nach Norden etwa bis zur Kalvarienbergbrücke ziehen. Der Bau eines solchen Kanals würde einen massiven Eingriff in den Naturraum an der Mur und den Verlust von Tausenden Bäumen bedeuten und letztlich in der wachsenden Stadt die Probleme mit dem Mischwassersystem trotzdem nicht lösen.

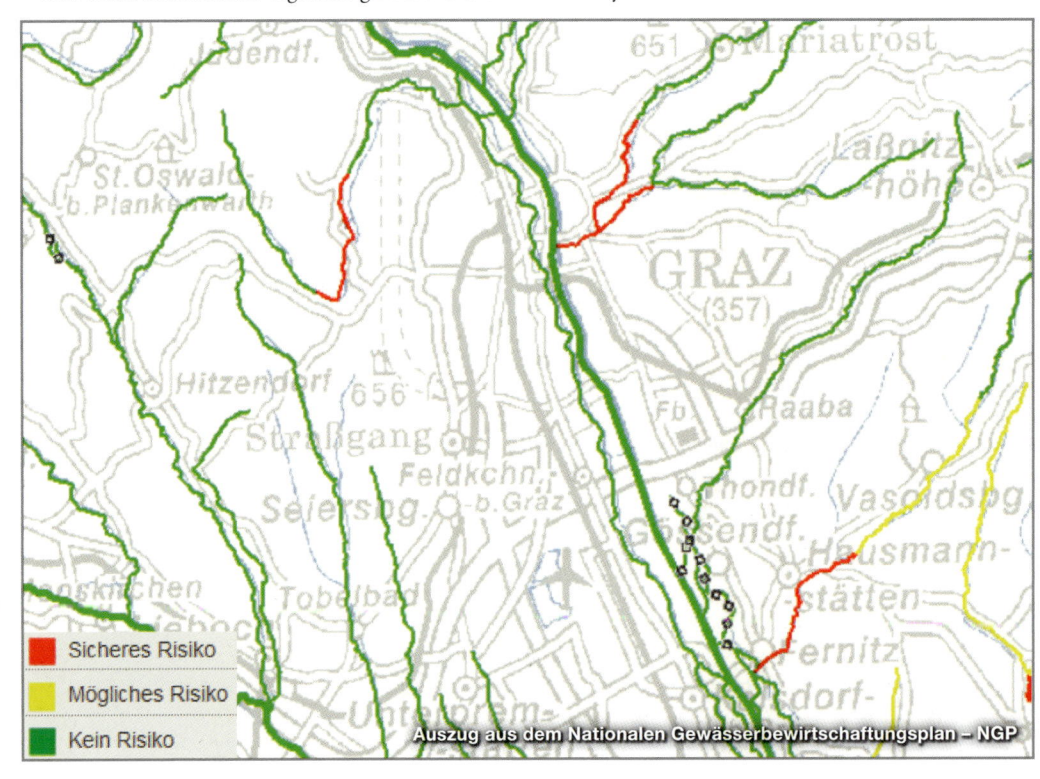

Auszug aus dem Nationalen Gewässerbewirtschaftungsplan – NGP

- Sicheres Risiko
- Mögliches Risiko
- Kein Risiko

Gefährdete Flatter-Ulmen

Melitta Fuchs

Die Flatter-Ulme ist ein Baum der Hartholz-Auenwälder des Vorlandes und besonders der sommerwarmen Tiefländer Osteuropas. Wie auch die anderen heimischen Ulmenarten hat sie hohe Ansprüche an Nährstoffgehalt und Wasserversorgung des Bodens. Ulmen blühen und fruchten schon vor dem Blattaustrieb. Die Blüten werden durch den Wind bestäubt, aber auch von pollensammelnden Insekten besucht.

Die Flatter-Ulme ist an den lang gestielten, in Büscheln hängenden Blüten und zottig bewimperten Früchten zu erkennen. Wie bei allen Ulmenarten sind die Blätter asymmetrisch geformt. Charakteristisch für die Flatter-Ulme sind Gruppen von Wasserreisern im Stammverlauf. Als einzige mitteleuropäische Baumart kann sie auch Brettwurzeln ausbilden, die ihr eine besondere Standfestigkeit verleihen. Für das „Ulmensterben", dessen Erregerpilz durch den Ulmensplintkäfer übertragen wird, ist die Flatter-Ulme im Vergleich zur Feld- und Berg-Ulme weniger anfällig.

Österreichweit haben Flatter-Ulmen ihre größte Verbreitung in den Hartholzauen an der Donau, aber auch die Vorkommen an der mittleren Mur und der Grenzmur sind bemerkenswert. In der Steiermark ist die Flatter-Ulme als gefährdet eingestuft – ihr Lebensraum geht ihr durch Flussverbauungen immer mehr verloren!

Am Murufer im Grazer Stadtgebiet findet man Flatter-Ulmen noch zahlreich im Bereich des Augartens sowie nördlich und südlich der Puntigamer-Brücke.

Aufstrebende Ulmenstämme

Typisches asymmetrisches Ulmenblatt

Für Ulmen typische Wasserreiser

Herbstvorhang

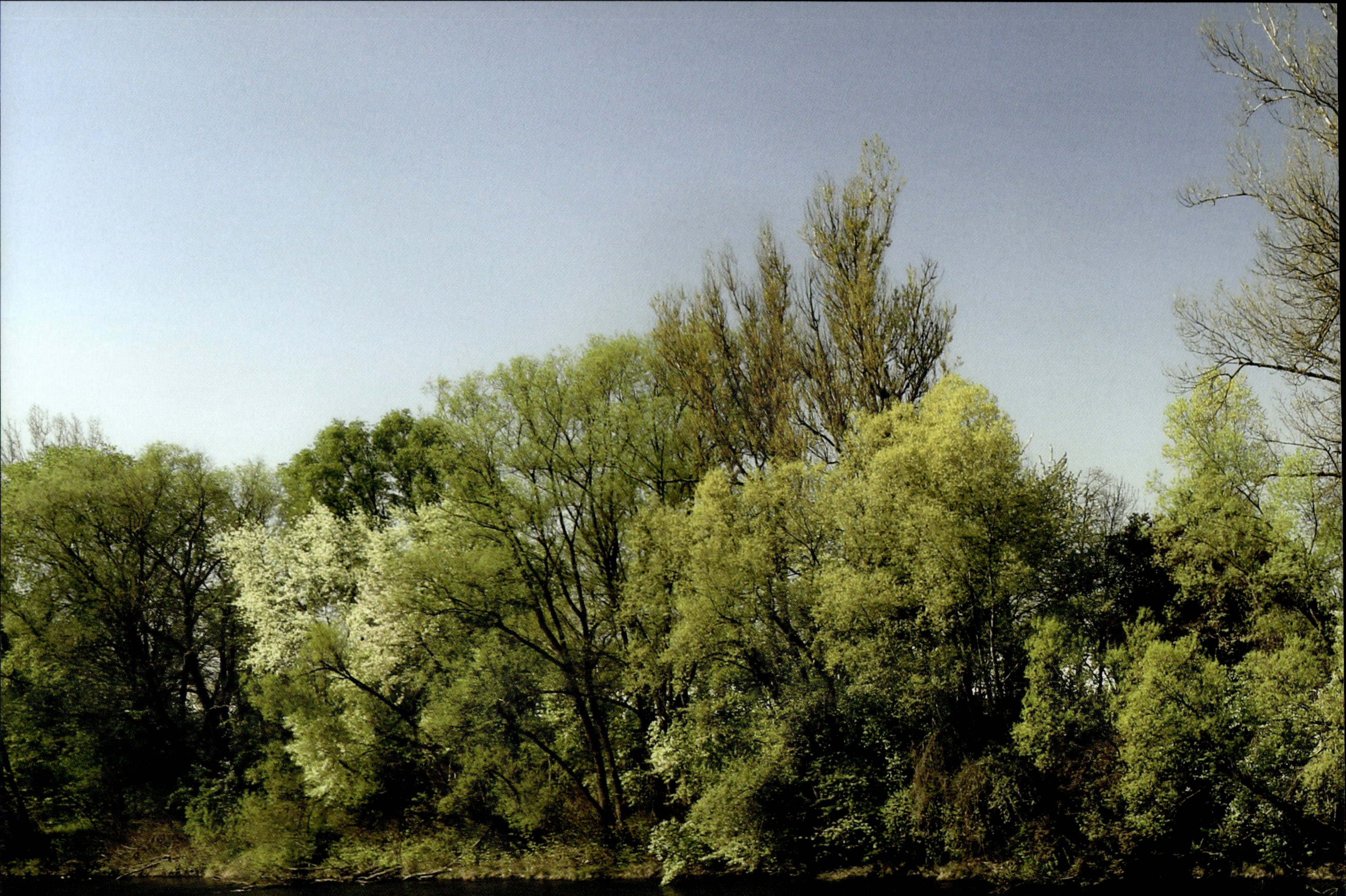

Puchsteg

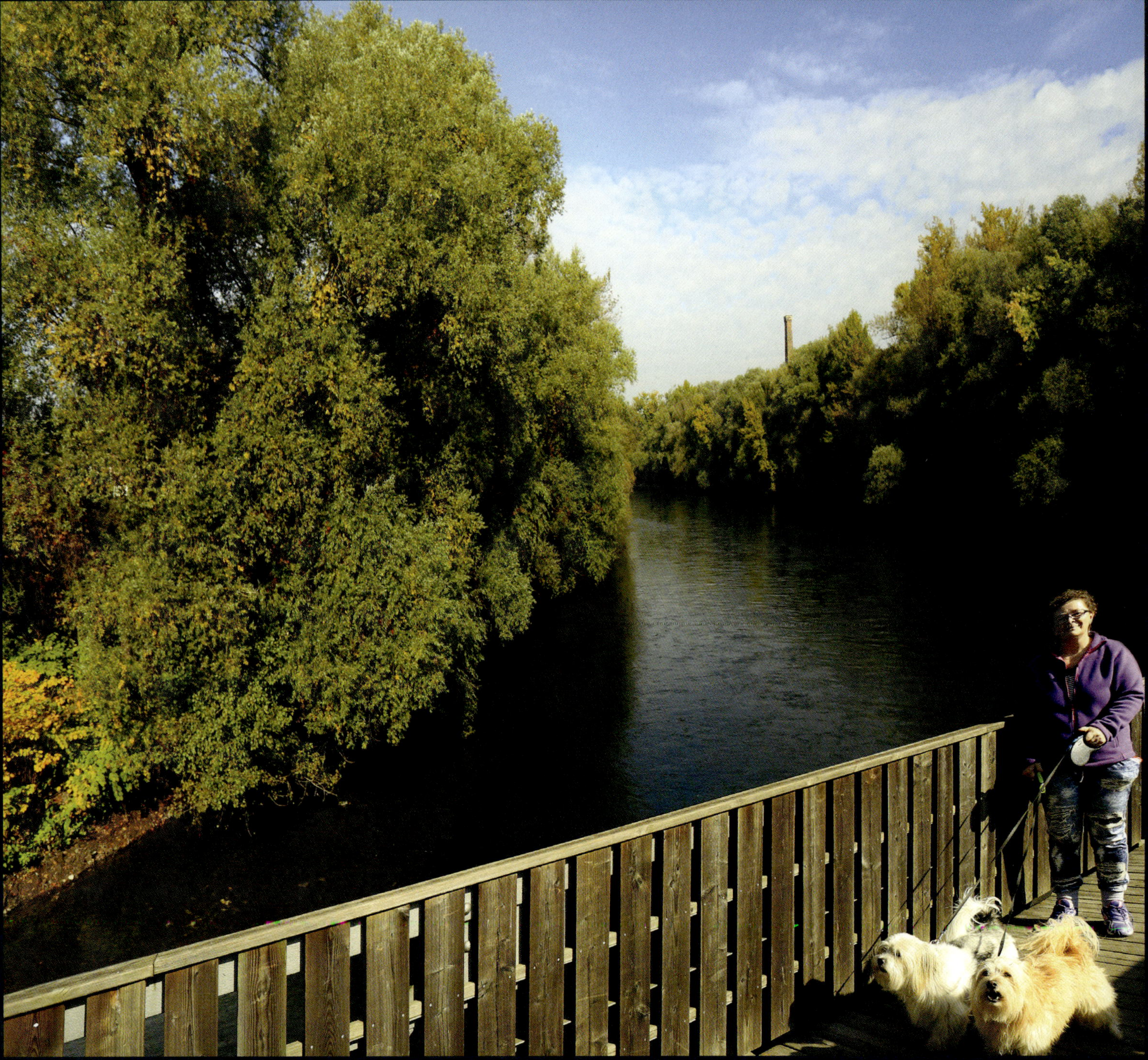

Foto: Johannes Gepp

Ursprünglich als Verbindungsweg für Zwangsarbeiter aus Liebenauer Quartieren zum westlichen Puchwerk errichtet, wurde der Puchsteg 1949 erneuert. Heute dient er Radfahrern und Wanderern als Querungsmöglichkeit und verbindet die auf beiden Ufern der Mur angelegten Rad- und Fußwege. Für Naturbegeisterte zweigen hier immer wieder „Schleichwege" ab, welche in den Auensaum und an das Murufer führen. Bei Errichtung des geplanten Murkraftwerkes „Puntigam" wird der Puchsteg wohl andernorts verlegt werden müssen.

Einige 100 Meter südlicher – im Nahbereich der Petersbachmündung – weitet sich der Auensaum ostseitig in einer Innenkurve bis auf eine Breite von 30 Metern. Hier stehen besonders große Weiden und Pappeln, aber auch mächtige Flatter-Ulmen. Wenige davon sind über 60 Jahre alt, denn vor 60 Jahren wurden einzelne Uferabschnitte der anrainenden Bevölkerung zur Schlägerung freigegeben. Daher sind heute manche Bäume Stockaustriebe, die sich innerhalb von 60 bis 70 Jahren bis auf über einen Meter Stammdurchmesser entwickelt haben. Bei Hochwasser wird diese ufernahe Auenstufe vom Flusswasser erreicht und immer wieder von Feinsanden überlagert. Dadurch hat hier für einige hundert Meter die Mur in Graz eine gewisse dynamische Auenstruktur, die über den sonst fixierenden Verbau mit Wasserbausteinen hinausgeht. (*Johannes Gepp*)

Auensäume
schmal aber strukturreich, beiderseits des Puchstegs

Naturschutz und jede Menge Erholung

Wolfgang Windisch

Es kann manchmal von Vorteil sein, wenn man eine Entwicklung verschlafen hat. Graz, im Vergleich zu Salzburg, Villach und anderen Städten, genießt nun diesen Vorteil in Form von intakten wild belassenen Auenstreifen an der Mur.

Wer den Erholungswert, der in den 60er-Jahren entstandenen Uferpromenaden anderer Städte mit jenen der heutigen Uferpromenaden an der Mur vergleicht, spürt den Qualitätsunterschied. Nirgendwo kann man so fußläufig inmitten der Stadt Ruhe und Erholung in natürlicher Umgebung genießen als entlang der sorgfältig eingebundenen Uferwege der Stadt. Heute erst erkennen wir, welch unschätzbaren Wert Stadt-Wildnis mit sanften Erschließungswegen für das Wohlbefinden der Stadtmenschen hat. Kahle, zuweilen behübschte Uferpromenaden anderer Städte sind dazu krasse Gegensätze. Die Gesetzgebung, niedergeschrieben im Naturschutzgesetz aus dem Jahr 1976, hinkt dem Wunsch des Menschen nach unberührtem Naturraum in der Stadt längst hinterher. Zwar sind die Uferbereiche im Sinne eines Landschaftsschutzgebietes geschützt, aber lassen jegliche Veränderung der Vegetation durch Baum- und Strauchfällungen zu. Nur Rodungen, d. h. die vollkommene Entfernung des Wurzelstockes, und Regulierungswasserbauten stellt das Gesetz unter Bewilligungspflicht. Das längst nicht mehr zeitgemäße Naturschutzgesetz der Steiermark missachtet damit vollkommen den Wunsch der Bevölkerung nach ungestörten Naturräumen.

Im Stadtgebiet stehen den Erholungssuchenden rechtsufrig 12 km Fuß- und Radweg zur Verfügung, der zum Teil mit wassergebundenem Wegbelag hergestellt wurde. Linksufrig ist der flussbegleitende Weg asphaltiert, damit Trendsportarten wie Rollerskaten möglich sind. Im dicht verbauten Bereich der Innenstadt führen Zugänge im linksufrigen Abschnitt zwischen Erich-Edegger-Steg und Augartenbrücke zu einer Uferpromenade, die ihresgleichen sucht. Direkt an der Wasseranschlagslinie begleitet ein im Jahre 2001/2002 errichteter Weg den Fluss, der den ungetrübten Genuss der Naturlandschaft ermöglicht. Bei dem Bau wurde naturraumerhaltend vorgegangen. Der typische Uferbewuchs zwischen Weichholz- und Hartholzau blieb erhalten und wurde durch eine interessant gestaltete Uferlinie verstärkt. Selbst die Beleuchtung des Weges wurde auf die Bedürfnisse der Insektenwelt abgestimmt. Insektenfreundliches und gedimmtes Licht nimmt auf das ökologische Gleichgewicht Rücksicht. Im nunmehr 15. Bestandsjahr der Promenade wird klar, dass der Stadt Graz mit diesem Weg ein großer Wurf gelungen ist, der ungeteilte Zustimmung bei den GrazerInnen genießt und auch als fortschrittliche Naturnutzung im Sinne des Naturschutzes gesehen wird.

„Schaun"

„Fachsimpeln"

„Abhängen"

Fotos: Sigrid Schönfelder

Erholung

Der rechtsufrige Murabschnitt vom Pongratz-Moore-Steg bis zur Weinzödlbrücke bietet im Norden den eindrucksvollsten Naturraum (auch für Vögel, Lederer 2016) der Stadt Graz.

Foto: Wolfgang Windisch

Am südlichen Ende der Stadt sind die Ufer der Olympia-Wiese von beachtlich großen Bäumen bestockt.

Uferbäume

Foto: Johannes Gepp

217

Xylobionte Käfer der Murufer – Buntes Leben im Totholz

Sandra Aurenhammer

Weltweit gesehen bilden Käfer mit rund 350.000 beschriebenen Spezies die artenreichste Tiergruppe. Aus Österreich sind derzeit etwa 7.400 Käferarten bekannt. Ein Viertel der heimischen Käferfauna zählt zu den Xylobionten. Darunter versteht man jene Arten, die den überwiegenden Teil ihres Lebens räuberisch, holz- oder pilzfressend im oder am Totholz verbringen. Hierzu zählt eine Reihe selten gewordener und gefährdeter Spezies, deren Vorkommen sich oftmals auf wenige naturnahe Waldstandorte mit hohem Totholzanteil beschränkt. Mehr als die Hälfte der hier genannten xylobionten Käferarten stehen gemäß der Artenschutzverordnung des Landes Steiermark unter Schutz.

Stand der Forschung

Etliche Funddaten liegen aus Untersuchungen der Mur-Auen südlich von Graz vor, die zum Großteil die Erforschung der Bockkäferfauna zum Ziel hatten. Der Forschungsstand hinsichtlich der totholzbewohnenden Käferfauna im Grazer Stadtgebiet ist hingegen äußerst bescheiden und basiert auf wenigen Studien wie jenen von STARK (1975) und NEUHÄUSER-HAPPE (1996, 1998). Folglich werden in diesem Kapitel auch auwaldbesiedelnde Arten kommentiert, die noch nicht an der städtischen Mur nachgewiesen wurden, aber aufgrund der Lebensraumeignung sowie nahe gelegener Vorkommen mit hoher Wahrscheinlichkeit auch die Grazer Murufer besiedeln.

Totholzreiches Murufer

Aus Sicht der holzbewohnenden Tierwelt fungieren die naturnahen Baumbestände an den Murufern in Graz als wertvolle Totholzinseln. Sie werden von den hier ursprünglich beheimateten Auwaldarten als Rückzugsort genutzt und stellen einen landesweit bedeutenden Altbaumbestand dar. Für holzbewohnende Käfer sind anbrüchige Altbäume mit Baumhöhlen, abgestorbenen Ästen und Baumpilzen sowie vermorschende Stümpfe und umgestürzte Baumruinen ein echtes Dorado. In sogenannte ökologische Gilden gegliedert, finden sich diese in einer Vielzahl an unterschiedlichen Nischen ein.

Im Frischholz

Eine Charakterart der Weichen Au ist der bis zu drei Zentimeter große Moschusbock (*Aromia moschata*), dessen Larven sich in lebenden und anbrüchigen Ästen von Weiden entwickeln. Der metallisch glänzende Käfer fällt nicht nur ob seiner Größe und Färbung auf, sondern produziert überdies ein stark aromatisches Sekret. Dieses erinnert an den Duftstoff Moschus und wirkt vermutlich als Abwehr gegen Fressfeinde. Austrocknende Äste besonnter Hecken und Gehölzsäume dienen dem Glänzenden Blütenprachtkäfer (*Anthaxia nitidula*) als Lebensraum. Diese wahrlich prächtig gefärbte Art ist nur wenige Millimeter groß und tagsüber auf Blüten zu finden.

Auf blühenden Hochstauden

Etliche xylobionte Käferarten verbringen ihr Leben als Larve zwar im Totholz, halten sich als ausgewachsene Tiere jedoch bevorzugt auf Blüten auf. So auch der Gemeine Widderbock (*Clytus arietis*), eine Art der Harten Au, die mit ihren auffällig gelb-schwarz gemusterten Flügeldecken Wespen imitiert (Wespen-Mimikry). Diese optische Täuschung macht sich auch der Gefleckte Schmalbock (*Rutpela maculata*) zunutze. Der zwei Zentimeter große Käfer ist den ganzen Sommer über auf weißen Doldenblüten zu finden, wo er sich von Nektar und Pollen ernährt.

Weit verbreitet: Graubindiger Augenfleckbock

Auffällig duftend: Moschusbock

alle Fotos: Sandra Aurenhammer

In Baumhöhlen

Selten sind Baumhöhlen in den heimischen (Wirtschafts-)Wäldern zu finden, da viele Laubbaumarten zur Bildung großvolumiger Höhlen eines hohen Alters bedürfen, welches sie aufgrund der forstlichen Nutzung fast nie erreichen. Der Altbaumbestand der Grazer Murufer zeichnet sich durch die Präsenz dieser wertvollen Strukturelemente aus. Die xylobionte Gilde der Baumhöhlenbesiedler setzt sich aus zahlreichen hochgradig gefährdeten Arten zusammen, die an ein Leben in der Baumerde (Mulm) angepasst sind. Von blühendem Gebüsch aus Gärten wohl bekannt ist der Goldglänzende Rosenkäfer (*Cetonia aurata*), einer der häufigsten und auffälligsten Vertreter dieser Gilde, dessen Larven (Engerlinge) sich mehrjährig im Mulm aufhalten.

Im Altholz

Bevorzugter Lebensraum des bis zu 4,5 Zentimeter großen Sägebocks (*Prionus coriarius*) sind morsche Wurzeln und Stämme von Totbäumen der Harten Au. Die nachtaktive Art zählt zu den größten heimischen Bockkäfern und lässt sich durch Lichtquellen anlocken. Ebenfalls im morschen Altholz fühlt sich ein kleiner Verwandter des Hirschkäfers wohl. Der Balkenschröter (*Dorcus parallelipipedus*) kann von Laien leicht mit einem Hirschkäferweibchen verwechselt werden, unterscheidet sich jedoch durch seine matt-schwarzen Flügeldecken vom kastanienbraun-glänzenden, meist größeren Hirschkäfer.

In Vogelnestern: Teppichkäfer

Kleiner Hirschkäfer: Balkenschröter

Kosmopolit: Gekämmter Nagekäfer

Blütenbesucher: Gefleckter Schmalbock

Komplex gemustert: Leiterbock

Baumhöhlenbesiedler: Goldglänzender Rosenkäfer

Einer der Größten: Sägebock

In stehendem Frischholz: Dorniger Wimperbock

Farbvariabel: Variabler Schönbock

Unter der Borke

Durch ihre stark abgeflachte Körperform sind die Plattkäfer (Cucujidae) perfekt an ein Leben unter der Borke angepasst. Der Langhörnige Raubplattkäfer (*Uleiota planata*) zählt zu den häufigsten Vertretern dieser Familie. Selten und EU-weit geschützt ist hingegen der Scharlachrote Plattkäfer (*Cucujus cinnaberinus*), eine Charakterart der Auwälder, von der aktuelle Nachweise aus der Umgebung von Graz vorliegen. Seine Larven jagen nach anderen Insekten und sind leicht mit den Larven des im selben Lebensraum vorkommenden Scharlachroten Feuerkäfers (*Pyrochroa coccinea*) zu verwechseln.

Kurz gesagt

Der naturnahe Baumbestand an den Ufern der Grazer Mur zeichnet sich durch die Präsenz von Altbäumen und Totholzelementen aus, die von geschützten, teils seltenen und gefährdeten xylobionten Käferarten besiedelt werden. Die naturschutzfachliche Bedeutung dieser Auwaldreste wird durch den dramatischen Rückgang der heimischen Au- und Feuchtwaldbiotope gesteigert. Aufgrund der unglaublichen Diversität holzbewohnender Lebensgemeinschaften wissen wir, dass die Artendiversität im Grazer Stadtgebiet maßgeblich vom Erhalt totholzreicher Muruferabschnitte abhängt. Umso erstaunlicher ist es, dass derart bedeutende Altbaumbestände, in denen viele weitere bemerkenswerte Artnachweise zu erwarten sind, hinsichtlich ihrer xylobionten Käferfauna bis heute kaum untersucht wurden.

Gut getarnt: Braungrauer Splintbock

Laubholzbesiedelnder Schwarzkäfer

Puppenwiege des Schwarzfleckigen Zangenbock

Markant gezeichnet: Achtfleckiger Augenbock

Südlich von Graz: Eichenwidderbock

alle Fotos: Sandra Aurenhammer

Klein und prächtig: Glänzender Blütenprachtkäfer

Holzbewohnende Pilze

Gernot Friebes

Mehrere tausend Pilzarten umfasst die österreichische „Großpilz-Funga" – eine begriffliche Zusammenfassung für größere Ständerpilze (Basidiomycota) sowie Schlauchpilze (Ascomycota). Im innerstädtischen Bereich von Graz wurden davon bisher rund 1.100 Arten erfasst, wobei Hunderte Arten auch im Bereich des grünen Bandes der Mur vorgefunden wurden. Dieser flussnahe Lebensraum ist besonders reich an Gehölzen, wobei viele Baum- und Straucharten als Mykorrhiza-Partner für Pilze fungieren. In den vielen tot- und altholzreichen Bereichen sind weiters zahlreiche holzbewohnende bzw. holzabbauende (xylobionte, lignicole) Pilze zu finden. Durch ihre abbauende Tätigkeit von organischen Verbindungen sind sie somit die Basis des biogenen Stoffkreislaufs in der Natur, wobei gerade bei holzbewohnenden Arten die Trennung zwischen Fäulnisbewohnern (Saprobionten) und Parasiten nicht sehr scharf ist. So hängt beispielsweise beim Hallimasch (*Armillaria* sp.) die Zuordnung vom jeweiligen Lebensstadium des Baumes ab. Lignicole Pilze sind sowohl auf lebendem wie auch totem Holz zu finden. Sie können in zwei große Gruppen eingeteilt werden, die sogenannten „Braunfäule-Erreger" sowie die „Weißfäule-Erreger".

Braunfäule (Destruktionsfäule) wird hervorgerufen durch den vorwiegenden Abbau von Zellulose sowie der begleitenden Kohlenhydrate. Das zurückbleibende Lignin verursacht die Braunfärbung des Holzes. Bei der Trocknung entstehen auffällige Längs- und Querrisse mit einem charakteristischen würfelförmigen Zerfall (sog. Würfelbruch). Im Endstadium der Zersetzung lässt sich das Holz zwischen den Fingern zerreiben. Braunfäule kommt meist bei Nadelhölzern vor.

Typische Braunfäule-Erreger: Rotrandiger Baumschwamm (*Fomitopsis pinicola*), Birkenporling (*Piptoporus betulinus*), Schuppiger Sägeblättling (*Neolentinus lepideus*), Muschel-Holzkrempling (*Tapinella panuoides*), Fencheltramete (*Gloeophyllum odoratum*), Tannen-Blättling (*Gloeophyllum abietinum*), Reihige Krustentramete (*Antrodia serialis*), Eichen-Wirrling (*Daedalea quercina*), Kiefern-Braunporling (*Phaeolus schweinitzii*), Balken-Blättling (*Gloeophyllum trabeum*), Schwefelporling (*Laetiporus sulphureus*).

Weißfäule (Korrosionsfäule) wird durch Pilze hervorgerufen, die sowohl Zellulose wie auch einzelne Ligninanteile im Holz abbauen, entweder gleichzeitig oder nacheinander. Dadurch wird das Holz aufgehellt und streifig verfärbt. Im fortgeschrittenen Stadium ist das Holz dann weich, leicht sowie faserig bis schwammig (sog. Faserbruch). Weißfäule kommt meist an Laubhölzern vor.

Typische Weißfäule-Erreger: Schmetterlings-Tramete (*Trametes versicolor*), Rötender Blätterwirrling (*Daedaleopsis confragosa*), Hallimasch (*Armillaria* sp.), Zunderschwamm (*Fomes fomentarius*), div. Schichtpilze (*Stereum*-Arten), Gemeiner Wurzelschwamm (*Heterobasidion annosum*), Zerfließende Gallertträne (*Dacrymyces stillatus*), Flacher Lackporling (*Ganoderma lipsiense*), Striegelige Tramete (*Trametes hirsuta*).

Schwefelporling

Spalt-Blättling

Gemeiner Samtfuß-Rübling – ein Speisepilz

Dreifärbiger Blätterwirrling

Dreifärbiger Blätterwirrling

Hallimasch – bedingt als Speisepilz verwendbar

Muschelförmiger Feuerschwamm

Rotrandiger Baumschwamm

Braunfäule

Schmetterlings-Tramete – Heilpilz der traditionellen Chinesischen Medizin

Zunderschwamm

Austern-Seitling – ein Speisepilz

Gemeiner Feuerschwamm

alle Fotos: Uwe Kozina und Michaela Friebes

... im finsteren Boden

Gernot Kunz

Besonders häufig findet man am Boden und auf den Baumstämmen verschiedene Asselarten wie die bekannte, graue Gemeine Rollassel (*Armadillidium vulgare*), aber auch andere Arten. Als Zersetzer ernähren sie sich von Holzresten, Falllaub, Algen, Pilzen, Moosen, Insektenkadavern und Kot anderer Tiere. Zu den besonderen Arten zählt hier die Ameisenassel (*Platyarthrus hoffmannseggii*). Man findet sie ausschließlich in Ameisennestern unter Steinen oder Totholz. Dort ernähren sie sich vom Kot und Nahrungsresten der Ameisen wie etwa das Ameisenfischchen (*Atelura formicaria*). Diese Fischchen, nah verwandt mit dem stets flügellosen Felsenspringer (Archaeognatha), sind nachts von den felsigen Ufern der Mur bis zum Murradweg häufig zu beobachten. Dort ernähren sie sich von Algen, Flechten und anderen organischen Stoffen. Zu den unterirdisch bzw. in der Streuschicht lebenden Tiergruppen zählen neben Regenwürmern (Lumbricidae), Fliegen- und Mückenlarven auch Doppelschwänze (Diplura, Campodeidae). Diese sehr ursprüngliche, zu den Sechsfüßern (Hexapoda) gestellte Tiergruppe ernährt sich vorwiegend von Pilzhyphen, Milben und Springschwänzen. Meist findet man sie unter Steinen oder Totholz. Typisch für Wälder ist eine hohe Dichte von Hundert- und Tausendfüßern, die in dem Auwaldrest besonders bei Nacht gut zu beobachten sind. Neben den räuberischen Steinläufern (Lithobiidae) und Erdläufern (Geophilidae) dominieren vor allem Zersetzer von organischem Material wie verschiedene Schnurfüßerarten (Julidae), wie etwa *Cylindroiulus luridus* und sogar der wärmeliebende Gemeine Zweistreifen-Schnurfüßer (*Ommatoiulus sabulosus*).

alle Fotos: Gernot Kunz

Die Grazer Mur und ihre Ufer – ein Lebensraum auch für weniger bekannte Tiere

Gernot Kunz

Keiner Grazerin und keinem Grazer entgeht das Gefühl der Entspannung während eines noch so kurzen Aufenthaltes an der Mur. An ihrem Ufer sitzend, die Akustik der Zivilisation vom Rauschen der Mur übertönt, wird in manchen der Eindruck erweckt, sich völlig in der Wildnis zu befinden.

Doch worauf ist dieses Gefühl zurückzuführen? Ist es der optische Reiz eines naturnahen Lebensraumes? Das gleichmäßige Geräusch des fließenden Wassers? Oder das Vogelgezwitscher? Vermutlich ist es ein Sammelsurium diverser Faktoren, aber eines ist sicher, die Tiere spielen dabei eine entscheidende Rolle. Hier sind vor allem die Vögel, denen ein eigenes Kapitel gewidmet wird, mit ihrem oft melodischen Gesang von besonderer Bedeutung. In Bezug auf ihren Bekanntheitsgrad folgen die restlichen Wirbeltiere wie Fische, die immerhin mit 22–32 Arten in der Grazer Mur vertreten sind, die Säugetiere wie z. B. Fledermäuse und die Wasserratte, die Reptilien, die an der Mur in Graz mit Schlangen und Eidechsen vertreten sind, und schließlich die Amphibien, zu denen z. B. die Kröten und Frösche zählen. Aber welche Tiere haben Sie davon schon an oder in der Mur beobachtet bzw. wie viele Arten, mit Ausnahme der Flaggschiffart Huchen, kennen Sie von der Mur und ihren angrenzenden Gebieten?

Nicht zu bestreiten ist, dass die Mur und ihre Uferbereiche komplexe Ökosysteme voller Leben bieten. Welche und wie viele Tiere im grünen Band von Graz leben, kann derzeit nur geschätzt werden. 4.000-8.000 Arten sind wahrscheinlich. Der Grund für diese Ungenauigkeit liegt einerseits in einem Mangel an Tiergruppenspezialisten in Österreich, andererseits an fehlenden finanziellen Mitteln, um Erhebungen durchführen zu können. Die einzige Ausnahme bilden hier die Wirbeltiere und einige aquatische Wirbellose, die bei größeren Bauvorhaben in Form von Umweltverträglichkeitsprüfungen, aber auch im Rahmen der Gewässerzustandsüberwachungsverordnung (GZÜV) erhoben werden müssen.

Die Daten, die hier präsentiert werden, basieren z. T. auf unveröffentlichten Bachelorarbeiten an der Zoologie Graz, ergänzt durch Erhebungen und Beobachtungen des Autors, die zur Entstehung dieses Beitrags vonnöten waren. Dabei kann eher von einer „stichprobenartigen" als von einer vollständigen Erfassung der Tierwelt gesprochen werden. Nachdem auf einige Tiergruppen wie Spinnentiere, Ameisen, Tagfalter, Laufkäfer, Zikaden, holzbewohnende Käfer und häufige aquatische Insekten bereits in separaten Kapiteln eingegangen wird, werden hier die restlichen Tiergruppen und ihre Rolle im Ökosystem vorgestellt. Auf eine Kurzbeschreibung der Tiere, deren Größe nicht reicht, um sie mit dem freien Auge erkennen zu können (z. B. die Mehrheit des Zooplanktons), wird verzichtet. Wir beginnen mit den Tieren im und am Gewässerkörper Mur, dann die Uferbereiche entlang und schließlich die Böschung hinauf bis zum Murradweg.

Aufgrund der starken Begradigung der Mur ist ein Großteil des Wasserkörpers für Tiere nicht oder nur schwer zu besiedeln, da sie gegen die Strömung meist nicht ankämpfen können. Strömungsärmere Bereiche finden sich nur bodennah zwischen den Steinen, die den Wasserkörper stark bremsen, an den Ufern sowie in der Nähe von Staudämmen. Je geringer die Strömungsgeschwindigkeit, desto feiner wird die Korngröße des Sediments, die meist entscheidend für das Überleben von bestimmten Tierarten ist. Die Form und Größe der Steine spielt dabei ebenso eine wichtige Rolle. Neben einigen wenigen großen und kantigen Steinen finden sich vorwiegend größere abgerundete Steine mit wenig Wasserwiderstand im strömungsstarken, zentralen Bereich der Mur in Andritz. In den strömungsabgewandten Bereichen mit Steinen sammelt sich feineres Sediment an, welches meist bei Strömungsveränderungen flussabwärts geschwemmt wird. In angrenzenden, seichteren Zonen, die oft fast bis zum Murufer reichen, finden wir ein ähnliches Bild. Im Unterschied zum starken Strömungsbereich verringert sich hier die durchschnittliche Größe der Steine. Nur im unmittelbaren Uferbereich, wo das Wasser durch die künstliche Befestigung stark gebremst wird, kommt es zur Ablagerung von feinerem Sediment. Hinter Felsvorsprüngen bzw. in strömungsabgewandten Uferbereichen findet man bei Niederwasser sogar kleine Sandbänke. Wesentlich eintöniger ist die von feinem Sand und Schlamm dominierte Flusssohle der südlichen Bereiche der Mur in Graz. Durch den Rückstau vom Kraftwerk Gössendorf überzieht dieses Sediment in einer dicken Schicht den ursprünglich steinigen Untergrund.

Die Vielzahl an verschiedenen Wassertiefen, Strömungseigenschaften, Steingrößen und -formen fördert die Biodiversität in einem Gewässer. Welche zoologischen Organismen sich bodennah bzw. im Boden des stärksten zentralen Strömungsbereiches in Andritz halten können, ist völlig unbekannt. Das liegt verständlicherweise an der Schwierigkeit, diesen Lebensraum auf Bodenorganismen zu untersuchen. Größere Steine bieten auf jeden Fall mehr Fläche für Steinbesiedler, andererseits bremsen sie gleichzeitig die Strömung, wodurch sich an ihrer strömungsabgewandten Seite Feinsediment für grabende Organismen absetzt. Die seichteren, ufernahen Bereiche, v. a. im nördlichen Bereich der Mur in Graz, beinhalten nachweislich eine Vielzahl von Organismen. Zu diesen Tieren zählen Egel,

Mittlerer Weinschwärmer – einer von 300 erwarteten Nachtfalterarten

„Insekten-Leuchten" mit UV-Licht

alle Fotos: Gernot Kunz

Faden- und Ringelwürmer, Schnecken, Krebstiere, wie vor allem die Flohkrebse und der Signalkrebs, dann Insektenlarven, wie Köcherfliegen, Steinfliegen und Eintagsfliegen, aber auch zahlreiche Zweiflügler, wie Fliegen- und Mückenlarven, und sogar Käfer. All diese Tiere und Tiergruppen leben unter Wasser und sind auf verschiedenste Weise sowohl in ihrem Körperbau als auch ihrer Funktion an diesen Lebensraum perfekt angepasst. Eine Möglichkeit, sich der Strömung zu entziehen, ist das Eingraben im Sediment. Hierfür ist eine lang gestreckte Körperform, wie die der Faden- und Ringelwürmer sowie der Zuckmückenlarven, von Vorteil. Die zuletzt genannten Mücken, von denen mindestens ein Dutzend Arten in der Grazer Mur vorkommen, dürfen keinesfalls mit Stechmücken verwechselt werden. Ihre meist aquatischen Larven ernähren sich von kleinen Nahrungspartikeln im Wasser oder von Algenüberzügen am Gewässergrund. Ihre geschlechtsreifen und flugfähigen Stadien ähneln in gewisser Weise den Stechmücken, sie ernähren sich jedoch niemals von Blut, sondern meist von Nektar und Honigtau. Nachweise von Stechmückenlarven fehlen derzeit von der Mur in Graz, da diese für ihre Entwicklung stehende oder allenfalls langsam fließende Gewässer benötigen.

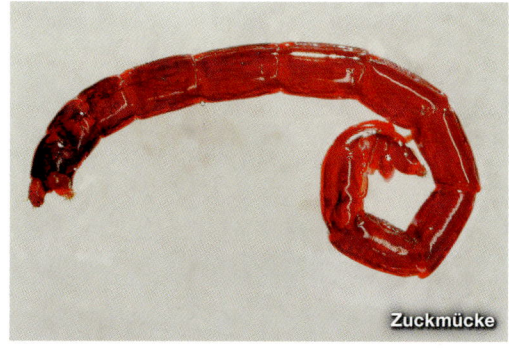

Fast ausschließlich unter Steinen, gelegentlich der Strömung ausgesetzt, leben an Mur in Graz Organismen, die sich am Substrat gut festheften können. So saugen sich die Flussmützenschnecke (*Ancylus fluviatilis*) mit ihrem Fuß und die verschiedenen Egelarten (hier handelt es sich nicht um räuberische und nicht blutsaugende Arten) mit einem vorderen und hinteren Saugnapf am Untergrund fest. Stein-, Köcher und Eintagsfliegen sowie die Klauenkäfer (Elmidae) besitzen kräftige Klauen, mit denen sie sich an den Steinen festhalten können. Die Körperform der Stein- und Eintagsfliegen ist zudem stark abgeflacht und somit hervorragend an die Strömung angepasst. Eine weitere Möglichkeit, sich in der Strömung am Untergrund festzuheften, ist das Spinnen von Netzen aus elastischer Seide, an denen man sich mit spezifischen Krallen hervorragend einhaken kann. Diese Strategie nutzen in der Mur in Graz manche Eintagsfliegen- und die Kriebelmückenlarven (Simuliidae). Die gut flugfähigen, adulten Kriebelmücken sind vielen Grazern als Lästlinge bekannt, denn neben Blütennektar brauchen ihre Weibchen Vogel- oder Säugetierblut für die Entwicklung der Eier. Vor allem im Mai und im Juni überfallen daher diese Mücken die Grazer Bevölkerung. Ihr Stich ist meist gut spürbar und wird den Tieren somit meist zum Verhängnis. Wird er jedoch nicht wahrgenommen, dann amplifiziert die Kriebelmücke an der Einstichstelle eine gerinnungshemmende Substanz und leckt das heraustretende Blut auf. Sofern keine allergische Reaktion hervorgerufen wird, ist der Juckreiz der Kriebelmückenstiche jedoch nur von kurzer Dauer. Trächtige Weibchen fliegen zur Vollendung des Entwicklungszyklus zurück zum Gewässer und legen dort ihre Eier ab. Von den in Österreich vorkommenden 50–60 Kriebelmückenarten sind viele an eine bestimmte Wasserqualität angepasst und werden daher bei der Festlegung der Gewässergüteklassen mit berücksichtigt.

In den Uferbereichen der Mur werden kantige Steine mit einer strukturierten Oberfläche von Kleinlebewesen besonders stark besiedelt. In den Ritzen und Gruben finden sie genügend Schutz vor der Strömung, aber auch vor Fressfeinden.

Bei Nacht am Ufer der Mur sitzend, kann man an der Wasseroberfläche den Behaartern Taumelkäfer (*Orectochilus villosus*) entdecken, der sich bei Beunruhigung kreisförmig im Wasser bewegt. Selten kommt er auch an Land. Als Vertreter der Taumelkäfer zählt er zur einzigen Käferfamilie weltweit, die die Wasseroberfläche als Lebensraum nutzt. Mit ihren zweigeteilten Facettenaugen können sie sowohl über als auch unter Wasser sehen. Sie ernähren sich vorwiegend von ins Wasser gefallenen Insekten. Ihre unmittelbaren Nahrungskonkurrenten auf der Wasseroberfläche sind die Wasserläufer, eine Wanzenfamilie, die in praktisch sämtlichen stehenden und nicht allzu schnell fließenden Gewässern vertreten ist. Im fast gesamten Muruferbereich in Graz scheinen die Wasserläufer zu fehlen. Lediglich bei den Auwiesen, an den Ufern des Altarms Thondorf, der eine Ausgleichsmaßnahme für die Staustufe Gössendorf darstellt, haben sich mindestens drei verschiedene Arten, nämlich *Aquarius paludum*, *Gerris argenteus* und der Gemeine Wasserläufer (*Gerris lacustris*) angesiedelt.

Kriebelmücke

Wasserläufer *Aquarius paludum*

Kantige Steine im Uferbereich, dicht besiedelt mit Flohkrebsen und Eintagsfliegenlarven

Klauenkäfer

Westlicher Maiswurzelbohrer

alle Fotos: Gernot Kunz

Eine weitere Insektenart, die streng an Uferbereiche von Fließgewässern gebunden ist und häufig unter Brücken gefunden wird, ist die Europäische Bachhaft (*Osmylus fulvicephalus*). Aktuelle Nachweise von zwei adulten Tieren liegen erfreulicherweise vom renaturierten Mündungsbereich des Andritzbaches vor. Dort leben ihre Larven ganz nahe am Wasser, wo sie sich räuberisch von anderen Kleinlebewesen ernähren. Zum Überleben brauchen sie strukturreiche Fließgewässer, wodurch ein Vorkommen an den Ufern der Mur sehr unwahrscheinlich ist.

Nicht nur im Wasser für die Eiablage diverser Fischarten, sondern auch außerhalb sind Schotterbänke die naturschutzfachlich wertvollsten Murlebensräume in Graz. Einst, vor ihrer Begradigung, waren Schotterbänke weit verbreitet und großflächig. Jetzt, in der Grazer Innenstadt, wo die Mur in ein enges Korsett gezwungen ist, fehlen sie vollkommen. Nur in den nördlichen Bereichen von Graz, in Andritz und Gösting, sowie in den südlichen Bezirken Liebenau und Puntigam sind solche Lebensräume fragmentarisch und zum Teil nur periodisch bei Niederwasser anzutreffen. Die zwei schönsten Schotterbänke liegen derzeit westlich des Altarmes Thondorf sowie im renaturierten Mündungsbereich des Andritzbaches. Wie wertvoll dieser Lebensraum für die Wirbellosen ist, kann man am besten in der Nacht mit einer starken Taschenlampe oder mit einem UV-Leuchtturm, der flugfähige Insekten anlockt, begutachten. Tiergruppen die hier in ihrer Individuenzahl dominieren, sind vor allem die Käfer, die Spinnen sowie meist sehr kleine Lebewesen wie Milben und Springschwänze. Dort ernähren sie sich entweder vom angeschwemmten organischen Material als sogenannte Primärkonsumenten oder sie stehen als Räuber höher in der Hierarchie der Nahrungskette. Zu den artenreichsten Vertretern zählen hier die Kurzflügelkäfer (Staphylinidae), wie z. B. *Deleaster dichrous* und ihre Nahrungskonkurrenten, die Laufkäfer (Carabidae), denen aufgrund ihres naturschutzfachlichen Wertes und ihrer Diversität ein eigenes Kapitel gewidmet wird. Bei den Kurzflügelkäfern fehlt leider jegliche Kenntnis über ihren Artenreichtum an der Mur in Graz. Mit über 1820 Arten in Österreich stellen sie die mit Abstand artenreichste Käferfamilie in Österreich dar, die so gut wie alle terrestrischen Lebensräume besiedelt. Wie auch bei den Laufkäfern kommen an Schotterbänken neben weit verbreiteten auch zahlreiche, auf diesen Lebensraum spezialisierte, sogenannte stenotope Arten oder, anders gesagt, Spezialisten vor. Durch die Begradigung und Verbauung von einem Großteil der heimischen Fließgewässer sind gerade diese Spezialisten stark zurückgegangen und daher von besonderer naturschutzfachlicher Bedeutung. Umso bedauerlicher ist es, dass die Kurzflügelkäferfauna der Uferbereiche in Graz noch völlig unbekannt ist. Ähnlich in ihrer Ökologie, ihren Individuen und ihrem Artenreichtum finden sich auf Schotterbänken zwei verschiedene Spinnenfamilien, die Wolfspinnen (Lycosidae) und die Zwergspinnen (Erigoninae). Nachdem in diesem Buch den Spinnen und Weberknechten ebenfalls ein eigenes Kapitel gewidmet ist, wird hier nicht näher darauf eingegangen. Die Biodiversität von Milben und Springschwänzen an der Mur ist wiederum völlig unbekannt und bedarf dringend einer Bearbeitung. Neben diesen häufigen und artenreichen Tiergruppen finden sich auf den Schotterbänken hochspezialisierte Wanzen, die sogenannten Uferwanzen, die sich räuberisch von kleineren Gliederfüßern wie Springschwänzen ernähren. Diese Wanzen sind kryptisch gefärbt und somit hervorragend an ihren Untergrund angepasst. Meist werden sie nur durch ihr springendes Fluchtverhalten entdeckt. Angeschwemmte Samen werden gleich von zwei weiteren Wanzenfamilien als Nahrungsquelle genutzt. Einerseits von Vertretern der sehr artenreichen Familie der Bodenwanzen, zu denen die Schwarzweiße Bodenwanze (*Scolopostethus pictus*) zählt, und andererseits von den Feuerwanzen, die in der Steiermark nur mit der Gemeinen Feuerwanze (*Pyrrhocoris apterus*) vertreten sind. Diese Arten finden sich von den Schotterbänken bis

Europäischer Bachhaft

Weiden Erdfloh

Der Kurzflügelkäfer Deleaster dichrous

Ahlenläufer

Wolfsspinne

alle Fotos: Gernot Kunz

in angrenzende Bereiche, wo die grobe Uferbefestigung in einen Auwaldrest übergeht. Dieser Auwald, der meist mit dem Murradweg endet, ist ein völlig eigenständiger Lebensraum, der an der Mur in Graz durch den Zubringer Andritzbach unterbrochen wird. Rund um den Zubringer finden sich auch kleine Wiesenbereiche und sogenannte Ruderalflächen, wo sich eine Pioniervegetation entwickelt hat. Gerade diese Regionen sind besonders reich an zoologischen Organismen, da eine neue Nahrungsspezialisierung hinzukommt, die Phytophagie oder auf Deutsch die Pflanzenfresser. Bereits ein Grashalm am Murufer kann verschiedensten Tierordnungen als Nahrungsgrundlage dienen. Die enorme Fülle an krautigen und grasartigen Pflanzen bietet einer Vielzahl an phytophagen Tierarten Nahrung. Hier sind die Raupen von Tag- und Nachtfaltern, wie z.B. des Mittleren Weinschwärmers (*Deilephila elpenor*), besonders artenreich. Sehr leicht zu verwechseln sind Schmetterlingsraupen mit den Larven der Pflanzenwespen, den sogenannten Afterraupen. Diese artenreiche Wespengruppe ist mit mindestens 714 Arten in Österreich vertreten. Die adulten Tiere, wie z.B. die *Macrophya militaris*, ernähren sich fast ausschließlich von Blütennektar, wie auch die Schmetterlinge, Wildbienen und Fliegen. Welche Arten von Pflanzenwespen in Graz an der Mur vorkommen, ist völlig unbekannt. Ebenso unbekannt ist die Zahl der vorkommenden, rein phytophagen Käferfamilie der Blattkäfer. Zu ihnen zählt z.B. der bekannte Kartoffelkäfer (*Leptinotarsa decemlineata*) oder der Westliche Maiswurzelbohrer (*Diabrotica virgifera*), der in Graz gerne von künstlichen Lichtquellen angelockt wird. Weitere Pflanzenfresser oder Pflanzensauger wären z.B. die Pflanzenläuse, die Wanzen, die Zikaden, viele Rüsselkäfer und einige Heuschrecken, die hier aufgrund ihrer Fülle an Arten nur exemplarisch erwähnt werden. Völlig anders im Artenkontingent ist der Auwaldrest, der den Großteil der Uferböschung an der Grazer Mur ausmacht. Hier lebt eine Vielzahl von Tieren am und im Boden, auf den Baumstämmen und natürlich in den Baumkronen. Am Boden unter Steinen und Totholz bzw. in der Nacht frei herumlaufend und kriechend ist fast das gesamte Repertoire an Tiergruppen zu entdecken, die sonst nur in einem natürlichen Auwald zu beobachten sind. Neben den meist lästigen Roten Wegschnecken (*Arion* spp.) finden sich auch ihre Fressfeinde wie große Laufkäfer der Gattung *Carabus* und der Tigerschnegel (*Limax maximus*). Unter den Räubern gibt es eine Vielzahl an verschiedenen Spinnentieren, denen hier ein eigenes Kapitel gewidmet ist. Zu ihnen zählt auch eine extrem spannende Ordnung, die aufgrund ihrer Ähnlichkeit zu Skorpionen Pseudoskorpione genannt wird. Im Unterschied zu diesen fehlt ihnen jedoch der wehrhafte Stachel und sie sind zudem wesentlich kleiner als ihre Schwesterngruppe, die Skorpione. Sie kommen sowohl in den Wiesen als auch im Waldboden oder unter der Rinde von lebenden oder auch abgestorbenen Bäumen vor. Dort ernähren sie sich räuberisch von kleinen Gliedertieren wie Milben und Springschwänzen. Hoch oben in den Baumkronen des Auwaldrestes finden wir wieder eine völlig eigene Fauna, die phytophagen Baumbesiedler, also Arten, die sich von den Blättern der Bäume ernähren. Hier sind gerade die Weiden wie die Bruch-Weide (*Salix fragilis*) und die Silber-Weide (*Salix alba*), Ulmen (*Ulmus* spp.) und Pappeln (*Populus* spp.) besonders beliebt bei einer Vielzahl von Pflanzenfressern. Neben Blattkäfern wie dem Weiden-Erdfloh (*Crepidodera aurata*), Zikaden und Wanzen saugen verschiedene Pflanzenläuse wie Blattflöhe (Psyllidae) an den Blattzellen dieser Wirtspflanzen. Aber auch Schmetterlinge und hier besonders eine Vielzahl von Nachtfaltern wie z.B. der Große Gabelschwanz (*Cerura vinula*) ernähren sich von den Blättern der genannten Bäume und Sträucher. Die Zahl der vorkommenden Nachtfalterarten, die in Österreich über 4.000 Arten beträgt, ist bisher ebenso weitgehend unerforscht und kann auf 300 Arten geschätzt werden.

Uferwanze

Feuerwanze

Echte Blattwespe

Tigerschnegel

Blattfloh

Puntigamer Brücke

Schwemmholz

Bei Hochwasser können große Mengen Treibholz mitgeschwemmt werden, vor allem dann, wenn aufgrund der großen Wassermenge die Schleusentore der Wasserkraft-Staue geöffnet werden. In den vergangenen 10 Jahren wurden insbesondere Stämme von Grau-Erlen verschwemmt. Grau-Erlen werden in Österreich seit 1996 von einem holzzerstörendem Pilz (*Phytophthora alni*) befallen, wodurch die Bäume absterben (Wurzelfäule) und das Holz brüchig wird. Manche dieser Erlenstämme kommen aus dem Bezirk Murau und haben daher schon mehr als hundert Kilometer „Floßreise" hinter sich. Seit 5 Jahren verstärkt sich auch das Eschentriebsterben, das ebenfalls durch Pilzbefall (*Chalara fraxinea*) ähnliche Symptome bewirkt. An den Murufern von Graz sind beide betroffenen Baumarten eher selten – ab Graz beginnt Richtung Süden an der Mur die Region der Schwarz-Erlen. Nach Hochwässern verbleiben ufernah ganze Berge von „Geschwemmsel". Schwemmholz ist ein strukturreicher Teil des Auen-Ökosystems. (*Johannes Gepp*)

„Pappelschnee"

Melitta Fuchs & Johannes Gepp

Entlang der Mur wachsen unterschiedliche Pappeln, darunter heimische Schwarz-Pappeln (*Populus nigra*), aber auch Euro-amerikanische Hybrid-Pappeln (Bastard-Schwarzpappeln *Populus* x *canadensis*), verteilt auch heimische Zitter-Pappeln (*P. tremula*). Vor allem die Hybrid-Pappeln zählen zu den am schnellsten wachsenden Gehölzen, Schwarz- und Hybrid-Pappeln können beachtliche 35 bis 45 m erreichen.

Die windbestäubten Pappeln entwickeln im Frühjahr gestielte hängende Kätzchen männlicher und weiblicher Blüten. Ende Mai beginnend produziert jeder Baum bis zu 25 Millionen Samen, die von langen, flauschigen und weißlichen Haaren umgeben sind. Diese herabfallenden Wattebäuschchen bilden einen schneeähnlichen „Blütenregen", der ganze Uferabschnitte weißlich überdecken kann. Dieser leicht entflammbare „Pappelschnee" (ähnlich der Weidenwolle) kann durch eine weggeworfene brennende Zigarette zu gefährlichen Waldbränden führen.

Olympiawiese

Im Jahre 1996 wurden Einreichunterlagen für eine Bewerbung der Steiermark um die Winterolympiade 2002 mit einem Gestaltungsplan für die Grazer Olympiawiese in Liebenau ergänzt. Der Verein „Mur findet Stadt" hat in den Jahren 2015 und 2016 ebenfalls Vorschläge für die Gestaltung der Grazer Murufer sowie der Olympiawiese als Grünoase entwickelt und zur Diskussion gestellt. Auch die Initiatoren eines geplanten Murkraftwerks Puntigam versprechen hier in Werbeaussendungen eine Wellnessoase.

„Pappelblüte" © J. Gepp

„Weidenwolle" © J. Gepp

Naturpark der Liebenauer? © S. Schönfelder

Weiß behaarter Pappelsamen © J. Gepp

„Pappelschnee" © J. Gepp

Rast an der Olympiawiesen-Au © S. Schönfelder

Von der Puntigamer Brücke Richtung flussaufwärts mit Petersbachmündung (rechts)

Ideen zur Murufer-Gestaltung

Clemens Könczöl und Romana Ull

Mur findet Stadt.

Immer mehr Grazerinnen und Grazer werden sich der Besonderheit des Gebirgsflusses in der Kulisse der mächtigen Uferbäume mitten in der Stadt bewusst. Im Sinne dieses wachsenden Interesses war es nur eine Frage der Zeit, dass sich Menschen formieren, um Zukunftsstrategien für die Mur und ihre Räume zu entwickeln. Sie haben sich eine noch bessere Erlebbarkeit des Murraumes, auch mit der Absicht, die Stadtmur und ihre Bäume in ihrer Großartigkeit zu schützen und weiter zu entwickeln, zum Ziel gesetzt. Im Verein „Mur findet Stadt" werden Ideen und Visionen für mehr Grün- und Freizeitraum für ein gesundes Graz entwickelt, um der Mur mehr Bedeutung zuzuordnen sowie durch Natur und Fluss die Menschen zu verbinden. In Zusammenarbeit mit ExpertInnen des Wasserbaus, des Naturschutzes, der Architektur und des Wassersports sowie vielen FlussliebhaberInnen wird dieses Konzept seit 2012 vorangetrieben.

Entlang der Mur sind mehrere Standorte im Fokus, an denen Ideen umgesetzt werden sollen. Kernidee des Projektes „Mur findet Stadt" ist der Flusspark im Süden von Graz an der Olympiawiese. Doch auch in der Grazer Innenstadt sind Maßnahmen angedacht: Ob im Augarten, am Andreas-Hofer-Platz oder am Langedelwehr – die Projekte stärken die Verbindung von Mensch und Fluss. Der Grün- und Freizeitraum an der Mur wird noch besser erlebbar, aber die Mur mit ihrem natürlichen Charakter bleibt. Gleichzeitig definiert sich die Beziehung zwischen den Menschen und ihrem Fluss neu.

Durch Ideenwettbewerbe, Partizipationsprojekte und Kooperationen werden die einzelnen Standorte im Detail mit der Bevölkerung erarbeitet – alle sind herzlich willkommen.

www.murfindetstadt.at

Vision Auentümpel

Vision Seitenarm

Lageplan – Flusspark und weitere mögliche Gestaltungsorte

© Mur findet Stadt, alle Grafiken: Michael Mayer

Vision Flusspark (Olympiawiese)

Laufkäfer der Murufer im Stadtgebiet von Graz

Wolfgang Paill

Laufkäfer (Carabidae) bilden eine der artenreichsten Käferfamilien Österreichs. Sie besiedeln alle Landlebensräume einschließlich trockener Sandfluren und nasser Uferzonen. Der Schwerpunkt der Biodiversität liegt an Gewässerufern, wo zahlreiche hoch spezialisierte Arten leben. Die Kenntnisse zur Verbreitung, Häufigkeit, Gefährdung und zur Lebensraumnutzung sind gut. Daher finden Laufkäfer häufig Verwendung in der Darstellung von Artenvielfalt und Naturschutzwert. Auch bei wasserwirtschaftlichen Projekten, wie der Umwandlung von regulierten Fließgewässerabschnitten in naturnahe Strecken oder der Errichtung von Hochwasser-Retentionsräumen, wird vielfach auf die Indikatorfunktion von Laufkäfern, als Repräsentanten der Tierwelt, gesetzt.

Entlang der Mur im Stadtgebiet von Graz lebt eine arten- und individuenreiche Laufkäferfauna. Über 100 Arten wurden bisher nachgewiesen. In den Au- und Hangwäldern dominieren große Arten, wie Vertreter der namensgebenden Gattung *Carabus*. Dazu zählt der auffällige Blaue Laufkäfer (*Carabus intricatus*), ein eher wärmeliebender Großlaufkäfer, der auch am Schloßberg vorkommt. Germars Laufkäfer (*Carabus germarii*) ist etwas feuchtigkeitsliebender und strahlt in die Gartenlandschaft von Graz aus, wo sowohl Larven als auch Käfer wichtige Fressfeinde der Spanischen Wegschnecke bilden. Beide Arten sind flugunfähig und breiten sich daher nur langsam und entlang des bestehenden Biotopverbundes aus. Die Wälder an der Mur bilden deshalb ein wichtiges „Rückgrat" der Ausbreitungsbewegungen von Laufkäfern innerhalb des Stadtgebietes.

Die unmittelbare Uferzone der Mur wird von einer gänzlich anderen Laufkäferfauna dominiert. Nicht nur überwiegen hier feuchtigkeitsliebende Arten, sondern auch Vertreter mit geringer Körpergröße. Dies gilt insbesondere für die Bewohner der vegetationsfreien Sand- und Schotterkörper direkt an der Anschlagslinie des Wassers. Hier herrscht hohe Dynamik: Umlagerungen im Zuge von Überschwemmungen, Abdriftung von Sedimenten oder Anlandung von Material stehen in den abflussreichen Frühsommermonaten fast an der Tagesordnung. Diese Ereignisse stellen für die Laufkäfer einerseits kleine Katastrophen dar, andererseits bedingen sie aber erst ihr Überleben. Sie sorgen nämlich für eine fortwährende Neubildung dieser speziellen, bei uns schon seltenen, wenig bewachsenen Ufer-Lebensräume. Ihre Bewohner sind an Veränderung angepasst: Sie können gut fliegen und vor Hochwässern leicht flüchten, nach Rückgang des Wasserstandes dann aber sofort, und schneller als viele andere Tier- und Pflanzenarten, zielgerichtet zurückkehren und die konkurrenzarmen Bedingungen für sich und die Entwicklung ihrer Nachkommen nutzen. An den wasserumflossenen, grobschottrigen Teilen der Schotterbänke leben Dammläufer (*Nebria*) mit langen Beinen und Fühlern, die ihnen die Bewegung zwischen den Blöcken und großen Steinen ermöglichen. Sehr auffällig ist der Rotköpfige Dammläufer (*Nebria picicornis*), der an allen größeren Schotterbänken im Stadtgebiet zu finden ist. An den strömungsabgewandten Stellen lagern sich Kiese und Sande ab, die von einer Vielzahl an Ahlenläufern (*Bembidion*) besiedelt werden. Mit dem Zweifarbigen Ahlenläufer (*Bembidion varicolor*) und dem Ziegelroten Ahlenläufer (*Bembidion testaceum*) sind auch hier farbenprächtige Vertreter im Stadtgebiet zu finden.

Eine besondere Strategie verfolgen einige der Sand- und Schlickbewohner. Der Grüngestreifte Grundläufer (*Omophron limbatum*) schwimmt aufgrund seiner stromlinienförmigen Körpergestalt regelrecht im Sand, andere Laufkäferarten nutzen hingegen Grabbeine, um Gänge im Substrat anzulegen.

Wertvolle naturnahe Uferstrukturen, wie besonnte Schotter- oder Sandbänke, sind im Stadtgebiet selten zu finden. An den wenigen Stellen herrscht jedoch „reges Treiben", da die wichtigste Voraussetzung für die Besiedlung durch anspruchsvolle Uferlaufkäfer, nämlich Fließgewässerdynamik, gegeben ist.

Dass Restrukturierungsmaßnahmen an Fließgewässern nicht nur den Schutz menschlicher Siedlungen vor Hochwässern zum Ziel haben, sondern oft gleichzeitig wichtige Naturschutzmaßahmen sind, zeigt sich im Mündungsbereich des umgestalteten Andritzbaches in die Mur knapp flussabwärts des Wasserwerkes. Trotz der noch laufenden Baumaßnahmen konnten bereits zahlreiche Laufkäferarten nachgewiesen werden. Darunter der seltene und österreichweit gefährdete Grüngestreifte Grundläufer und der in Graz bisher nicht beobachtete Verkannte Sandlaufkäfer (*Cicindela hybrida transversalis*). Eine weitere interessante Entwicklung dieses für die Mur in Graz bedeutenden Lebensraumes kann erwartet werden.

Gewöhnlicher Bartläufer

Bunter Enghalsläufer

Der Alpen-Enghalsläufer lebt an steinigen Ufern fließender Gewässer

alle Fotos: Wolfgang Paill

Larve von Germars Laufkäfer

Germars Laufkäfer, ein Großlaufkäfer mit violettem Flügeldecken-Seitenrand

Der Schwarze Enghalsläufer ist ein typischer Auwaldbewohner

Der Grüne Backenläufer bevorzugt pflanzenreiche Ufer

alle Fotos: Wolfgang Paill

Gewöhnliche Schaufelläufer, frisst Schnecken, kann dank seines schmalen Kopfes in Schneckengehäuse eindringen

Erzgrauer Uferläufer, lebt auf feuchten Sandböden

Dichte Beborstung schützt den Lehmstellen-Sammetläufer vor Benetzung mit Wasser

Blauer Laufkäfer

Rotköpfiger Dammläufer

Bergbach-Dammläufer

Zweifarbiger Ahlenläufer

Ziegelroter Ahlenläufer

Feinsedimentbank an der Mündung des Andritzbaches in die Mur, durch Baumaßnahmen initiiert, infolge natürlicher Anlandung am strömungsabgewandten Gleithang entstanden, aber naturschutzfachlich bereits wertvoll

alle Fotos: Wolfgang Paill

Besonnte, unbewachsene Sandbänke in Wassernähe sind der Lebensraum des Grüngestreiften Grundläufers

Mit Hilfe von Grabbeinen bewegt sich der Zweifarbige Grabspornläufer im Sand

Ziegelroter Ahlenläufer

Punktierter Ahlenläufer, ein nur 5 mm großer Uferlaufkäfer, bevorzugt Kiesbänke ohne Vegetation

Vegetationslose Schotterbänke, wie hier flussabwärts des Gaswerksteges, existieren nur an Gewässern mit Fließgewässerdynamik

Verkannter Sandlaufkäfer, ein geschickt fliegender Insektenjäger

alle Fotos: Wolfgang Paill

Spinnen der Murufer – Aubewohner und Aliens

Christian Komposch

Aliens

Wir schreiben das Jahr 1492: Christoph Kolumbus verirrt sich in den Weltmeeren und entdeckt Amerika. Der berühmte Arzt Paracelsus wird geboren. Der Markt Graz ist bereits seit mehr als 250 Jahren ummauert und bis zum Auftauchen Napoleons in der Stadt wird es noch gut 300 Jahre dauern. Die naturnahen und ausgedehnten Mur-Auen zeigen sich noch als funktionierendes Ökosystem. Jede Spinnenart, die ab diesem Jahr mit Hilfe des Menschen nach Graz oder Österreich kam, wird als Neozoon oder Alien bezeichnet. Der von Cook & Fournier geschaffene „Friendly Alien" – das Kunsthaus – wird erst ein halbes Jahrtausend später aus der Wiege gehoben werden.

Spinnenverseuchte Murufer oder arachnologische Tourismusattraktion

Die Präsenz von mehr als 100 Giftspinnenarten mag für viele Arachnophobiker ein Grund sein, die Murufer in Graz zu meiden. Doch wohin flüchten? In den Landlebensräumen dieser Erde gibt es vor den Spinnen letztlich kein Entrinnen. Für den Arachnologen sind Spinnen eine faszinierende Tiergruppe. Aber können Sie sich vorstellen, dass man eigens wegen der Muruferspinnen die schöne Stadt Graz besuchen könnte?

Mehr als 100 Spinnenarten am Murufer

Aktuell sind mindestens 88 Spinnenarten aus 21 Familien von den Murufern im Stadtgebiet von Graz nachgewiesen. Tatsächlich ist mit einer Artenzahl von etwa 150 zu rechnen. Die Individuenzahl dieser Achtbeiner kann nur geschätzt werden, wird aber die Zahl der Grazer um ein Vielfaches übertreffen.
Keine dieser „Giftspinnen" der Murufer ist für den Menschen gefährlich, umgekehrt hingegen gefährdet der Mensch mehr als ein Fünftel der Arten durch Lebensraumzerstörung – diese finden sich folglich in den Roten Listen wieder.

Aubewohner & Aliens

Auf den letzten Schotterbankresten der einst ausgedehnten und dynamischen Alluvionen finden sich auch Reste der einst anspruchsvollen Spinnengemeinschaften der Aulandschaft, allen voran die Flussufer-Piratenspinne (*Pirata knorri*), die Gefleckte Bärin (*Arctosa maculata*) und die stark gefährdete Graue Flussufer-Wolfspinne (*Pardosa morosa*).
Unter den gebietsfremden Arten ist die Auswahl ungleich größer: die Zitterspinne (*Holocnemus pluchei*) wurde hier erstmals für das Bundesland nachgewiesen, die wenigen Funde der Finsterspinne (*Amaurobius ferox*) stammen zumeist aus städtischen Lebensräumen. Die Mauerspinne (*Dictyna civica*) lebt ausschließlich synanthrop, also im Siedlungsraum des *Homo sapiens*.

Kunsthaus & Spinnenfauna

Der „Friendly Alien" ist eine gern gesehene Touristenattraktion. D´accord?! Nun folgt allerdings die gewagte Behauptung, dass die Spinnenfauna der Murufer ähnliche Qualitäten haben soll!
Dem Kunsthaus und den Spinnen gemeinsam ist ihr Status als Alien inmitten einer Dächer- bzw. Auenlandschaft vergangener Tage. Zugegeben, die Besucherfrequenzen des Kunsthauses erreichen die Uferspinnen nicht – doch Quantität ist ja bekanntlich nicht alles!
Darf ich Ihnen zwei Wissenschaftler vorstellen, die eigens der Achtbeinerfauna der Murufer wegen nach Graz kamen: Univ.-Prof. Stano Pekar aus Tschechien erforschte den seltenen Ameisenjäger *Zodarion hamatum* und Univ.-Prof. Marija Fedoriak aus der Ukraine widmete sich jüngst den steirischen Zitterspinnen.

Conclusio

Die Spinnenfauna der Murufer im Grazer Stadtgebiet ist etwas Besonderes! Es ist schön, die Muruferspinnen betrachtend, eine Idee von der Ausprägung der ursprünglichen tierischen Auengemeinschaft zu erhalten. Möge dieser Blick zurück in eine artenreiche Vergangenheit unserer Heimat auch den nächsten Generationen möglich sein!

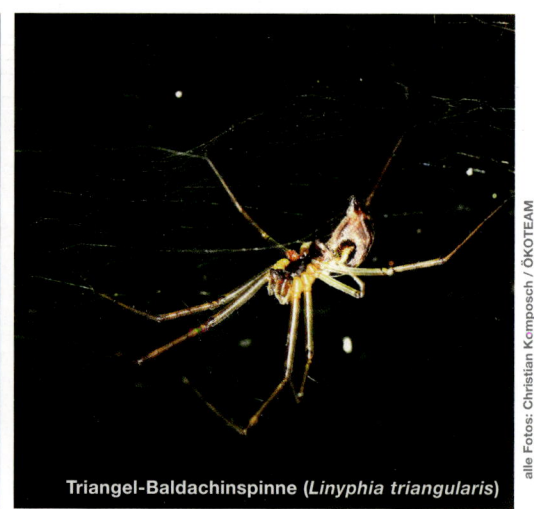

Brücken-Kreuzspinne (*Larinioides sclopetarius*)

Kugelspinne (*Enoplognatha ovata*)

Triangel-Baldachinspinne (*Linyphia triangularis*)

alle Fotos: Christian Komposch / ÖKOTEAM

Große Zitterspinne (*Pholcus phalangioides*)

Gebirgsbach-Piratenspinne (*Pirata knorri*)

Gefleckte Bärin (*Arctosa maculata*)

Fettspinne (*Steatoda bipunctata*)

Reich strukturiertes Murufer bei der Mündung des Andritzbaches als wertvoller Lebensraum für Spinnen

Mauerspinnchen (*Dictyna civica*)

Dickkieferspinne (*Pachygnatha listeri*)

Plattbauchspinne (*Trachyzelotes pedestris*)

Listspinne mit Kokon (*Pisaura mirabilis*)

alle Fotos: Christian Komposch / ÖKOTEAM

Wie gefährlich sind sie nun wirklich?

Arachnophobie – darunter verstehen wir die Furcht oder zumindest den Ekel vor Spinnen.

Die schlechte Nachricht: Hierbei handelt es sich um die zweithäufigste Phobie beim Menschen – schlimmere Furchtauslöser sind lediglich Schlangen.

Die gute Nachricht: Die Phobie ist nicht angeboren, sondern „erlernt" ... und kann damit auch verlernt werden. Wenngleich alle Spinnen der Murufer „Giftspinnen" sind, also Giftdrüsen besitzen, kann Ihnen keine einzige Spinne gefährlich werden. Ihr Biss ist kaum unangenehmer als die Attacke einer Gelse, Gnitze, Biene oder Wespe. Und die Wahrscheinlichkeit, von diesen geflügelten Plagegeistern gebissen oder gestochen zu werden, sinkt mit der Präsenz jeder einzelnen Spinne am Murufer.

Sie haben den Text bis hierher gelesen und in den Fotos die Schönheit oder Faszination der Spinnen erkennen können?

Gratulation – Sie leiden definitiv nicht unter einer Arachnophobie oder sind jetzt geheilt!

Spalten-Kreuzspinne (*Nuctenea umbratica*)

Spinnenfresser (*Ero* sp.) – Kokon

Herbstspinne (*Metellina segmentata*)

Weißhand-Wolfspinne (*Aulonia albimana*)

Graue Flussufer-Wolfspinne (*Pardosa morosa*)

alle Fotos: Christian Komposch / ÖKOTEAM

Die Weberknechte der Murufer

Christian Komposch

Die Vielfalt heimischer Weberknechte

Von wegen nur langbeinige Gesellen unserer Hausmauern... Dies mag zwar das typische Bild eines heimischen Weberknechts sein, das wir vor Augen haben, der tatsächlichen Fülle an unterschiedlichen Formen, Beinlängen und besiedelten Lebensräumen wird es allerdings keinesfalls gerecht. Kleine, rötliche und stummelfüßige Zwergweberknechte leben in der tiefgründigen Streuschicht südsteirischer Wälder, gepanzerte und kohlrabenschwarz-goldverzierte Mooskanker im Boden der Murufer. Gut versteckt unter Wurzelstöcken naturnaher Wälder der Steiermark sind Scherenkanker zu finden; diese skurrilen Formen besitzen Brechscheren als Mundwerkzeuge, vor denen eine Schnecke selbst in ihrem Kalkhaus nicht sicher ist. Orangefarbene Klauenkanker und erdummantelte Brettkanker tummeln sich ebenfalls unter und an der Bodenoberfläche. Und natürlich sind da auch noch die langbeinigen Formen an Gebäuden, hervorzuheben sind Riesen- und Rückenkanker.

Weberknechtjäger der Murufer

Die erste zusammenfassende Arbeit über die Tierwelt der Murufer im Stadtgebiet von Graz ist jene der beiden Zoologen Christoph Friedrich und Otmar Winder. Im Zuge ihrer zoologischen Forschungen in den Jahren 1991 und 1992 gelang ihnen der Nachweis von sechs Weberknechtarten. Damit widerlegten sie allein anhand der weberknechtkundlichen Ergebnisse die kühne Behauptung von Vertretern des Grazer Rathauses, dass der Lebensraum Murböschung wertlos und mit „drei bis vier Arten" ausgesprochen artenarm sei. Weitere gezielte Bestandserfassungen der Weberknechtfauna erfolgten in der Vegetationsperiode 1995 im Zuge der Machbarkeitsstudie des Kraftwerks Puntigam, zwölf Jahre später wurde die Murpromenade für die Umweltanwaltschaft auf Spinnentiere hin untersucht – und dies überaus erfolgreich!

Artenreiche Murufer!

Bislang sind von den Murufern im Stadtgebiet von Graz bemerkenswerte 18 Weberknechtarten aus vier Familien dokumentiert! Mehr als ein Fünftel der nachgewiesenen Arten sind nach der aktuellen Roten Liste Österreichs gefährdet und ein weiteres Drittel ist der Vorwarnstufe zuzurechnen. Die besiedelten Lebensraumtypen reichen von der Laubstreuschicht bis zu den senkrechten Betonwänden der Brückenpfeiler – diese werden von einigen Arten als Ersatzflächen für Felsbiotope angenommen.

Auch der Östliche Panzerkanker (Astrobunus laevipes) breitet sich entlang von Flüssen aus

Aliens im Vormarsch, auch am Murufer! – der Apenninenkanker (Opilio canestrinii)

Der Hornkanker (Phalangium opilio) ist einer jener Langbeiner, die wir von den Hausmauern kennen

In der Grazer Bucht weit verbreitet: der Östliche Zweizahnkanker (Nemastoma bidentatum sparsum)

Keine Hochstaudenflur entlang eines Gewässers ohne das Schwarzauge (*Rilaena triangularis*)

Besuch aus der Obersteiermark – der Schwarze Mooskanker (*Nemastoma triste*)

Wanderte aus dem Süden entlang der Mur bis nach Graz – der Keulen-Zweizahnkanker (*Nemastoma bidentatum bidentatum*)

Nomen est omen (die drei Zacken sitzen vorne oben an der Stirn) – Kleiner Dreizack (*Lophopilio palpinalis*)

Die Mur als grünes Band

Typischer Auwaldbewohner – der Gesättelte Zahnäugler (*Lacinius ephippiatus*)

Muss der Steinkanker (*Opilio saxatilis*) dem Neubürger Apenninenkanker weichen?

Goldverziert – der Mitteleuropäische Fadenkanker (*Mitostoma chrysomelas*)

In guter Populationsgröße am städtischen Murufer – der Honiggelbe Langbeinkanker (*Nelima sempronii*)

alle Fotos: Christian Komposch / ÖKOTEAM

...und die Bedeutung der Mur als Wanderkorridor

Flüsse als Wanderkorridore

Die Vorteile der Wanderrouten entlang von Fließgewässern sind vielfältig: Flusslandschaften bieten im (Nat)Urzustand ein Nebeneinander von mehreren Lebensraumtypen auf engstem Raum, sozusagen „für jeden etwas Passendes". Diese geeigneten Umweltbedingungen ziehen sich über weite Strecken als kontinuierliches Band durch sehr unterschiedliche Großlebensräume und Klimaregionen. Ausbreitungsbarrieren wie Gebirgszüge werden durchbrochen oder umflossen. Selbst in unserer ausgeräumten Kulturlandschaft bietet der Fluss, so nicht verrohrt oder kanalisiert, trotz vielfach dramatischer Morphologie noch die letzte Chance eines Weges durch „Stadt und Land" für tierische Schwimmer, Läufer, Kriecher und Flieger.

„Grünes Band" Mur

Als „Grünes Band" durchzieht die Mur die strukturarme Agrarlandschaft der Grazer Bucht und – auf einen Bruchteil ihrer ursprünglichen Ausdehnung zusammengepfercht – das Stadtgebiet der Landeshauptstadt. Damit stellt die Mur die wichtigste Verbindung zwischen den naturnahen Landschaften Nordsloweniens, der Südsteiermark und jenen der Obersteiermark dar.

Die zoogeographische Überraschung der arachnologischen Kartierungen im Stadtgebiet von Graz ist das Vorkommen des Keulen-Zweizahnkankers (*Nemastoma bidentatum bidentatum*). Dieser Endemit der Südalpen und Sloweniens erreicht Österreich lediglich in den südlichsten Landesteilen. Seine nördliche Arealgrenze liegt in der Südweststeiermark nur wenig nördlich der Landesgrenze. Von dort gelingt es diesem Bodenbewohner offensichtlich die flussbegleitenden Galerie- und Auwälder der Mur nach Norden zu durchwandern und dabei das Stadtgebiet von Graz zu erreichen.

Szenenwechsel in die gebirgige Obersteiermark und ins Steirische Randgebirge, wo in Höhen bis über 2.000 Meter der Schwarze Mooskanker (*Nemastoma triste*) lebt. Der Nachweis dieser Spezies an den Murufern in Graz ist angesichts der mehrere Dutzend Kilometer entfernt liegenden nächsten bekannten Population nur über eine Verdriftung flussabwärts mit Hochwässern zu erklären.

Resümee

Flüsse zählen seit jeher zu den wichtigsten Wanderkorridoren, vor allem für wenig mobile Tierarten, die sich per pedes ausbreiten. In unseren Tagen, in denen das Umland stark anthropogen überformt bis verbaut und versiegelt ist, gewinnt dieser Umstand mehr und mehr an Bedeutung!

Dadurch wird einerseits der genetische Austausch zwischen entfernten Populationen gewährleistet, andererseits fallweise auch eine Ausdehnung ihres Areals ermöglicht. Die Wanderwege einzelner Weberknechtarten ziehen also vermutlich von Süd nach Nord und von Nord nach Süd, um sich in Graz zu kreuzen. Unser Wissen zu den Ausbreitungswegen und -geschwindigkeiten von Wirbellosen steckt noch in den Kinderschuhen und bedarf weiterer Forschungsarbeiten – die Murufer im Stadtgebiet von Graz wären dafür ein ideales Freiluft-Labor!

Meisterliche Tarnung durch Erdmimese – der Kleine Brettkanker (*Trogulus tricarinatus*).

Spezialisierter Schneckenfresser – der Mittlere Brettkanker (*Trogulus nepaeformis*)

Seit 1991 regelmäßig am Murufer gefunden – der Gemeine Dreizackkanker (*Oligolophus tridens*)

Ziegelrückenkanker (*Leiobunum limbatum*) – mit einer Spannweite von knapp 20 cm der größte terrestrische Wirbellose der Murufer

Der an Murufern häufige Braunrückenkanker (*Leiobunum rotundum*) nutzt diese Nord-Süd-Achse als Wanderkorridor

alle Fotos: Christian Komposch / ÖKOTEAM

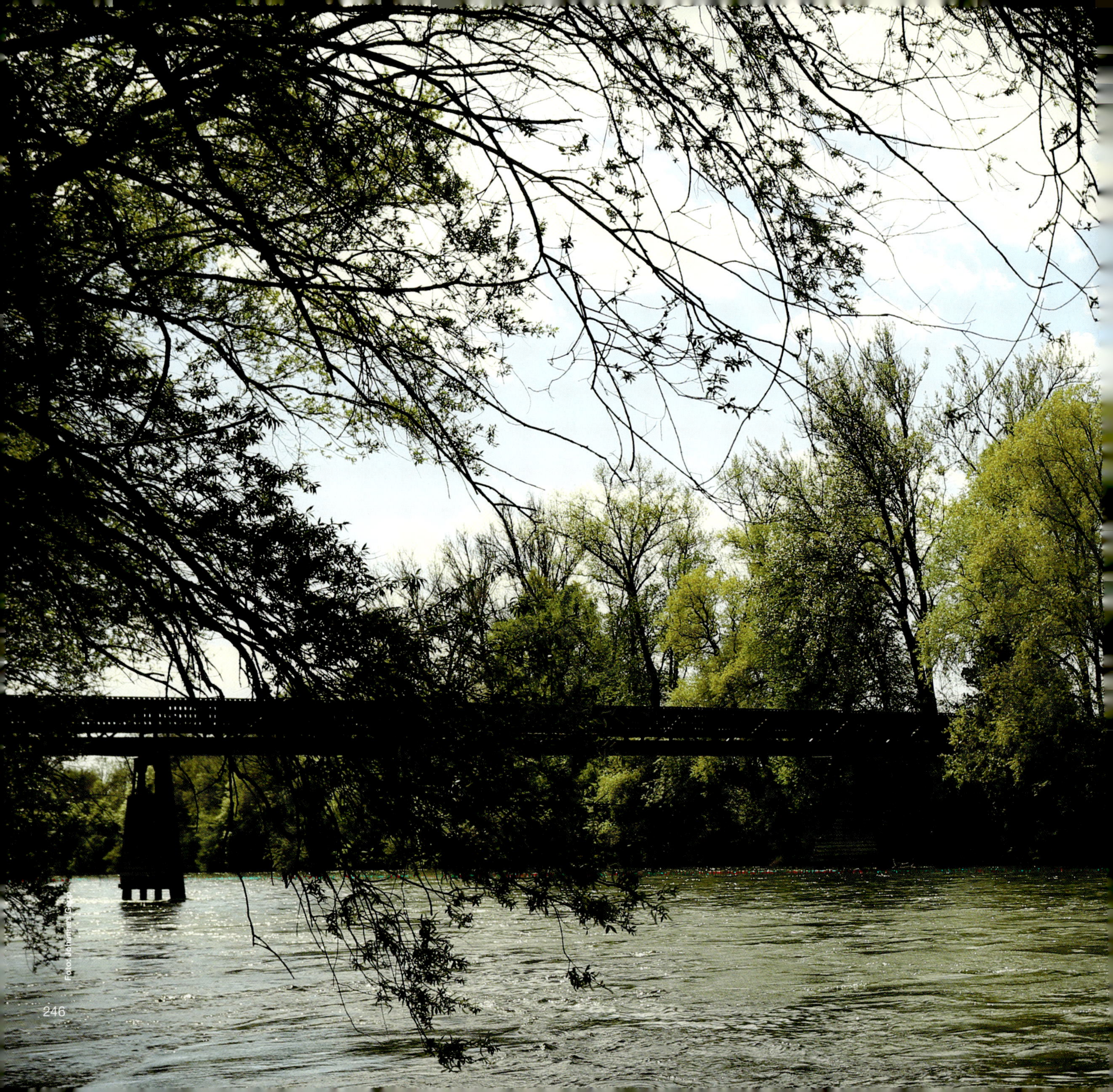

Foto: Johannes Gepp

Gasrohrsteg

Der Gasrohrsteg

Johannes Gepp

Die 1952 fertiggestellte Stahlkonstruktion überspannt mit einer unterseitigen Gasleitung 90 Meter der Mur. Der ursprüngliche Zweck war, eine Gasleitung vom Wöllersdorfer Gaswerk zum Thondorfer-Werk des Steyr-Daimler-Puch-Betriebs zu errichten. Heute ist sie eine beliebte Überquerungsmöglichkeit für Radfahrer, die sich entlang der Mur-Au „abstrampeln". Vom Steg aus erblickt man beiderseits nur Uferbäumen.

Wanderer und Radfahrer

Die zentrale Murpromenade – kinderwagen- und rollstuhlgerecht befestigt – ist nur ein kleiner Teil des direkt entlang der Mur gelegenen Grazer Wegenetzes. Zumindest zehn der 16 km Murufer – größtenteils beidseitig – werden alltäglich von Joggern, Weitwanderern oder kurzfristig von sportlichen Spaziergängern frequentiert – und das seit Jahrzehnten!

Die restlichen fünf Kilometer steillagige Ufer sind vor allem im Sommerhalbjahr derart dicht mit Sträuchern und Neophyten bewachsen, dass nur „Mur-Freaks" dorthin finden. Versteckt gibt es einige hundert Stellen, die sich so mancher Grazer als seine „Murinsel" auserkoren hat, um dort zu entspannen, sich zu sonnen oder sich in seinen Gedanken zu verlieren. Für diese „Muranbeter" klingt es wohl eher bedrohlich, im Zusammenhang mit einem Kraftwerksprojekt zu hören, wie die Erschließung der Mur für Grazer Bürger pionierartig angepriesen wird.

Die Radfahrer, unter ihnen die Kurzstrecken-Pendler innerhalb von Graz, Fahrrad-Jogger und die Weitstrecken-Radler („Tour der Mur") haben mit planender Unterstützung und Ausführung der Stadt Graz ein Mur-paralleles Wegenetz etabliert. Die Mur und ihre Fahrradwege sind mit einem Achtel Anteil am Grazer Fahrwegenetz (insgesamt 128 km) die tragende „Grüne Achse". So queren an Sonnentagen Hunderte von ihnen die einzelnen Stege. Dass ein geplantes Wasserkraftwerk in Puntigam diese Möglichkeiten erst erschließen soll, ist eine beschönigende Behauptung.

Stockenten-Gelege neben einem Uferweg

alle Fotos: Johannes Gepp

Gasrohrsteg von Süden

Ameisen in den Mur-Auen von Graz

Roman Borovsky & Herbert Christian Wagner

Für viele Menschen sind Ameisen kleine, geschäftig umherlaufende Insekten, die in Gärten und Häusern oft als lästig empfunden werden. Außerdem ist bekannt, dass sie sich zur Wehr setzen, beißen oder stechen können; dies ist Anlass, körperlich und gefühlsmäßig auf Abstand zu ihnen zu gehen. Trotzdem faszinieren diese staatenbildenden Insekten den Menschen aufgrund ihrer Kooperationsfähigkeit und Lebensweise seit langer Zeit.

Im Ökosystem spielen Ameisen eine beträchtliche Rolle: Im Zuge des Nestbaus können große Erdmengen bewegt werden, dies trägt zur Durchmischung und Belüftung des Bodens bei; sie erhöhen die Biodiversität durch die Verbreitung der Samen zahlreicher Pflanzen, sie beherbergen andere Arthropoden wie z. B. „Ameisenfischchen" oder Raupen einiger Schmetterlingsarten, welche ausschließlich in Ameisennestern vorkommen. Sie betreiben „Viehzucht" mit Blattläusen und als Räuber regulieren sie die Vermehrung anderer Gliederfüßer. Schließlich gelten Ameisen als Nahrungsgrundlage für Tiere wie Vögel oder Spinnen.

Ameisen haben fast jeden Teil der Erde erfolgreich besiedelt und im Zeitraum von über 100 Millionen Jahren erstaunliche Spezialisierungen erworben. Etwa ein Drittel der in Mitteleuropa vorkommenden Arten lebt sozialparasitisch in Abhängigkeit von anderen Ameisenarten, sei es nur vorübergehend zur Koloniegründung oder sogar für das ganze Leben. Zu Ersteren gehört beispielsweise die temporär sozialparasitische Glänzendschwarze Holzameise (*Lasius fuliginosus*). Sie errichtet ihre Nester vorwiegend an der Stammbasis oder zwischen dem Wurzelwerk großer Laubbäume. Dort werden eindrucksvolle Kartonnester errichtet, die aus Erd- und Holzmaterial mit Honigtau gefertigt werden. Auf diesem Substrat wächst ein Pilz, welcher der Konstruktion Festigkeit verleiht. Eine Kolonie kann bis zu zwei Millionen Individuen beherbergen und beansprucht ein großes Territorium, das mit speziellen chemischen Substanzen, die eine abschreckende Wirkung auf Konkurrenten haben, verteidigt wird. Wichtigste Nahrungsgrundlage bilden die Ausscheidungen von Blattläusen, der Honigtau.

Unterschiedliche Angriffs- und Verteidigungsstrategien

Die baumbewohnende Stöpselkopfameise (*Colobopsis truncata*) zeigt eine außergewöhnliche morphologische Anpassung: Königinnen und „Türschließer"-Arbeiterinnen besitzen einen vorne abgeflachten Kopf, mit dem die schüchternen Tiere ihre Nesteingänge im Holz nach außen verschließen und somit das Eindringen von Feinden verhindern können.

Eine andere Form der Verteidigung nutzt die verborgen lebende Versteckte Knotenameise (*Myrmecina graminicola*). Bei Bedrohung rollt sie sich ein und stellt sich tot, wodurch mögliche Angreifer die Ameisen vielleicht nicht mehr visuell wahrnehmen können; außerdem bildet die starke Panzerung einen guten Schutz.

Fast die Hälfte der in Mitteleuropa vorkommenden Ameisenarten besitzt einen Giftstachel. Zu ihnen gehört die an gut besonnten Sand- und Schotterbänken vorkommende Große Knotenameise (*Manica rubida*). Diese Ameise kann Angreifer durch Stiche abwehren, die deutliche Schmerzen verursachen.

Die Große Knotenameise teilt oft den gleichen Lebensraum mit der aggressiven Alpen-Sklavenameise (*Formica fuscocinerea*). Aus Konkurrenz um Lebensraum und Nahrung kommt es zu Kämpfen zwischen den beiden Arten. Die Einzelkämpfer der Knotenameise treffen hierbei auf Teamarbeit der zahlenmäßig meist überlegenen Sklavenameisen, die den Gegner an den Beinen strecken, um den Einsatz des gefährlichen Stachels zu verhindern und den wehrlosen Feind dann zu töten.

© Roman Borovsky

Die Sand- und Kiesflächen im Mündungsgebiet des Andritzbaches in die Mur werden bevorzugt von der Großen Knotenameise und der Alpen-Sklavenameise besiedelt.

- Stöpselkopfameise
- Große Knotenameise
- Die sehr verborgen lebende Versteckte Knotenameise
- Glänzendschwarze Holzameise
- Kerblippige Rossameise
- Schwarze Wegameise
- Zweifarbige Wegameise streckt Rote Knotenameise
- Alpen-Sklavenameise
- Waldknotenameisen bei der Interaktion mit Blattläusen

alle Fotos: Roman Borovsky

© Leander Khil

Die flussbegleitende Landschaft von Feldkirchen und Gössendorf war vor der Errichtung des Murkraftwerks Gössendorf ein geschlossener Auwald – eine der größten Mur-Auen der Steiermark! Als Ersatz für auf Kilometerlängen gefällte Bäume und insbesondere Sträucher wurden viel beworbene „Ersatzlebensräume" angelegt. Insbesonders sind hier die Reaktivierung des „Thondorfer Altarms" – eine Flachbucht der Mur – sowie Tümpelanlagen unmittelbar südöstlich der Autobahnbrücke A9 zu erwähnen. Sie brachten größere Strukturvielfalt in die regulierte Uferlandschaft. (*Johannes Gepp*)

Foto: Johannes Gepp

Stauraum für das Kraftwerk Gössendorf
Murfelder Straße gegenüber Austüberl

Rudersport am Stausee

Seit 2015 ist der „ruder club graz" mit eigenem Bootshaus (links im Bild) nahe der A2-Autobahnbrücke (im Hintergrund) offiziell. Wettkampf-Rudern ist ein Kraftausdauersport – wenn auch nur für Minuten –, bei dem man mit einem Einer (Skiff genannt) bis zum Achter über das Wasser gleitet. In der Vorstellung der Karl-Franzens-Universität Graz und der Technischen Universität Graz soll es in Zukunft auf der Mur ähnliche Wettkämpfe wie zwischen den Universitäten Oxford und Cambridge geben. Derzeit gibt es die beiden wetteifernden Mannschaften aber erst in „Papierform". (*der Grazer, 01.05.2016*)

Bootsstützpunkt des Wasserdienstes

Zweier Regatta-Ruderboot

Laufkraftwerk Gössendorf

Der Rückstau des Wasserkraftwerks Gössendorf reicht etwa bis zum Gasrohrsteg in Liebenau. Das 11,2 m hoch gestaute Wasser wird seit 2012 vom Verbund Hydropower GmbH betrieben und liefert jährlich 89 Mio KW; die Energie Steiermark ist Miteigentümer (Quelle: Internetbeschreibung Verbund). Im Zuge der Kraftwerkserrichtung wurden ostseitig für den Bau eines Begleitkanals zahlreiche Auenbäume gefällt. Andererseits wurde der fossile Altarm der Mur reaktiviert und es entstand das Naherholungsareal „Auwiesen" mit einem vielfältigen Freizeitangebot.

Mit Errichtung des Wasserkraftwerks Gössendorf wurde der sogenannte Altarm Thondorf zu einer Bucht des Stauraums umgestaltet, die umgebenden Auenwiesen allgemein zugänglich gemacht und als Erholungsflächen gewidmet. Es spricht für die Zweifelhaftigkeit von Umweltverträglichkeitsprüfungen, wenn die Zuständigen, praktisch an derselben Stelle ruhebedürftige Rückzugsgebiete für Tiere vorschlagen, gleichzeitig aber Fuß- und Radwege durch das Gebiet führen lassen und noch auffordern, hier Würstel- und Getränkestände für einen frequentierten Wochenendbetrieb zu Verfügung zu stellen. In einigen Punkten haben die Bemühungen Früchte getragen, sie betreffen vor allem Libellen und Amphibien. Auch Pionierarten unter Vögeln, Heuschrecken, Laufkäfern haben sich erwartungsgemäß rasch angesiedelt, werden aber nach mehrjähriger Sukzession ebenso allmählich wieder zurückgedrängt. Zu betonen ist, dass die Ersatzlebensräume anstelle bereits vorhandener – auch schützenswerter – Biotope errichtet wurden, und daher kaum zusätzlichen Ersatz bewirken, was die Betreiber freilich gänzlich anders sehen. (*Johannes Gepp*)

Brücke der Südautobahn

Kraftwerks-Stausee Gössendorf

Auwiesen

Der Natur- und Erholungsraum Mur – Graz-Süd, kurz „Auwiesen" genannt, wurde im Einklang mit dem Kraftwerk Gössendorf etabliert. Dieses neue Naherholungsgebiet wird von der Bevölkerung seit seiner Eröffnung im Sommer 2013 begeistert genutzt. *„Von der Liegenwiese mit ansprechenden Holzdecks, über Grillplätze sowie Spazier- und Wandermöglichkeiten, vielseitigen Wassersport- und Freizeitangeboten, zahlreichen neu geschaffenen Rückzugsgebieten für bedrohte Tiere und Pflanzen, bis hin zu einer einzigartigen Flaniermeile an der neuen Waterfront entlang der Murfelder Straße: Geplant ist die Rückkehr des Rudersports an der Mur. Die neue Muruferpromenade ist in seiner Beschaffenheit ein außergewöhnliches Naherholungsgebiet und Freizeitareal mit klarer ökologischer Ausrichtung"* (aus einer Informationsschrift d. Stadt Graz A10/5-Grünraum und Gewässer im Internet). Im Gebiet ist auf Tafeln deutlich sichtbar ein Verhaltenskodex betreffend der biologischen Ersatzlebensräume angebracht. (*Johannes Gepp*)

Auwiesen-Impressionen

Joggen am Stausee

Nach zahlreichen Kollisionen: Vogelschutz-Warnbaken mit Zebrastreifen-Muster auf der Hochspannungsleitung sorgen dafür, dass Vögel die Leitungsseile hoffentlich rechtzeitig erkennen und überfliegen.

Fotos: Johannes Gepp

Naherholungsgebiet Auwiesen an der Thondorfer Altarm-Bucht

Ersatzlebensräume

Um Biotopverlust durch die Errichtung des Wasserkraftwerks Gössendorf auszugleichen, wurde unmittelbar südöstlich der A2-Autobahnbrücke der isolierte Thondorfer Altarm in Form einer Nebenbucht wieder an die Mur angeschlossen. Des Weiteren wurden Amphibien- und Libellenweiher angelegt. Allerdings wurde unmittelbar angrenzend das Erholungsgebiet Auwiesen etabliert, das zumindest an Feiertagen stark frequentiert ist. Immerhin vertragen etliche Pionierarten unter Pflanzen und Tieren das menschliche Nebeneinander.

Der entstehende Nutzungskonflikt zwischen Freizeitraum und Naturschutz-Ausgleichsfläche ist für scheue Arten nicht lösbar. Weder verordnete Sperrzonen noch auf Freiwilligkeit basierende Strategien zur BesucherInnenlenkung sind bei Hunderten BesucherInnen geeignet, die nur 3 ha großen ökologischen Ausgleichsflächen zu sichern. Somit werden die im UVP-Verfahren vorgegebenen naturfördernden Ruhezonen nur bedingt wirksam.

(*Johannes Gepp*)

Abkühlung an Hundstagen

Veralgung als Altarm-Problem

Amphibienweiher bei den Auwiesen

Reaktivierte Altarmbucht Thondorf

Libellen an Augewässern

Gernot Kunz

Am Rande des Altarmes Thondorf, aber auch an den kleinen, künstlich angelegten Stillgewässern findet eine Vielzahl von häufigen Libellenarten einen geeigneten Lebensraum. Hier können z.B. die Blaugrüne Mosaikjungfer (*Aeshna cyanea*), die Herbst-Mosaikjungfer (*Aeshna mixta*), die Blutrote Heidelibelle (*Sympetrum sanguineum*), die Große Heidelibelle (*Sympetrum striolatum*), die Hufeisenazurjungfer (*Coenagrion puella*), die Blaue Federlibelle (*Platycnemis pennipes*) und die Große Pechlibelle (*Ischnura elegans*) beobachtet werden. Weitere Arten sind zu erwarten. Mit Ausnahme der Großen Pechlibelle, die sporadisch auch in Andritz anzutreffen ist, scheinen alle diese Arten an der restlichen Murstrecke in Graz nicht vorzukommen. Außerdem fehlen jegliche Vertreter der Familie der Flussjungfern (Gomphidae), von denen gleich drei Arten, nämlich die Grüne Keiljungfer (*Ophiogomphus cecilia*), die Kleine Zangenlibelle (*Onychogomphus forcipatus*) und die Gemeine Flussjungfer (*Gomphus vulgatissimus*) südlich von Graz vorkommen. Durch die Begradigung der Mur fehlt ihnen meist die notwendige Flussdynamik für ihre Larvalentwicklung. So benötigen sie schnell wechselnde Strömungsverhältnisse und Wassertiefen und die damit einhergehenden Schotter-, Kies- und/oder Lehmbänke, wo sich ihre Larven im Sediment eingraben können. Diese Überlebensgrundlagen finden sie heute noch an der Grenzmur und in einigen ihrer Zubringern. Durch Renaturierungsmaßnahmen könnten sich diese in Österreich stark gefährdeten Arten wieder weiter nach Norden in Richtung Graz ausbreiten, vielleicht sogar bis zum Altarm Thondorf.

Blaugrüne Mosaikjungfer

Herbst-Mosaikjungfer

Große Heidelibelle

Blutrote Heidelibelle

Paarungsrad der Großen Pechlibelle

Kleine Zangenlibelle

Hufeisenazurjungfer

Blaue Federlibelle

alle Fotos: Gernot Kunz

Königskerzen-Vielfalt

Gernot Kunz

Oft sind viele Arten an bestimmte Pflanzenarten angepasst und ernähren sich ausschließlich von ihnen. So sind z.B. die Königskerzen (*Verbascum* spp.) an den Ruderalflächen des renaturierten Andritzbaches ein Insektenmagnet.

Die lichtbedürftigen Königskerzen siedeln sich gerne auf warmen, offenen, meist steinigen Stellen wie Böschungen oder Dämmen an. Viele Arten sind zweijährig und entwickeln erst im zweiten Jahr hohe Blütenkerzen. Ihre bis zu 200 leuchtend gelben Einzelblüten locken neben zahlreichen Wildbienen wie z.B. Hummeln (*Bombus* spp.) auch Schmetterlinge, Käfer und Schwebfliegen an. Von ihren Blättern oder Samen ernähren sich zahlreiche Käfer, Schmetterlingsraupen, Wanzen, Pflanzenläuse und Zikaden. Unter den Käfern finden sich auf Königskerzen z.B. spezialisierte Rüsselkäfer verschiedener Gattungen und Arten. Durch ihren schwarzen Fleck auf den Flügeldecken besonders auffällig ist hier die Gattung *Cionus*. Auch der Laufkäfer (*Bradycellus verbasci*) trägt die Königskerze in seinem Artnamen. Die omnivore (allesfressende) Art soll u.a. abgefallene Königskerzen-Samen verzehren.

Zu den Blattfressern zählt z.B. die Schmetterlingsraupe des Königskerzen-Mönchs (*Cucullia verbasci*), die aufgrund ihrer großflächigen Fraßspur leicht zu entdecken ist. Gleich eine Vielzahl von Wanzen saugen an den Blättern, Stängeln oder Samen der Königskerzen. Zu ihnen zählen Vertreter der Baum-, Glasflügel-, Boden- und Weichwanzen, wie z.B. *Campylomma verbasci*. Auch ihre Nahverwandten, die Zikaden, sind mit mindestens zwei Arten wie z.B. der Königskerzen-Blattzikade (*Micantulina stigmatipennis*) an Königskerzen vertreten. Meist verraten gelbe Flecken auf den Blättern ihre Präsenz. Der Gemeine Ohrwurm (*Forficula auricularia*) ernährt sich als Allesfresser sowohl von pflanzlicher als auch von tierischer Kost und findet im Bereich der Blattstiele der Königskerze, aber auch im Blütenstand sehr gute Versteckmöglichkeiten.

Selbst die langen, abstehenden Haare der Königskerzenblätter werden im Tierreich genutzt. So werden diese von der Wollbiene (*Anthidium* sp.) gesammelt und für den Nestbau verwendet. All diese Taxa besiedeln oder nutzen die Königskerze. Würde man hier die gesamte Flora an den Ruderalstandorten auf ihre Tierwelt untersuchen, könnte man vom Umfang her ein eigenes Buch veröffentlichen.

Heuschrecken an der Mur

Gernot Kunz

Unter den springfreudigen Heuschrecken bevorzugen viele Arten wärmebegünstigte Standorte. Die offenen, spärlich mit Gräsern und Weiden bewachsenen Flächen sind ein „Eldorado" für z.B. die Blauflügelige Ödlandschrecke (*Oedipoda caerulescens*), die durch ihre leuchtend blauen Hinterflügel an der Mur unverwechselbar ist. Die nah verwandte und im selben Lebensraum vorkommende Grüne Strandschrecke (*Aiolopus thalassinus*) zählt zu den absoluten Highlights der Neuentdeckungen für die Grazer Fauna. Diese in Österreich stark gefährdete Art dürfte nach der Reaktivierung des Altarmes in Gössendorf im Jahre 2012/2013 aus südlichen Bereichen in Graz eingewandert sein. Dasselbe gilt für die ebenfalls in Österreich stark gefährdete Pfaendlers Grabschrecke (*Xya pfaendleri*). Algenfressend, mit nur 4–6 mm Größe, besiedelt sie in großen Dichten die Uferbereiche der kleinen Stillgewässer nördlich des Altarmes. Weitere Heuschreckenarten wie der Gemeine Grashüpfer (*Pseudochortippus parallelus*) und die Große Schiefkopfschrecke (*Ruspolia nitidula*) finden sich an stärker bewachsenen Stellen und Wiesenflächen, wie man sie derzeit nur kleinflächig am Ufer der Mur vorfindet. Besonders im Spätsommer und Herbst und hier v.a. am Abend und in der Nacht wird die Geräuschkulisse an der Mur durch Langfühlerschrecken dominiert. Neben der bereits erwähnten, wiesenbewohnenden und monoton und laut singenden Schiefkopfschrecke kann man am Murradweg einzelne, von längeren Pausen durchsetzte, hochfrequente Gesänge der Sichelschrecken (*Phaneroptera* spp.) wahrnehmen, die meist in der Strauch- und Baumschicht zu finden sind. Näher am Boden und etwas tiefer und lauter singt die Gemeine Strauchschrecke (*Pholiodoptera griseoaptera*). Aus den Baumkronen ertönt der, bis zu 50 m weit hörbare Gesang der Zwitscherschrecke (*Tettigonia cantans*) und ihrer lang geflügelten Schwesterart, der Gemeinen Heuschrecke (*Tettigonia viridissima*). Alle gemeinsam singen zur Partnerfindung im Chor und bestimmen die nächtliche Akustik, die mit Sicherheit – neben Vogelgezwitscher – stark zu einem „Wildnisgefühl" beiträgt.

Cityflussbike

Murmuseum
Müllmuseum mit Flaschenpost

Wolfgang Lanner

Schon einige Zeit kein Regen mehr. Niedrigwasser. Beim Gasrohrsteg südlich der Puntigamerbrücke eine breite Schotterbank. Mit meinen beiden Kleinen runter zum tief eingeschnittenen Flussbett. Achtung auf die Hände, Brennnesseln, ein Haufen Grünschnitt, danach Stacheln der Brombeerranken durch die Socken, Autsch! Am Flussbett eine andere Welt. Oben blau, rundherum alles grün, Wasserrauschen übermalt jedes Verkehrsgeräusch. Blick nach unten, schauen, wo man hinsteigt. Wasser glitzert zwischen den Steinen. Muffiger Geruch, austrocknender Sand, Bachflohkrebse flitzen herum, suchen tieferes Wasser. Nur auf die großen Steine steigen. Bitte nicht zu nah ans fließende Wasser. 8 und 12-jährige Kinder kann es da schon mitreißen. Schuhe ausziehen wäre toll, aber es gibt Scherben, Metallreste. Der Fluss bringt nicht nur Steine aus den Quellregionen mit, sondern schiebt auch Hinterlassenschaften seiner Anwohner Richtung Mündung. Ein Tennisball! Darf ich den mitnehmen? Oh Gott, der muffelt, muss das sein. Ja! Da hängt ein Sackerl in den Zweigen einer vom Hochwasser tief gebeugten Weide. Kein Loch, rein mit dem Ball. Oh Papa, was isn das? Rostiges Eisen zwischen faustgroßen Steinen. Mit einem Steckerl wird das Ding aus dem Kies gehebelt. Sieht aus wie ein, hm, was ist das? Sand ausschwemmen. Ah, ein Kerzenhalter, alles dran. Bin leider auch Sammler. Papa, darf ich auch was mitnehmen? Der jüngere Sohn möchte auch ein eigenes Fundstück. Freilich, darfst du auch was mitnehmen. Was denn? Was du willst. Das Ufer wird stellenweise enger, jetzt im Gänsemarsch. Die Kinder vor mir, beäugen einen Schwemmguthaufen an einem Baumstamm. Plastikmüll. Ein Stück Holz wird mit drei Steinen besetzt. Das sind wir. Meine Tochter ist der weiße Stein. Los geht's, ab in die Strömung. Uh, das wackelt, aber noch alle an Bord. Wir Steinpassagiere sind froh, dass wir in ruhigeres Wasser kommen und letztendlich stranden. Noch ein kleines Stück stromabwärts. Nahe der Autobahnbrücke. Jetzt der Superfund. Ein Boot aus Lego. Georg ist glücklich. Das wird behalten – nicht auf die Reise geschickt. Jetzt die Uferböschung hinauf, die Zweige der Sträucher sind Kletterhilfen. Durch die Siedlung nach Hause. Die Beute: zwei Tennisbälle, ein Legoboot, ein Kerzenhalter, ein leeres Medizinflascherl, drei Sektkorken, einer aus Plastik …

So entstand an der Gartenhüttenwand das Murmuseum. Spannend: Entdeckung einer Flaschenpost, leider aufgeweicht. Weder die Nachricht entzifferbar noch der junge Absender mit Nachnamen Kern ausfindig zu machen. Ein verrostetes Bajonett, ein Scheinwerfer, einmal einen Rucksack seinem Besitzer zurückgebracht.

Das war vor zwölf bis 13 Jahren. Spaziergänge an „natürlicher" Uferlinie – forschende Kinder. War eine schöne Zeit. Eine andere Zeit. Manchmal frage ich mich, ob unser Fortschritt in die richtige Richtung schreitet. Manche Naturerlebnisse sind nicht zu wiederholen, weil die Flächen mit jeder Generation weniger werden, nicht mehr betretbar sind. Verbaut, verloren. Heute ist an dieser Murstrecke kein Gehen auf Murnockerln mehr möglich. Keine Bachflohkrebse, keine Fundstücke mehr. Hart verbautes Ufer. Es wird Strom produziert für die Tablets und Smartphones der heutigen Kinder.

alle Fotos: Wolfgang Lanner

Flaschenpost

Literatur

Die Kompetenz der Autoren dieses Bildbandes geht weit über die in diesem Buch versuchte populärwissenschaftliche Betrachtung hinaus. Ein Bildband bietet nur begrenzte Möglichkeiten, Themen wissenschaftlich auszubreiten. Diese bewusste „Kürze" der Artikel zu ergänzen wurde nachfolgende Literaturübersicht angefügt.

Amphibien (Werner Kammel)

KAMMEL, W. (2015): Verbreitung, Bestandssituation und Lebensraumansprüche der Würfelnatter (*Natrix tessellata* Laurenti, 1768) in der Steiermark. – Joannea Zoologie 14: 37-58.

KAMMEL, W. (2016): Verbreitung, Bestandssituation und Lebensräume autochthoner und allochthoner Vorkommen der Mauereidechse (*Podarcis muralis* ssp.) in der Steiermark Österreich. – Z. f. Feldherpetologie 23, Bielefeld: 111-127.

KAMMEL, W. & MEBERT, K. (2011): Effects of hydroelectric power plants, nature-orientated hydraulic engineering and water pollution on the distribution of the dice snake at the river Mur in Styria (Austria). Mertensiella Sonderband *Natrix tessellata* – Dice Snake. – In: MEBERT, K. (Hrsg.): The Dice Snake, *Natrix tessellata*: Biology, Distribution and Conservation of a Palaearctic Species. – Mertensiella 18, DGHT, Rheinbach, Germany: 188-196.

Hydrologie (Ursula Suppan)

HARUM, T., ROCK, G., LEDITZKY, H.P. (1997): Zum Einfluss der großen Murregulierung 1874-1891 auf das Grundwasser im Stadtgebiet von Graz – eine historisch-hydrologische Betrachtung. – Berichte der wasserwirtschaftlichen Planung, Band 81, S 125-154; Amt der Steiermärkischen Landesregierung; Graz.

REISMANN, B., WIEDNER, J. (2015): Wasserwirtschaft in der Steiermark. Geschichte und Gegenwart. – Veröff. Steierm. Landesarchivs, Band 39, Graz.

NESTLER, H. (2013): Maßnahmenplan Hochwasser Mur, URL: http://www.katastrophenschutz.graz.at/cms/dokumente/10163789_3839461/0cda8ad/Ma%C3%9Fnahmenplan%20Hochwasser%20Mur_August2013%20III.pdf (Stand 29.08.2016)

Murnockerln (Walter Postl)

BERWERTH, F. (1898): Neue Nephritfunde in Steiermark. – Annalen des k.k. naturhist. Hofmuseums, 13: 115-117.

BOJAR, H.-P. (2003): 1346) Ein Lazulithgeröll vom Schloss Retzhof, Leitring bei Leibnitz, Steiermark. In: Niedermayr G., Bojar H.-P., Brandstätter F., Ertl A., Leikauf B., Moser B., Postl W., Schuster R. & Schuster R. (2003): Neue Mineralfunde aus Österreich LII. Carinthia II, 193./113.: 213.

BOJAR, H.-P., GROSSE, R. & URBAN, H. (2015): Platin Nuggets aus den Schottergruben bei Unterpremstätten im Grazer Feld. – Der Steirische Mineralog, 29: 51.

BRANDL, M., MODL, D. & POSTL, W. (2014): Nephrite from Mur river (Styria, Austria) – Geological, mineralogiacal and archaeological remarks. – Abstract, JADE2 local meeting on greenstones, Budapest, 1-4.

EBNER, F. (1983): Erläuterungen zur geologischen Basiskarte 1 : 50.000 der Naturraumpotentialkarte „Mittleres Murtal". – Mitt. Abt. Geol. Paläont. Bergb. Landesmus. Joanneum, 44: 1-131.

EBNER, F., FRITZ, H. & HUBMANN, B. (2001): Das Grazer Paläozoikum: Ein Überblick. – Ber. Inst. Geol. Paläont. K.-F.-Univ. Graz, 3: 34-58.

EBNER, F. & GRÄF, W. (1978): Die erdgeschichtliche Entwicklung des Grazer Raumes. – In: „850 Jahre Graz", 19-48.

FLÜGEL, H.W. (1960): Die jungquartäre Entwicklung des Grazer Feldes (Steiermark). – Mitt. österr. geograph. Ges., 102: 52-64.

FLÜGEL, H.W. (1975): Die Geologie des Grazer Berglandes. Zweite, neubearbeitete Auflage. – Mitt. Abt. Geol. Paläont. Bergb. Landesmus. Joanneum, SH 1, 288 S.

GROSS, M., HARZHAUSER, M., MANDIC, O., PILLER, W.E. & RÖGL, F. (2007): A Stratigraphic Enigma: The age oft he Neogene Deposits of Graz (Styrian Basin; Austria). – Joannea Geol. Paläont., 9: 195-220.

HANSELMAYER, J. (1962): Beiträge zur Sedimentpetrographie der Grazer Umgebung XVII. Fund eines Lazulith-Quarzfels-Gerölles im Würmglazialschotter von Graz (Don Bosco). Sitzungsberichte der Akademie der Wiss., mathem.-naturwiss. Kl., 117: 1-6

HANSELMAYER, J. (1974): Beiträge zur Sedimentpetrographie der Grazer Umgebung XXXII. Zur Petrographie der steirischen Glazialschotter, speziell Graz-Brucknerstraße. – Mitt. Naturwiss. Verein f. Steiermark, 104: 9-18.

HILBER, V. (1922): Urgeschichte Steiermarks.

HILBER, V. (1922): XV. Der Nephrit im Murschotter. In: Urgeschichte Steiermarks. Naturwiss. Verein für Steiermark, 58: 35-40. HIDEN, H. (2001): Nephrit aus den Murschottern von Friesach bei Peggau. – Der Steirische Mineralog, 15: 6-9.

JOANNEUM RESEARCH / STADT GRAZ STADTVERMESSUNGSAMT: Baugrundatlas Graz. – www.geoportal.graz.at/

KÖNIGHOFER, H. & JAKELY, D. (1992): Zwei interessante Lazulithfunde südlich von Graz. Der Steirische Mineralog, Jg. 3, Heft 5: 16.

MEIXNER, H. (1937): Das Mineral Lazulith und sein Lagerstättentypus. Berg- und hüttenmännisches Jahrbuch, 84/1: 1-22 bzw. 84/2: 33-49.

NIEDERMAYR, G. (1985): 603. Nephrit von Zederhaus im Lungau. In: Niedermayr G., Postl W. & Walter F. (1985): Neue Mineralfunde aus Österreich XXXIV. – Carinthia II, 175./95.: 245-246.

SIGMUND, A. (1909): Über ein Nephritgeschiebe von außergewöhnlicher Größe aus dem Murschotter bei Graz. – Centralblatt für Mineralogie, Geologie und Paläontologie, Jg. 1909: 686-688.

TAUCHER, J., HOLLERER, CH. & MOSER, B. (1995): Freßnitzgraben bei Krieglach, Steiermark, die Typlokalität von Lazulith. – Matrixx, 4: 17-27.

Teppner, W. (1913): Die Nephritfrage mit besonderer Berücksichtigung Steiermarks. – Mitt. Naturwiss. Verein für Steiermark, 49: 91-102.

Urban, H. (2000): Goldwaschen in der Mur. Feber 1998 bis April 1999. – Der Steirische Mineralog, 19: 7-8.

Neophyten (Martin Magnes)

Bundesamt für Naturschutz (Abrufdatum 2016): Neobiota.de. Gebietsfremde und invasive Arten in Deutschland (http://neobiota.bfn.de/index_neobiota.html).

Eberstaller-Fleischanderl, D. & Eberstaller, J. (2006): Interreg III/B CADSES - SUMAD: AP 1.1.2 Historische Gewässerentwicklung der Mur südlich Graz.

Essl, F. & Rabitsch, W. (2002): Neobiota in Österreich. – Umweltbundesamt GmbH, Wien. Download: www.umweltbundesamt.at/fileadmin/site/publikationen/DP089.pdf

Koren, J. & Neumüller, F. (1999): Die Mur. Lebensweg eines Flusses. – Steirische Verlagsgesellschaft, Graz.

Zernig, K. (2007): Der Bastard-Staudenknöterich Fallopia x bohemica (= F. japonica x sachalinensis). Botanik Newsletter, 1/2007, 1 (https://www.museum-joanneum.at/fileadmin//user_upload/Stundienzentrum_Naturkunde/Botanik/Newsletter_Archiv/Botanik_Newsletter_2007_1_.pdf)

Allgemeine Zitatenübersicht

Amber, C. (2015): Baumwelten und ihre Geschichten. – Kosmos, 449 pp.

Bischof, H. (2015): Die Grazer Murübergänge – und ihre Geschichte. – Edition Strahalm, Graz.

Brilly, M. (2012): Hydrologische Studie der Mur, Bericht. – Universität Ljubljana.

Brunner, W. (1987): Der Grazer Kalvarienberg.

Cede, P. (1987): Urbane Lebensbereich an der Mur.

Dienes, G. (1996): Die Murvorstadt.

Dienes, G. / Leitgeb, F. (Hgg) (1990): Wasser ein Versuch.

Energie Steiermark (2012): UVP Murkraftwerk Puntigam. Mit zahlreichen Studien zur Umweltverträglichkeitsprüfung für ein Murkraftwerk Graz Puntigam.

Flohr, S. (2010): Untersuchungen zum Fangvermögen von Mittel- und Feinstaub (PM10 und PM2.5) an ausgesuchten Pflanzenarten unter Berücksichtigung der morphologischen Beschaffenheit der Blatt- und Achsenoberflächen und der Einwirkung von Staubauflagen auf die Lichtreaktion der Photosynthese. – Dissertation Universität Duisburg-Essen, 148 pp.

Friedrich, Ch., Winder, O. (1993): Lebensraum Grazer Murböschungen – Zoologisch-botanische Untersuchungen einschließlich Planungsvorschläge. – Schriftenreihe zur Wasserwirtschaft der Technischen Universität Graz. 122 pp.

Fritz, I. (2010): Murnockerl – Landesmuseum Joanneum, Geologie & Pal.; Folder.

Gepp, J. (Red.), (1986): Auengewässer als Ökozellen. – Grüne Reihe des Bundesministeriums für Gesundheit und Umweltschutz, Band 4: 322 pp.

Gepp, J. (2003): Ameisenlöwen und Ameisenjungfern. – Neue Brehm-Bücherei.

Gepp, J. (2013): Der Baumbestand an der Mur in Graz, insbesondere im Süden von Graz. Eine quantitative Untersuchung. – Institut f. Naturschutz, Graz.

Gepp, J. & Postl, W. (2015): Schwarze Sulm, ein Flussjuwel Österreichs. – Naturschutzbund Steiermark, Graz, 288 pp.

Getzner, M., Jungmeier, M., Köstl, T. & Weighofer, S. (2011): Fließstrecken der Mur – Ermittlung der Ökosystemleistungen. – Endbericht. Studie im Auftrag von: Landesumweltanwaltschaft Steiermark, E.C.O. Institut f. Ökologie, Klagenfurt, 86 pp.

Habeler, H. (2005): Die Schmetterlingsfauna an der Mur flussabwärts von Graz (Lepidoptera). – Joannea-Zoologie 7: 35-169 pp.

Kauch, P. (2002): Wasserstadt Graz – Perspektiven und Visionen. – Mur-Enquete Graz 2002.

Lederer, E. (2014, 2016): Zur Vogelwelt an der Mur im Norden von Graz. – Im Auftrage der Naturkundliche Beratungstelle Graz. Interne Studie.

Menke, P., et al. (2007): Bäume und Pflanzen lassen Städte atmen. Schwerpunkt Feinstaub. – Stiftung: Die grüne Stadt. 37 pp.

Nowak, D.J., et al. (2014): Environmental Pollution 193: 119-123.

Popekla, F. (1931): Grazer Ansicht auf dem Gottesplagenbild, in: Mhvst, Jg. 9, H.1/2.

Stadtbaudirektion (2006): Grünes Netz Graz – Projektgruppe Grünes Netz; Graz, 54 pp; mit einer Karte.

Suppan, R. (1984): Unsere Mur.

Tremel, F. (1946): Schifffahrt und Flößerei auf der Mur. – Jahresbericht d. akad. Gymnasium Graz.

Vester, F. (1985): Ein Baum ist mehr als ein Baum – ein Fensterbuch. Kösel, München.

Weber, R., (1907): Verzeichnis der im Detritus an der Mur bei Hochwasser in Jahren 1892-1905 gesammelten Käfer. – Sonderabdruck aus den Mitteilungen des Naturwissenschaftlichen Vereins für Steiermark, Jahrgang 1906: 1-21. 117 pp.

Wwf Österreich (2005): Flüsse voller Leben. Gemeinsam retten wir Österreichs Flussjuwele! – Broschüre, Wien.

Weitere FotoautorInnen

Einzelne besondere Aufnahmen von nachfolgenden FotografInnen sind im Band ergänzend verstreut – wir danken für die Verwendungsmöglichkeit:

Hans-Peter **Bojar**, Andreas **Hartl**, L. **Hlasek**, **Hofrichter**, **Hydrografischer Dienst** des Landes Steiermark, D. **Jesacher**, Prof. i.R. Mag. Richard **Kunz**, Dietmar **Nil**, Gerlinde **Schefzig**, Johannes **Volkmar**, B. **Walch**, Andreas **Zahn**.

Mitarbeiter des Naturschutzbundes werden finanziell unterstützt von: Das Land Steiermark, AMS Arbeitsmarktservice Steiermark, St:WUK

Sandra Aurenhammer, MSc.
geb. 1988 studierte Ökologie und Evolutionsbiologie in Graz
Seit ihrer Diplomarbeit widmet sie sich der Erforschung der holzbewohnenden Käferfauna
Tätig beim ÖKOTEAM – Institut für Tierökologie und Naturraumplanung

Mag. Kerstin N. Fischer
Zoologin
Büroleitung Naturschutzbund Steiermark
Biotopmanagement, Tagfalter
IT-Coaching
Hundetrainerin

Helge Heimburg
Student
am Institut für Zoologie der Karl-Franzens-Universität Graz
Schwebfliegen-Experte

Dr. Christian Berg
Botaniker
Gefäßpflanzen und Moose
Leiter des Botanischen Gartens der Universität Graz
wissenschaftliche Gartenleitung
Sekräter des Naturwissenschaftlichen Vereins

Mag. Dr. Melitta Fuchs
Botanikerin
Naturschutzbund Steiermark, Moorkartierung Steiermark
Arbeitskreis Nachhaltigkeit der Diözese Graz-Seckau
„Rettet die Mur"
Baumpatenschaften

Priv.-Doz. Mag. Dr. Werner Holzinger
Zoologe
Geschäftsführer ÖKOTEAM - Institut für Tierökologie und Naturraumplanung
Dozent für Natur- und Artenschutz an der Karl-Franzens-Universität Graz

Roman Borovsky
geb. 1983 in Klagenfurt
seit 2012 Bachelorstudium Biologie an der Karl-Franzens-Universität Graz
derzeitige Bachelorarbeit über die Ameisenfauna auf ausgewählten Naturschutzbundflächen. Besonderes Interesse für die professionelle Makrofotografie

Jakob Batek
Wildwasser-Kajaker, Übungsleiter Seekajak
führt die Bekleidungsmanufakur „Toasted Thermic" und ein Kajakgeschäft in Graz
Studierender der Biologie
ehrenamtlich im Kanu Club Graz

Mag. Dr. Werner Kammel
Zoologe
Technisches Büro für Biologie, Gartengestaltung und -planung
Leiter der Landesgruppe der österreichischen Gesellschaft für Herpetologie

Georg Deutschbein
Obmann des Grazer Kajakclubs Wikinger
seit 1970 im Club
früher intensives Wildwasserpaddeln
hält Schnupperkurse
Wanderpaddler

Oliver Gebhardt
Projektleiter önj-Stmk.
Länderkoordinator für Fledermausschutz und -forschung (KFFÖ)
Mag. Claudia Gebhardt
Biologin

Franz Keppel – „Huchenfranz"
Naturschützer und Sportfischer
kämpft für die Erhaltung der Lebensräume von Fischen
Mitglied des Arbeiterfischereivereins – AFV in Graz
Aktivist „Rettet die Mur"

Dr. Gerhard M. Dienes
geb. 1953 in Graz, Historiker
seit 1980 im Stadtmuseum Graz, von 1990–2004 dessen Leiter, ab 2005 im Universalmuseum Joanneum
Kurator von Ausstellungen, ca. 150 Publikationen zur Grazer Stadt- und Kulturgeschichte

Mag. rer. nat. Clemens Könczöl
Organisationspsychologe
tätig an der Universität Graz und für Firmen und Organisationen
ehrenamtlich tätig für den Fischereiverein Graz, "Referent für Ökologie und Bau" und ist Sprecher der Bürgerinitiative „Rettet die Mur"

Leander Khil MSc
Naturschutzbiologe
Ornithologe
Tier- und Naturfotograf
guidet Wasservogelexkursionen zu Stauseen, WildlifeTours

Dipl.-Ing Dipl.-Päd. Markus Ehrenpaar
Geschäftsführer Naturschutzbund Steiermark
Gewässer-Experte, Biodiversitätsbotschafter
Grazer Naturschutzbeirat

Lorenz Wido Gunczy
geb. 1990 in Glanz an der Weinstraße
studiert Biologie an der Universität Graz
beschäftigt sich neben dem Studium mit der Systematik und Ökologie von Hautflüglern, vor allem mit Bienen und Grabwespen, Makrofotografie

Mag. Dr. Christian Komposch
Zoologe
Spinnen-Experte
Geschäftsführer ÖKOTEAM – Institut für Tierökologie und Naturraumplanung in Graz

Mag. Brigitte Komposch, MSc
Zoologin und Wildtierökologin
ÖKOTEAM – Institut für Tierökologie und Naturraumplanung in Graz
Lektorin an der Karl-Franzens-Universität Graz

Mag. Wolfgang Paill
Biologe
Laufkäfer-Experte
Leiter der Abteilung für Naturkunde des Universalmuseum Joanneum in Graz

Dipl.-Ing. Heinz Rosmann
Architekt, geb. 1942 in Graz,
von 1984 bis Ende 2004 Abteilungsvorstand des Stadtplanungsamtes
2010/2011 Mitglied der Grazer Altstadtsachverständigen-Kommission
seit 2006 Lehrbeauftragter am Institut für Städtebau der TU Graz

Gernot Friebes
Sammlungssachbearbeiter Pilzkunde Joanneum
Dr. Uwe Kozina
Biologe
Geschäftsführer UBZ Stmk
Gemeinsam: Leitung des Arbeitskreises Heimische Pilze

Mag. Laura Pabst
Studien Ökologie & Biodiversität und Zoologie
Mitarbeiterin ÖKOTEAM
Lehrende an der Karl-Franzens-Universität Graz, Naturerlebnispädagogin
Mitarbeiterin Univ.-Museum Joanneum
Biologie- Chemielehrerin, Naturfotografin

Sigrid Schönfelder
Fotografin und Sozialpädagogin,
Obfrau der Fotogruppe der Naturfreunde Graz
wohnt in der Schönausiedlung und liebt die wilde Schönheit der Liebenauer Mur

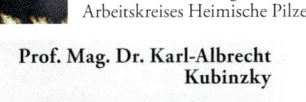

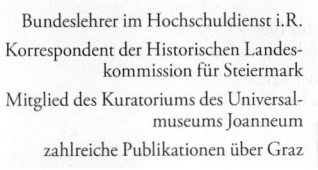

Prof. Mag. Dr. Karl-Albrecht Kubinzky
Bundeslehrer im Hochschuldienst i.R.
Korrespondent der Historischen Landeskommission für Steiermark
Mitglied des Kuratoriums des Universalmuseums Joanneum
zahlreiche Publikationen über Graz

Mag. Andrea Pavlovec-Meixner
PR-Beraterin und seit 2008 Gemeinderätin der Grünen in Graz
bereits während des Studiums in Wien Mitarbeit bei der Nationalparkplanung Donau-Auen
Mitbegründerin von „Rettet die Mur"

Mag. Ursula Suppan
Biologin
Amt der Steiermärkischen Landesregierung – A14 Wasserwirtschaft, Ressourcen und Nachhaltigkeit
Referat Schutzwasserwirtschaft

Mag. Gernot Kunz
Lehrbeauftragter an der Karl-Franzens-Universität Graz
Entomologie mit Schwerpunkt Lepidopterologie sowie Fotografie
Fotoatlas der Zikaden Deutschlands
Wirbeltiere Mitteleuropas und Costa Ricas

OBR Ing. Dieter Pilat
geb. 1961 in Bruck an der Mur
seit 1998 Einsatzoffizier der Berufsfeuerwehr Graz
verantwortlich für: Höhenrettung, Wasserdienst (Schiffs- und Tauchdienst), Sanität, Tierrettung

Dr. Romana Ull
Ökologin, SV
Planungsbüro Hegedys-Ull, Projektierung nachhaltiger Gebäude und Naturräume
Vizepräsidentin des Naturschutzbundes Steiermark
Mitglied des Grazer Naturschutzbeirates
Mitglied des parlamentarischen Umweltrates

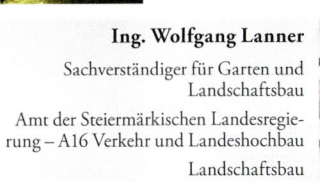

Ing. Wolfgang Lanner
Sachverständiger für Garten und Landschaftsbau
Amt der Steiermärkischen Landesregierung – A16 Verkehr und Landeshochbau
Landschaftsbau

Dr. Walter Postl
Mineraloge und Petrologe
langjähriger Leiter der Abteilung für Mineralogie am Landesmuseum Joanneum
Freier Mitarbeiter am Studienzentrum Naturkunde des Universalmuseum Joanneum

Assoz. Univ.-Prof. Dr. Steven Weiss
Karl-Franzens-Universität Graz – Zoologie
Forschung & Lehre – Gewässerökologie, Populationsgenetik, Evolution mit Fokus auf Süßwasserfische
IUCN Autorität für Lachsartige Fische in Eurasien

V.Ass. Mag. Dr. Martin Magnes
Karl-Franzens-Universität Graz – Institut für Pflanzenwissenschaften
Forschung & Lehre – Systematische Botanik, Vegetationsökologie, speziell von Mooren und artenreichem Grünland

Gert Richter
Bezirkssachverständiger für Fischerei & Gewässerschutz im Bezirk Voitsberg
AFV-Graz, Referate Bewirtschaftung, Bau & Ökologie,
Redakteur „Angelhaken"

Dr. Wolfgang Windisch
Naturschutzbeauftragter der Stadt Graz
Amtssachverständiger Leiter der Naturkundlichen Beratungsstelle der Stadt Graz
Publikationen zum Thema Gartengestaltung
Natur- und Tierfotograf

Index

Wissenschaftliche Gattungs- und Artnamen werden kursiv geschrieben, systematisch höhere Tier- und Pflanzengruppen in Normalschrift. Im Index sind erwähnte Tier-, Pflanzen- und Pilzarten aufgelistet und durch ihre lateinischen Namen genauer definiert. Außerdem sind Kapitelüberschriften, die Grazer Brücken und Stege, wesentliche Fachbezeichnungen sowie die Autoren dieses Bandes aufgezählt.

A

Aalrutte
(Quappe)
Lota lota 64, 66
Abendsegler
Nyctalus 106, 107
Acconci-Insel 34
Achtfleckiger Augenbock
Mesosa curculionoides 220
Admiral
Vanessa atalanta 147
Ahlenläufer
Bembidion 228, 236
Aitel
(Döbel)
Squalius cephalus 64
Alpen-Enghalsläufer
Platynus scrobiculatus 236
Alpen-Sklavenameise
Formica fuscocinerea 250, 251
Ameisen
Formicidae 7, 250
Ameisenassel
Platyarthrus hoffmannseggii 224
Ameisenfischchen
Atelura formicaria 224
Ameisenjäger
Zodarion hamatum 240
Ameisenlöwen
Larven der Ameisenjungfern 98
Amphibien
Amphibia 6, 110
Amphibolit 92
Apenninenkanker
Opilio canestrinii 243
Apfelbäume 190
Aplit 92
Äsche
Thymallus thymallus 64, 75, 76
Äschenregion
(Hyporhithral) 64

Äskulapnatter
Zamenis longissimus 112
Auenblumen 6, 133, 134
Augarten 7, 13, 14, 40, 187, 188
Augartenbad 188
Augartenbrücke 7, 182, 184
Augartensteg 189, 200
Augengneis 93
Aussteiger 204, 205
Austein 105
Austern-Seitling
Pleurotus ostreatus 223
Autobahnbrücke 253
Autoren
Aurenhammer Sandra 218
Batek Jakob 174
Berg Christian 123, 197
Borovsky Roman 250
Deutschbein Georg 176
Dienes Gerhard M. 14
Ehrenpaar Markus 96
Fischer Kerstin N. 146, 147, 149
Friebes Gernot 222
Fuchs Melitta 52, 53, 56, 82, 132, 134, 138, 190, 207, 232
Gebhardt Claudia 114
Gebhardt Oliver 106, 114
Gepp Johannes 24, 44, 98, 116, 123, 124, 130, 143, 144, 148, 150, 168, 180, 183, 186, 187, 202, 204, 211, 231, 232, 248, 252, 254, 256, 258
Gunczy Lorenz Wido 141
Haas Franz Josef 28, 78
Heimburg Helge 139
Holzinger Werner E. 89
Kammel Werner 110
Keppel Franz 70, 72
Khil Leander 60
Könczöl Clemens 76, 234
Komposch Brigitte 108
Komposch Christian 240, 243
Kubinzky Karl A. 18, 104, 188
Kunz Gernot 89, 145, 224, 225, 259, 260, 261

Lanner Wolfgang 263
Magnes Martin 137
Paill Wolfgang 236
Pabst Laura 193
Pavlovec-Meixner Andrea 82
Pilat Dieter 158
Postl Walter 92
Richter Gert 64
Rosmann Heinz 38
Suppan Ursula 152, 156
Ull Romana 11, 27, 30, 34, 98, 101, 117, 201, 206, 234
Weiss Steven 68, 193
Windisch Wolfgang 212
Auwaldblumen 132
Auwiesen 256, 257, 258

B

Bachflohkrebs
Gammarus fossarum 145
Bachforelle
Salmo trutta fario 64, 66
Bachsaibling
Salvelinus fontinalis 66
Bachstelze
Motacilla alba 63
Balkenschröter
Dorcus parallelipipedus 219
Bänderamphibolit 93
Barbe
Barbus barbus 64, 76
Barbenregion
(Epipotamal) 64
Bär-Lauch
Allium ursinum 132
Bärtige Winkerzikade 88
Baumfalke
Falco subbuteo 63
Baumhöhlen 219
Baumpatinnen und -paten 82
Baumschwebfliegen
Brachyopa 139
Behaarter Taumelkäfer
Orectochilus villosus 226, 227
Bergbach-Dammläufer
Nebria gyllenhali 238
Berg-Goldnessel
Galeobdolon montanum 134
Bertha-von-Suttner-Friedensbrücke 188, 200, 202, 203
Binden-Blutzikade 88

Biotopholz 54
Biotopkorridor 82
Biotopverbund 38
Bisamratte
Ondatra zibethicus 109
Blässhuhn
Fulica atra 60, 62
Blattflöhe
Psyllidae 229
Blaubandbärbling
Pseudorasbora parva 67
Blaue Federlibelle
Platycnemis pennipes 259
Blauer Laufkäfer
Carabus intricatus 236, 238
Blauflügelige Ödlandschrecke
Oedipoda caerulescens 261
Blaugrüne Mosaikjungfer
Aeshna cyanea 259
Bläulingszikade
Metcalfa pruinosa 88, 89
Blindschleiche
Anguis fragilis 111, 112
Blutbienen
Sphecodes 141
Blutrote Heidelibelle
Sympetrum sanguineum 259
Bockkäfer
Cerambycidae 218
Bodendecker 6, 51
Bodenwanzen
Lygaeidae 228
Brachse
Abramis brama 64, 67
Braune Weidenschaumzikade
Aphrophora salicina 88
Braunfäule 223
Braungrauer Splintbock
Leiopus nebulosus 220
Braunrückenkanker
Leiobunum rotundum 245
Brennnesselfalter 6, 147
Bruch-Weide
Salix fragilis 229
Brücke der Südautobahn 255
Brücken-Kreuzspinne
Larinioides sclopetarius 240
Brücken und Stege 20
Büffelzikade
Stictocephala bisonia 89

Bunter Enghalsläufer
Anchomenus dorsalis 236
Bürstenbinder-Raupe 148
Busch-Windröschen
Anemone nemorosa 132

C

C-Falter
Polygonia c-album 147

D

Dammläufer
Nebria 236
Dichtpunktierte Goldfurchenbiene
Halictus subauratus 141
Dickkieferspinne
Pachygnatha listeri 241
Distelfalter 147
Dolden-Milchstern
Ornithogalum umbellatum 132
Dolomit 95
Doppelschwänze
Diplura, Campodeidae 224
Dorniger Wimperbock
Pogonocherus hispidus 219
Dreifärbiger Blätterwirrling
Daedaleopsis tricolor 222
Dreistacheliger Stichling
Gasterosteus aculeatus 67
Drohne 189
Drüsen-Springkraut
Impatiens glandulifera 138

E

Echt-Seifenkraut
Saponaria officinalis 134
Echt-Traubenkirsche
Prunus padus 52
Echte Blattwespe
Macrophya militaris 229
Efeu
Hedera helix 56
Egel 226
Eichenwidderbock
Plagionotus arcuatus 220
Eichhörnchen
Sciurus vulgaris 108, 190

Eidechsen
Lacertidae *112*

Eintagsfliegen
Baetis 194
Ephemeroptera *193, 194*

Eintagsfliegenlarven *194, 226, 227*

Eisenbahnbrücke *7, 188, 202, 203*

Eisernes Haus *6, 22, 27*

Elise-Steininger-Steg *78*

Elritze
Phoxinus phoxinus 64, 67

Erdkröte
Bufo bufo 110

Erdläufer
Geophilidae *224*

Erich-Edegger-Steg *10, 11, 30, 31*

Erich Franz Edegger *30*

Erlen-Rindeneulen-Raupe
Acronicta alni 148

Erlen-Schaumzikade
Aphrophora alni 89

Erzgrauer Uferläufer
Elaphrus aureus 238

Erzherzog-Johann-Brücke *12, 22, 24, 150*

Europäischer Bachhaft
Osmylus fulvicephalus 228

F

Fähre *98*

Feigwurz
(Scharbockskraut)
Ficaria verna 132

Feinsedimentbank *238*

Felsenspringer
Archaeognatha *224*

Ferdinandsbrücke *78*

Fettspinne
Steatoda bipunctata 241

Feuerwehr Graz *7, 158*

Finger-Lerchensporn
Corydalis solida 128, 129, 132

Finsterspinne
Amaurobius ferox 240

Fischaufstiegstreppe *142, 143*

Fische *6, 17, 64*

Fischotter
Lutra lutra 108

Flatter-Ulme *207*

Fleckengrünschiefer *94*

Fledermäuse
Microchiroptera *6, 106*

Fliegenfischen *76*

Flohkrebse
Amphipoda *145, 193, 227*

Flohzirpe
Deltocephalus pulicaris 89

Flößer *104*

Flussbarsch
Perca fluviatilis 66

Flussjungfern
Gomphidae *259*

Flussmützenschnecke
Ancylus fluviatilis 226

Flusspark *234, 235*

Flussstromkarte *152*

Flussuferläufer
Actitis hypoleuca 61, 62

Flussufer-Piratenspinne
Pirata knorri 240

Forsythie
Forsythia × intermedia 52

Franz-Karl-Brücke *24*

Frösche
Ranidae *110*

Frühblüher *6, 132*

Fundstücke *96, 263*

G

Gänsesäger
Mergus merganser 60, 62

Gartenbaumläufer
Certhia brachydactyla 63

Gartenspitzmaus
Crocidura suaveolens 108

Gasrohrsteg *246, 248, 249*

Gebirgsbach-Piratenspinne
Pirata knorri 211

Gebirgsstelze
Motacilla cinerea 63

Gefleckte Ameisenjungfer
Euroleon nostras 98

Gefleckte Bärin
Arctosa maculata 240, 241

Gefleckter Schmalbock
Rutpela maculata 218, 219

Gefleckte Ulmen-Blattzikade *88*

Gehölzstreifen *106*

Gekämmter Nagekäfer
Ptilinus pectinicornis 219

Gelbhalsmaus
Apodemus flavicollis 108

Gelbschwarze Schmuckzikade
Evacanthus interruptus 88, 89

Gelb-Windröschen
Anemone ranunculoides 132

Gemeine Augenblattzikade
Alebra wahlbergi 88, 89

Gemeine Erlenblattzikade
Alnetoidia alneti 88, 89

Gemeine Feuerwanze
Pyrrhocoris apterus 228, 229

Gemeine Feuerzikade
Zygina flammigera 89

Gemeine Flussjungfer
Gomphus vulgatissimus 259

Gemeine Heuschrecke
Tettigonia viridissima 261

Gemeine Pelzschwebfliege
Criorhina berberina 139

Gemeiner Dreizackkanker
Oligolophus tridens 245

Gemeiner Feuerschwamm
Phellinus igniarius 223

Gemeiner Grashüpfer
Pseudochortippus parallelus 261

Gemeiner Ohrwurm
Forficula auricularia 260

Gemeine Rollassel
Armadillidium vulgare 224

Gemeiner Wasserläufer
Gerris lacustris 227

Gemeiner Widderbock
Clytus arietis 218

Gemeine Strauchschrecke
Pholidoptera griseoaptera 261

Geologie *95*

Germars Laufkäfer
Carabus germarii 236, 237

Gesattelter Zahnäugler
Lacinius ephippiatus 244

Gewöhnliche Blutbiene
Sphecodes ephippius 141

Gewöhnliche Dörnchensandbiene
Andrena humilis 141

Gewöhnliche Goldfurchenbiene
Halictus tumulorum 141

Gewöhnlich-Heckenkirsche
Lonicera xylosteum 52

Gewöhnliche Langbauchschwebfliege
Sphaerophoria scripta 139

Gewöhnlicher Bartläufer
Leistus ferrugineus 236

Gewöhnlicher Flohkrebs
Gammarus pulex 145

Gewöhnlich-Schneeball
Viburnum opulus 52, 53

Gewöhnliche Schaufelläufer
Cychrus caraboides 238

Giebel
Carassius gibelio 67

Glänzender Blütenprachtkäfer
Anthaxia nitidula 218, 221

Glänzendschwarze Holzameise
Lasius fuliginosus 250, 251

Gneis *92, 93*

Gold *96*

Goldfisch
Carassius gibelio forma auratus 64

Goldglänzender Rosenkäfer
Cetonia aurata 219

Goldsucher *96*

Goldwäscher *97*

Gössendorf *253*

Graffiti *42, 44*

Grasfrosch
Rana temporaria 110

Graubindiger Augenfleckbock
Mesosa nebulosa 218

Graue Flussufer-Wolfsspinne
Pardosa morosa 240, 242

Grazbach *185*

Grazbach-Mündung *186*

Grazer Paläozoikum *94*

Grieskai *18*

Großblüten-Königskerze
Verbascum densiflorum 260

Groß-Brennnessel *146*

Große Heidelibelle
Sympetrum striolatum 259

Große Hufeisennase
Rhinolophus ferrumequinum 106

Große Knotenameise
Manica rubida 250, 251

Große Murstromkarte *153*

Große Pechlibelle
Ischnura elegans 259

Großer Gabelschwanz
Cerura vinula 229

Große Schiefkopfschrecke
Ruspolia nitidula 261

Große Zitterspinne
Pholcus phalangioides 241

Groß-Sternmiere
Stellaria holostea 134

Grünalgen *199*

Gründling
Gobio gobio 64

Grüne Keiljungfer
Ophiogomphus cecilia 259

Grüner Backenläufer
Drypta dentata 237

Grüne Schmuckzikade
Cicadella viridis 88, 89

Grünes Heupferd
Tettigonia viridissima 261

Grünes Netz *20*

Grüne Strandschrecke
Aiolopus thalassinus 261

Grüngestreifter Grundläufer
Omophron limbatum 236, 239

Grünkorridor *20*

Grünschiefer *95*

Güster
Blicca bjoerkna 64

H

Hagebutte *Rosa canina 53*

Hainschwebfliege
Episyrphus balteatus 139

Hallimasch
Armillaria 223

Hasel
Leuciscus leuciscus 66

Haselmaus
Muscardinus avellanarius 109

Hauptbrücke *24, 38*

Hausmaus
Mus musculus 108

Hecht
Esox lucius 67

Heimgärten *101*
Herbst-Mosaikjungfer
  Aeshna mixta 259
Herbstspinne
  Metellina segmentata 242
Historie von Graz *6, 14*
Historischer Murverlauf *153*
Hochwasser *7, 15, 17, 40, 150, 152, 153, 154, 155, 156*
Hochwasserschutz *156*
Höckerschwan
  Cygnus olor 62
Holzbienen
  Xylocopa 141
Holzjochbrücke *98*
Holzmulmschwebfliege
  Brachypalpoides lentus 139
Honiggelber Langbeinkanker
  Nelima sempronii 244
Hopfen
  Humulus lupulus 56
Hornkanker
  Phalangium opilio 243
Huchen
  (Donaulachs)
  Hucho hucho 6, 17, 64, 65, 68, 69, 70, 71, 72, 73, 74, 76
Huchen-Hochzeit *6, 70*
Hufeisenazurjungfer
  Coenagrion puella 259
Hummeln
  Bombus 260
Hundertfüßer
  Chilopoda 224
Hybrid-Pappel
  (Bastard-Schwarz-Pappel)
  Populus x canadensis 232
Hydrografie *152*

I

Italienische Mauereidechse
  Podarcis muralis muralis 111
  P. muralis maculiventris 111

J

Japanische Ahornzirpe
  Japananus hyalinus 88, 89
Japanische Laubzikade
  Edwardsiana ishidae 89
Japanische Ulmen-Laubzikade *88*
Japan-Knöterich
  Fallopia japonica 137, 138
Johannes Kepler *78*

K

Kajakklub Wikinger *7, 176*
Kajaksport *7, 174, 175*
Kalkmarmor *94*
Kalvarienberg *6, 95, 102, 104, 105*
Kalvarienberg-Kirche *95*
Kalvarienbrücke *6, 17, 18, 98, 99*
Kanada-Pappel
  Populus x canadensis 232
Kanu *176*
Karpfen
  Cyprinus carpio 67
Kartoffelkäfer
  Leptinotarsa decemlineata 229
Kaulbarsch
  Gymnocephalus cernua 67
Keplerbrücke *78, 80*
Kerblippige Rossameise
  Camponotus fallax 251
Kettenbrücke *78*
Keulen-Zweizahnkanker
  Nemastoma bidentatum bidentatum 244, 245
Klauenkäfer
  Elmidae 226, 227
Kleiner Brettkanker
  Trogulus tricarinatus 245
Kleiner Dreizack
  Lophopilio palpinalis 244
Kleiner Schillerfalter
  Apatura ilia 149
Klein-Springkraut
  Impatiens parviflora 137
Kleine Zangenlibelle
  Onychogomphus forcipatus 259
Kletterpflanzen *6, 56*
Knollen-Beinwell
  Symphytum tuberosum 134
Köcherfliege
  Anthripsodes albifrons 195
Köcherfliegen *193*
  Hydroptilidae 195
  Rhyacophila 195
  Trichoptera 195

Köcherfliegenlarve
  Hydropsyche 195
König der Mur *6, 72*
Königskerze
  Verbascum 260
Königskerzen-Blattzikade
  Micantulina stigmatipennis 260
Königskerzen-Mönch
  Cucullia verbasci 260
Königskerzen-Rundbauchläufer
  Bradycellus verbasci 260
Königskerzen-Weichwanze
  Campylomma verbasci 260
Koppe
  Cottus gobio 64, 66
Kormoran
  Phalacrocorax carbo 60, 62
Kraftwerk *38*
Krähen
  Corvus 190
Krebse
  Crustacea 17
Kriebelmücken
  Simuliidae 227
Kriecherln
  Prunus domestica 190
Kröten
  Bufonidae 110
Kugelspinne
  Enoplognatha ovata 240
Kulturhauptstadt 2003 *11, 27, 34*
Kulturzentrum bei den Minoriten *11*
Kunsthaus *6, 11, 12, 22, 27*
Kurzflügelkäfer
  Deleaster dichrous 228
  Staphylinidae 228

L

Lachmöwe
  Larus ridibundus 60, 62
Landkärtchen-Falter
  Araschnia levana 6, 146
Langbauchschwebfliegen
  Sphaerophoria 139
Langflügelfledermaus
  Miniopterus schreibersii 106
Langfühlerschrecken
  Ensifera 261

Langfühlerschwebfliege
  Sphiximorpha subsessilis 139
Langhörniger Raubplattkäfer
  Uleiota planata 220
Laube
  (Ukelei)
  Alburnus alburnus 64
Laubmoose
  Bryophyta 7, 197
  Cinclidotus aquaticus 198
  Dialytrichia mucronata 196, 197, 198
  Didymodon spadiceus 198
  Hygrohypnum luridum 198
  Leskea polycarpa 198
  Mnium marginatum 198
  Plagiomnium undulatum 198
  Platyhypnidium riparioides 198
Laufkäfer
  Bradycellus verbasci 260
  Carabus 229
  Carabidae 228, 236
Laufkraftwerk Gössendorf *254*
Lazulith *94, 95*
Lebermoose
  Chiloscyphus pallescens 197, 198
  Lunularia cruciata 197, 198
  Marchantiophyta 7, 197
Lehmstellen-Sammetläufer
  Chlaenius nitidulus 238
Leiterbock
  Saperda scalaris 219
Lendkai *80*
Libellen
  Odonata 7, 259
Liebesschlösser *24*
Liguster
  Ligustrum vulgare 53
Lippenblütler
  Lamiaceae 141
Listspinne
  Pisaura mirabilis 241

M

Maifliege
  Rhithrogena germanica 194
Maiswurzelbohrer
  Diabrotica virgifera 229
Makrozoobenthos *193*
Mandarinente
  Aix galericulata 62

Marburger Kai *164*
Mariahilfer Kirche *10, 11*
Marmorkarpfen
  Hypophthalmichthys nobilis 64
Maskenbienen
  Hylaeus 141
Mauereidechse
  Podarcis muralis 111
Mauersegler
  Apus apus 63
Mauerspinne
  Dictyna civica 240, 241
Maulwurf
  Talpa europaea 108, 109, 112
Mauswiesel
  Mustela nivalis 108
Mitteleuropäischer Fadenkanker
  Mitostoma chrysomelas 244
Mittelmeermöwe
  Larus michahellis 62
Mittelwasserabfluss *153*
Mittlerer Brettkanker
  Trogulus nepaeformis 245
Mittlerer Weinschwärmer
  Deilephila elpenor 225
Molche *110*
Mondfleck-Raupe
  Callistus lunatus 148
Moose
  Epiphyten 196, 197, 198
Moschusbock
  Aromia moschata 218
Moschusente
  Cairina moschata 62
Mühlgang *16*
Murdampfer Styria *19*
Murinsel *6, 10, 11, 18, 33, 34, 37*
„Mur findet Stadt" *234*
Murkraftwerk Weinzödl *142*
Murmuseum *7, 263*
Murnockerln *6, 17, 90, 92, 95, 193*
Murpromenade *41, 116*
Murschiffe *18*
Muruferpromenade *38*
Muschelblümchen
  Isopyrum thalictroides 135

Muschelförmiger Feuerschwamm *223*

N

Nachtfalter-Raupen *7, 148*
Narzissenschwebfliege
Merodon equestris 139
Nase
Chondrostoma nasus 64, 66
Nationaler Gewässerbewirtschafts-plan NGP *206*
Naturschutz *7, 212*
Neophyten *6, 137*
Nephrit *94*
Niederwasser *153*
Nutria
(Sumpfbiber)
Myocastor coypus 109

O

Ohrschlammschnecke
Radix auricularia 226
Olympiawiese *232, 234, 235*
Östlicher Zweizahnkanker
Nemastoma bidentatum sparsum 243
Östliche Seggenzirpe
Cicadula placida 88

P

Paläozoischer Kalk *94*
Panzerkanker
Astrobunus laevipes 243
Pappel
Populus 229
Pappelschnee *232*
Pegmatit *92*
Pelzschwebfliege
Criorhina berberina 139
Pfaffenhütchen-Gespinstmotten-Raupe
Yponomeuta cagnagella 148
Pfaffenhütchen
(Gewöhnlich-Spindelstrauch)
Euonymus europaeus 53
Pfändlers Grabschrecke
Xya pfaendleri 261

Pflaumen-Zipfelfalter
Satyrium pruni 149
Pippau-Sandbiene
Andrena fulvago 141
Plattbauchspinne
Trachyzelotes pedestris 241
Plattkäfer
Cucujidae 220
Pongratz-Moore-Steg *117, 118*
Pseudoskorpion
Chthonius 224
Puch-Steg *209, 211*
Punktierter Ahlenläufer
Bembidion punctulatum 239
Puntigamerbrücke *230, 234*

Q

Quarz *92*

R

Radetzkybrücke *162, 163, 167*
Ratten
Rattus 112
Regenbogenforelle
Oncorhynchus mykiss 66
Regenwürmer
Lumbricidae 224
Reptilien
Reptilia 6, 111
Reseden-Maskenbiene
Hylaeus signatus 141
Rettungsvorrichtungen *158*
Rheinfliege
Oligoneuriella rhenana 64, 193, 194
Riesen-Bärenklau
Heracleum mantegazzianum 137, 138
Riesen-Goldrute
(„Murfeigln")
Solidago gigantea 136, 138
Riesen-Steinfliegen
Perla 195
Ringelnatter
Natrix natrix 112
Ringelwürmer
Oligochaeta 226
Rodeoboote *176*

Romanogobio *65*
Rosskastanie
Aesculus hippocastanum 137
Rotauge
Rutilus rutilus 66
Rote Knotenameise
Myrmica rubra 251
Rötelmaus
Myodes glareolus 108
Rotfeder
Scardinius erythrophthalmus 66
Rot-Hartriegel
Cornus sanguinea 52, 53
Rotkehlchen
Erithacus rubecula 62
Rotköpfiger Dammläufer
Nebria picicornis 236, 238
Rotrandiger Baumschwamm
Fomitopsis pinicola 223
Rudersport *254*

S

Säbel-Spornzikade
Javesella dubia 88, 89
Sägebock
Prionus coriarius 219
Samtfuß-Rübling
Flammulina velutipes 222
Säugetiere
Mammalia 6, 108
Scharbockskraut
(Feigwurz)
Ficaria verna 132
Scharlachroter Feuerkäfer
Pyrochroa coccinea 220
Scharlachroter Plattkäfer
Cucujus cinnaberinus 220
Schiefkopfschrecke
Ruspolia nitidula 261
Schiffe *14, 19*
Schlangen
Serpentes 112
Schlauchboot *176*
Schlehdorn
Prunus spinosa 52
Schleie
Tinca tinca 67
Schlingnatter
Coronella austriaca 112, 113

Schlossberg *95*
Schlossbergbahn *40*
Schmalkopf-Maskenbiene
Hylaeus leptocephalus 141
Schmetterlings-Tramete
Trametes versicolor 223
Schneeglöckchen
Galanthus nivalis 132
Schneider
Alburnoides bipunctatus 64, 67
Schnurfüßer
Cylindroiulus luridus 224
Julidae 224
Schöllkraut
Chelidonium majus 134
Schotterbänke *239*
Schottertransport *144*
Schuppenwurz
Lathraea squamaria 133
Schwalbenschwanz
Papilio machaon 149
Schwarzauge
Rilaena triangularis 244
Schwarzer Apollo *149*
Schwarzer Enghalsläufer
Limodromus assimilis 237
Schwarz-Holunder
Sambucus nigra 52, 53
Schwarzer Mooskanker
Nemastoma triste 244
Schwarze Wegameise
Lasius niger 251
Schwarzfleckiger Zangenbock
Rhagium mordax 220
Schwarzkäfer
Tenebrionidae 220
Schwarz-Pappel
Populus nigra 131, 232
Schwarzweiße Bodenwanze
Scolopostethus pictus 228
Schwebfliegen
Syrphidae 6, 139
Schwefelporling *222*
Schwemmholz *231*
Sechsfüßer
Hexapoda 224
Segelfalter
Iphiclides podalirius 149
Serpentinit *94*

Sichelschrecken
Phaneroptera 261
Sichelzirpe
Cicadula placida 89
Signalkrebs
Pacifastacus leniusculus 64, 145, 193, 226
Silbermünzen *96*
Silber-Pappel
Populus alba 89
Silber-Weide
Salix alba 229
Smaragdgressling
Romanogobio 65
Spaltblättling
Schizophyllum commune 222
Spalten-Kreuzspinne
Nuctenea umbratica 242
Speicherkanal *40*
Sperber
Accipiter nisus 63
Spinnen
Arachnida 7, 240
Spinnenfresser *Ero 242*
Springfrosch
Rana dalmatina 110
Springkraut
Impatiens 138
Stadtfledermaus *106*
Stadt-Wildnis *212*
Stauraum *143*
Stauschlamm *144*
Steinbeißer
Cobitis taenia 66
Steinfliege
Perla grandis 193
Perlodes microcephalus 192, 195
Steinfliegen *193*
Leuctra 195
Plecoptera 195
Steinfliegenlarve
Dinocras cephalotes 195
Steinhummel
Bombus lapidarius 260
Steinkanker
Opilio saxatilis 244
Steinläufer
Lithobiidae 224
Steinmarder
Martes foina 108, 109

Steinzeitliche Werkzeuge 93

Sterlet
Acipenser ruthenus 67

Stockente
Anas platyrhynchos 59, 60

Stöpselkopfameise
Colobopsis truncata 250, 251

Sträucher 51

Strauchschrecke
Pholidoptera griseoaptera 261

Streckenpaddel 176

Street-Art 6, 42

Strömer
Telestes souffia 64

Sumpfmeise
Poecile palustris 63

Süßwasserschwamm
Spongilla lacustris 64

T

Tagfalter
Diurnia 7, 149

Tagpfauenauge
Aglais io 147

Taimen
Hucho taimen 68

Tausendfüßer
Myriapoda 224

Tegetthoffbrücke
7, 40, 151

Teppichkäfer
Anthrenus scrophulariae 219

Thondorf Altarm 257, 258

Tigerschnegel
Limax maximus 229

Tolstolob
(Silberkarpfen)
Hypophthalmichthys molitrix 64

Totholz 7, 218, 219, 220

Traubenhyazinthen
Muscari 134

Triangel-Baldachinspinne
Linyphia triangularis 240

Turmalin 92

Turmfalke
Falco tinnunculus 63

U

Uferbäume 6, 49

Ufereinriss 152

Uferpromenade 38, 39, 212

Uferspinnen 240

Uferwanze
Macrosaldula 229

Ukrainisches Bachneunauge
Eudontomyzon mariae 64, 66

Ulme
Ulmus 229

Ulmenblattzikade
Ribautiana ulmi 89

Unterwasserwelt 124, 193

V

Variabler Schönbock
Phymatodes testaceus 219

Veilchen
Viola 134

Verkannter Sandlaufkäfer
Cicindela hybrida transversalis 236, 239

Versteckte Knotenameise
Myrmecina graminicola 250, 251

Vierpunktige Sichelschrecke
Phaneroptera nana 261

Vito Acconci 35

Vögel
Aves 6, 59, 63

Vogelkirsche
Prunus avium 190

Vogelschutz-Warnbaken 256

W

Waldknotenameise
Myrmica ruginodis 251

Waldmaus
Apodemus sylvaticus 108

Wald-Pelzbiene
Anthophora furcata 140, 141

Waldrand-Wespenbiene
Nomada facilis 141

Waldrebe
Clematis vitalba 6, 47, 56, 57

Wald-Weißwurz
(Salomonssiegel)
Polygonatum multiflorum 134

Walnuss
Juglans regia 190

Wanderkajak 176

Wanderkorridore 109, 245

Wanderratte
Rattus norvegicus 108, 109

Waschbär
Procyon lotor 109

Wasseramsel
Cinclus cinclus 63

Wasserdienst 7, 157, 158

Wasserfahrzeuge 14

Wasserfledermaus
Myotis daubentonii 107

Wasserinsekten 7, 192

Wasserkraftwerk Weinzödl 6, 143

Wasserläufer
Aquarius paludum 227
Gerris argentatus 227

Wassermoose
Amblystegium fluviatile 198
Hygrohypnum luridum 198
Platyhypnidium riparioides 198

Wasserpegel 17

Wasserqualität 17, 38, 206

Wasserrahmenrichtlinie WRRL 206

Wassersport 7, 172

Wasservögel 60

Wasserwirtschaft 152

Weberknechte
Opiliones 243

Wegschnecken
Arion 229

Weichsel
(Sauerkirsche)
Prunus cerasus 190

Weichwanze
Campylomma verbasci 260

Weiden
Salix 89

Weiden-Blattschneiderbiene
Megachile willughbiella 141

Weidenbohrer-Raupe
Cossus cossus 148

Weiden-Erdfloh
Crepidodera aurata 228, 229

Weidenschaumzikade
Aphrophora salicina 89

Weinrebe
Vitis vinifera 56, 57

Weinschwärmer
Deilephila elpenor 138, 229

Weinzödlbrücke 6, 18, 127, 130

Weißbrustigel
Erinaceus roumanicus 108

Weißdorn
Crataegus monogyna 52, 53

Weiße Winkerzikade
Populicerus albicans 88, 89

Weißflossengründling
Romanogobio albipinnatus 64

Weißhand-Wolfspinne
Aulonia albimana 242

Weißrandfledermaus
Pipistrellus kuhlii 106

Wellenreiten 180

Welse
Siluridae 64

Wert eines Baumes 86

Wespe
Macrophya militaris 229

Westlicher Maiswurzelbohrer
Diabrotica virgifera 227

Wiesenflohzirpe 88

Wiesen-Schaumzikade 89

Wiesen-Sporzikade
Javesella pellucida 88, 89

Wildbienen 6, 141

Wilder Wein
Parthenocissus inserta 56

Wildobst 190, 191

Wildwasserpaddel 176

Winkerzikade
Idiocerus herrichii 89

Wolfsmilch-Schwärmer-Raupe
Hyles euphorbiae 148

Wolfspinnen
Lycosidae 228
Pirata 228

Wollbienen
Anthidium 260

Wühlmäuse
Arvicolinae 112

Würfelnatter
Natrix tessellata 6, 112, 114

Wurzeln 6, 122, 123

X

Xylobionte Käfer 220

Z

Zander
Sander lucioperca 67

Zauneidechse
Lacerta agilis 111

Zaunkönig
Troglodytes troglodytes 63

Zentraler Speicherkanal ZSK 206

Ziegelroter Ahlenläufer
Bembidion testaceum 236, 238, 239

Zikaden 89

Zillenfahren 160

Zitter-Pappel
Populus tremula 232

Zitterspinne
Holocnemus pluchei 240

Zitterspinnen
Pholcidae 240

Zuckmücken
Chironomidae 226

Zunderschwamm
Fomes fomentarius 223

Zweifarbfledermaus
Vespertilio murinus 106

Zweifarbiger Ahlenläufer
Bembidion varicolor 236, 238

Zweifarbiger Grabspornläufer
Clivina collaris 239

Zweifarbige Wegameise
Lasius emarginatus 251

Zweistreifen-Schnurfüßer
Ommatoiulus sabulosus 224

Zwergspinnen
Erigoninae 228

Zwergspitzmaus
Sorex minutus 108

Zwetschken
Prunus domestica 190

Zwitscherschrecke
Tettigonia cantans 261

Für den Inhalt verantwortlich sind ausschließlich die Autoren und Autorinnen der jeweiligen Artikel.

Foto: Johannes Gepp